한권으로 정리한

한민족 왕조사

한 권으로 정리한

한민족 왕조사

김봉수 지음

일빛

들어가는 말

　우리는 1만 년의 유구한 시간의 흐름 속에서 단일 민족의 역사를 지녀왔다.

　그러나 우리는 우리나라의 역사를 천제(天帝) 환인(桓因)의 아들인 환웅(桓雄)이 하늘에서 내려와 태백산(太白山) 신단수(神壇樹) 아래에 신시(神市)를 열고 곰이 사람으로 변신한 웅녀(熊女)와의 사이에 단군(檀君)을 낳았으며, 단군이 처음 나라를 세운 후 그 후손안 고주몽(高朱蒙)이 고구려를 세웠고, 그런 후 고구려, 백제, 신라 등 삼국시대를 거치면서 고려와 조선으로 이어져 현재에 이르는 역사 정도로 알고 있다. 그러다 보니 단군시대의 역사는 신화 속 상상의 이야기일 뿐이라 여기며, 실제로 고구려를 세운 고주몽이 어떤 계보로서 단군의 후손인지는 잘 모르고 있다. 또한 신라 왕실의 후예 김(金)씨가 중국의 금(金)나라를 세웠고, 그 후손이 중국의 마지막 왕조 청(淸)나라를 세운 사실도 잘 모르고 있다.

　이 밖에도 상고사에서 말하는 평양은 한반도에 있는 것이 아니라 지금 중국의 요양(遼陽)이라는 것, 삼한 역시 중국 대륙에 있었다는 것, 고구려의 영역이 알려진 것보다도 더 넓은 북경 인근까지였다는 것(북경 인근에 고려성 지명이 현재도 남아 있음) 등과 관련해서도 정보가 부족하다.

　근래 중국에서는 동북공정(東北工程)이라는 이름으로 우리 한민족의 역사인 고구려나 발해 조차도 중국의 변방국으로 치부하며 자기들 역사의 일부라고 주장하고 있는데, 이렇게 되기까지는 아무래도 중국의 문물을 받아들이면서 물든 사대주의적 역사관과 과거 일제의 영향을 받은 식민사관의 역사학자들의 책임이 크다고 할 수 있다.

중국의 건국신화 등의 고대사는 받아들이면서 우리 한민족 단군 건국신화는 역사적 사실로 받아들이지 않는 일부 역사학자들의 논리는 이해할 수 없다.

그리고 그동안 우리 스스로는 우리의 역사를 한반도 안에서만 조명하였고, 단군시대의 역사는 신화 속의 먼 이야기로 폄하하였으며, 광활하였던 발해의 역사 또한 통일신라의 역사에 가려져 방치되어 왔다.

그나마 근래에 많은 역사학자들이 우리의 상고시대 역사를 재조명하여 많은 문헌을 접할 수 있게 된 것은 다행스러운 일이다. 그러나 한편으로 그동안의 우리 역사 서적들이 대부분 각 시대, 왕조별로 나뉘어 출간되었고, 상고시대의 역사 또한 단군신화 정도로 폄하되었고, 기록 또한 주로 고구려의 역사부터 기술되다 보니, 우리 민족의 상고사는 물론 이후 후대로 이어지는 새로운 왕조와의 연결을 이해하는 데 부족함이 있었다. 물론 환인과 환국(桓國)시대부터 한민족의 1만 년 역사를 한 권의 책으로 살펴보는 것도 한계가 있고, 그 양도 많아 일반인들에게는 부담이 되리라 여겨 쉽게 시도하지 못한 것 또한 사실이다.

이에 이런 현실을 고려하면서 우리 한민족 1만 년의 역사를 일반인들도 쉽게 이해하고 접할 수 있도록 조금은 생소한 환인과 환국, 환웅과 배달국, 단군조선, 발해 및 가야의 역사를 포함하여 왕조를 중심으로 한 시대별 역사를 한 권으로 압축하여 엮어보았다.

여러 역사학자들이 저술한 문헌과 기록을 참고하고 발췌하여 부족한 점이 많이 있다. 나름대로 열심히 보완하려 하였으나 그럼에도 불구하고 아쉬운 점이 남는다. 그러나 우리의 역사를 쉽게 이해하고 널리 알려 한민족으로서의 자긍심에 조금이나마 도움이 된다면 감사하겠다.

2012년 노란 은행잎이 뒹구는
양양 송천 집에서 김봉수가 쓰다

차례

2장 고구려사 高句麗史

3장 백제사 百濟史

4장 신라사 新羅史

5장 가야사 伽倻史

6장 발해사 渤海史

7장 고려 시대 高麗時代

8장 조선 시대 朝鮮時代

1장

상고시대 上古時代

지구상에서 인류가 출현한 것은 750만 년 이전까지 거슬러 올라가지만 오스트랄로피테쿠스를 인류의 조상으로 본다면 약 450여 만 년 전이라고 할 수 있겠다. 그리고 한반도에서 발견된 가장 오래된 고인류의 인골(人骨)은 전기 구석기의 유적 가운데 평양 부근인 상원(祥原)의 검은모루동굴에서 돌도끼와 곰, 코뿔소 등 각종 동물의 뼈와 함께 발견한 것으로 약 50만 년 전이다. 북한학자들은 이들을 그 지명의 이름을 따서 '상원사람'이라 부른다.

　　중기 구석기 유적으로는 함북 웅기군 굴포리(屈浦里), 경기도 연천군 전곡리(全谷里)의 주먹 돌도끼 유적이 있으며, 후기 구석기 유적으로는 충남 공주 석장리(石壯里), 단양 수양개(垂楊介) 유적 등에서 선사시대의 흔적을 찾아볼 수 있다.

　　1980년대 초에는 강원도 양양군 오산리(鰲山里)에서 신석기시대의 유물들이 발견되었는데, 우리나라에서는 기원전 약 6000년 전부터 토기가 만들어진 것으로 추정되고 있다.

　　2012년 6월에는 강원도 고성군 문암리(文岩里)에서 약 5000년 전의 것으로 추정되는 신석기시대의 밭 유적지가 동아시아에서는 처음으로 발견되어 당시 한반도 내에서도 농경생활을 하였음을 확인하였다.

　　이러한 구석기, 신석기 시대의 유물들은 한반도 전역에 걸쳐 여러 곳에서 발견되고 있다. 그후 인류가 씨족사회를 구성하며 석기(石器)만을 사용하는 단계를 벗어나 부족 집단을 형성하고 청동기(靑銅器)를 이용하여 무기나 생활 도구로 활용함으로써 농경생활이나 부족 간의 세력 확장에 획기적인 변화를 가져오게 된다. 특히 최근에 중국 요령성 우하량을 중심으로 한 홍산문명(일명 요하문명)이 발굴되면서 이 지역에서의 활동 주체가 우리 민족의 뿌리인 동이족이 중심이 되었다는 주장이 설득력을 얻고 있다.

우리의 역사에 있어 청동기문화는 고조선(古朝鮮) 시대와 연결되어 있고 청동기시대의 대표적인 유물인 비파형(琵琶形) 동검(銅劍)은 한반도와 중국의 요동과 요서지방에 집중되어 발견되고 있다. 씨족사회(氏族社會)의 형태에서 청동기시대의 족장들은 자신의 지배를 정당화하고 절대적인 권위를 갖기 위하여 하늘의 아들(천손天孫)임을 내세우고 하늘의 계시를 받는 종교적인 지도자이기도 하였다.

우리 역사의 출발을 이야기 할 때 가장 먼저 살펴보아야 할 것은 우리 민족의 형성에 관한 문제 일 것이다.

우리 민족의 기원과 형성의 문제는 우리나라 역사 무대의 범위가 정해지게 된다는 측면에서 상고사(上古史)는 한민족 역사를 처음 여는 것으로 매우 중요하다고 생각한다.

환인과 환국, 환웅과 배달국 그리고 단군조선의 건국의 기원이 신화적(神話的) 차원에서 시작하지만 우리 민족의 역사뿐만 아니라 전 세계 각 나라의 건국의 역사도 신화적으로 시작하는 것은 마찬가지이다. 그것은 각 민족이 건국에 대한 역사적 실체를 단순화하고 신성화시키기 위해 신화적인 존재로 떠받든 것으로 각 민족의 건국에 대한 단군의 역사도 실제는 신화적인 존재가 아니라 일정한 역사적 사실을 반영하고 있다는 것이다.

강원도 양양 오산리 선사유적박물관(오산리 선사유적박물관 사진 제공)

1. 환인(桓仁)과 환국(桓國)

「삼성기(三聖紀)」[*] 하편에 다음과 같은 기록이 있다.

> 인류의 조상을 나반(那般)이라 한다. 처음 아만(阿曼)과 만난 곳을 아이사타(阿耳斯它)라고 한다. 꿈에 천신의 가르침을 받아 스스로 혼례를 이루었으니 구환(九桓 : 아홉 개의 환국)의 무리는 모두 그의 후손이다.

나반은 '할아버지', 아만은 '어머니', 아이사타는 '아사달'을 뜻한다. 또한 「삼성기(三聖紀)」 상편에는 다음과 같은 기록이 있다.

> 우리 환(桓 : 혹은 '한')의 건국은 세상에서 가장 오랜 옛날에 있었다. 한 신(神)이 사백력(斯白力)의 하늘에 있어 홀로 화하여 신이 되니, 밝은 빛은 온 우주를 비추고 큰 교화는 만물을 낳았다. ……어느 날 동녀 동남 800명이 흑수(黑水)와 백산(白山)의 땅에 내려왔다. ……이를 환국이라 하였고, 그를 가르켜 천제(天帝) 환인(桓因)이라 했으며

---

* 신라의 승려 안함로(安含老)와 원동중(元董仲)이 쓴 것을 각 상권과 하권으로 구분하여 합친 것이다. 우리 민족의 시작인 환인의 환국 3301년과 환웅의 배달국 1565년의 역사를 압축하여 기록하고 있으며, 하권에 '신시역대기(神市歷代記)'가 기록되어 있다.

안파견(安巴堅)이라고도 불렀다. 7세를 전하였는데 그 연대는 알 수
가 없다.

여기에 환인은 '하늘님', 환국은 '하늘님 나라', 사백력은 '시베리
아', 흑수는 '흑룡강', 백산은 '백두산', 안파견은 '아버지'를 뜻한다.
　이처럼 「삼성기」에서는 환인(桓仁 : 혹은 '한인') 시대의 역사에 대해서
도 자세히 언급하고 있다.
　이처럼 우리 역사는 『삼국유사(三國遺事)』*「고조선」 편에서 말한 단
군과 고조선이 아니라 환인과 환국에서부터 시작하는 것이다. 환국(桓
國 : 혹은 '한국')은 환인이 다스린 나라이다. 사실 『삼국유사』 첫머리에
서도 간략하지만 환인으로 시작하고 있다. 따라서 우리 역사의 시발
점은 환국과 환인으로 부터 이어져 내려오는 것이다.
　환인을 가르켜 제석(帝釋)이라 하여 하늘님과 같은 의미라고 하며,
환국을 다스리는 환인(혹은 단인檀仁 이라고도 함)도 한 명이 아니라 7대까
지 전해졌으며 그 역사가 3,301년이다.
　『한단고기(桓檀古記)』**의 기록에 의하여 환국시대의 연표를 정리하
면 다음과 같다.

　　　1대 : 안파견(安巴堅), 즉 기원전 7199년부터
　　　2대 : 혁서(赫胥)
　　　3대 : 고시리(古是利)

---

* 고려 충렬왕 7년(1281년)에 승려인 보각국사(普覺國師) 일연(一然)이 환인 환국시대부터 통일신
　라시대까지 우리 민족의 역사, 언어, 민속 등의 이야기 유사(遺事)를 모아 펴낸 책이다.
** 조선 말, 일제시대인 1911년(광무 15년, 신시 개천 5808년)에 태백(太白) 유도(遺徒) 선천(宣川)의 계
　연수 인경(桂延壽仁卿)이 「삼성기」, 「단군세기」, 「북부여기」, 「태백일사」의 4종의 사서(史書)를
　하나로 엮은 책이다.

4대 : 주우양(朱于襄)

5대 : 석제임(釋堤壬)

6대 : 구을리(邱乙利)

7대 : 지위리(智爲利), 즉 기원전 3898년까지이다.

다시 말해 환인 7대의 역대가 3,301년이라고 말하고 있다. 또한 「태백일사(太白逸史)」***에서도 다음과 같이 기록하고 있다.

> 천제 환인이 나타나 나라 사람들로부터 추대되어 안파견이라 불렸으며, 거발환(居發桓)이라고도 칭하였다. 안파견이란 하늘을 계승하여 아버지가 되었다는 뜻의 이름이며, 거발환이라 함은 천(天), 지(地), 인(人)을 하나로 정하는 뜻의 호칭이다. 이로부터 환인의 형제 아홉이 나라를 나누어 다스렸으니 이를 9황 64민이라 한다.

이는 환인이 하늘을 계승하여 아버지가 되었고, 그 후손인 우리민족은 천손 의식을 가지고 있었다는 증거라고 할 수 있겠다.

「삼성기」와 「태백일사」에 구환, 구황의 기록은 환국에서 갈라져나간 지류가 아홉 종족이라는 의미이다. 중국 『사기(史記)』 「삼황본기」에, "인황씨는 아홉 사람이 제위에 올랐다. ……형제 아홉 사람이 9주로 나누어 각기 우두머리가 되었다"라고 기록하고 있으며, 중국의 여러 문헌에 우리 민족을 가리켜 동이(東夷), 구이(九夷), 구려(九黎) 등으로 부르고 있다. 그리고 동이는 아홉 부족으로 구성되어 있으며 구려, 구환

*** 조선 중종 때의 학자인 일십당(一十堂) 이맥(李陌)이 전한 책으로 『천부경(天符經)』을 포함한 교학 경문과 함께 환국, 배달국의 신시시대와 삼한, 고구려, 대진(발해)국, 고려에 이르는 내용을 담고 있다.

역시 같은 의미라 할 수 있다. 이와 같이 대륙의 중원에서 동이의 역사와 함께 중국의 역사도 시작된다고 기록하고 있는 것이다.

2. 환웅(桓雄)과 배달국(倍達國)

환인이 다스리던 환국의 역사가 7대 3,301년*으로 막을 내리고 환웅이 통치하는 시대가 열리였다.

『삼국유사』는 환웅께서 환인으로부터 천부인(天符印) 세 개와 무리 3천을 이끌고 태백산(太白山)으로 내려와 신시(神市)에 도읍하고 나라를 열었다고 기록하고 있다.

이에 대하여 좀 더 구체적인 내용이 「삼성기」 상편에 기록되어 있다.

(환국) 뒤에 환웅씨가 계승하여 일어나 천신의 뜻을 받들어……
천부의 징표(천부인天符印)를 지니고 다섯 가지 일(오사五事, 곡식, 생명,
질병, 형벌, 선악)을 주관하며 세상에 교화를 베푸니 인간들을 크게 유
익하게 하였다. 신시(神市)에 도읍을 정하고 국호를 배달(倍達)이라
불렀다. ……웅씨(熊氏)의 여인을 거두어 아내로 삼고 혼인의 예법
을 정하매…… 신시 말기에 치우(治尤) 천왕(天王)이 있었으니 청구
(靑邱)를 개척하여 넓히고, 18세를 전했으며 그 역대가 1,565년에 이
르렀다.

---

* 환국시대와 단군시대의 연대표의 기록에 일부 오해의 소지가 있다. 『한단고기』에 7대 환인의
환국시대까지 3,301년이라는 기록과 단군 왕검의 개천을 기원전 2,333년으로 연산된 기록을 받
아들이는 데 시시비비가 있다하여도 독자들의 양해를 바란다.

환웅이 환국에서 분가하여 백두산과 흑수 사이에 내려와 국호를 배달(倍達)이라 하였는데, 배달이라는 뜻은 '밝다' 혹은 '밝고 넓은 땅'을 의미한다.

현대적 의미에서 심신을 수련하여 선인의 경지에 이르는 도교, 불교, 유교의 사상이 포함된 천부인 경전으로 세상을 교화하고 인간을 널리 이롭게 한다는 홍익인간(弘益人間)의 이념으로 나라를 다스린 것이다.

동이(東夷)에 대하여 군자가 도로써 세상을 다스려 '동이(東夷)', 즉 '군자국(君子國)'이라 하며 홍익인간의 이념으로 다스리는 배달민족의 나라를 우러러 보는 기록이 중국문헌 여러 곳에 기록되어 있다.

『후한서(後漢書)』**에 군자국에 대해 언급한 내용은 다음과 같다.

> 동방(東方)을 동이(東夷)라고 하는데, 이는 근본을 말한다. ……때문에 천성이 유순하며 도로써 제어하며, 군자(君子)가 죽지 않는 나라에 이르렀다.

『후한서(後漢書)』「동이전(東夷傳)」이나 『삼국지(三國志)』***「위지동이전(魏志東夷傳)」에도 이에 대해 기록하고 있다.

> 이른바 중국에서 예(禮)를 잃었을 때에 사방(四方)이 동이에게서 구하였다.

** 중국 남북조시대(南北朝時代) 송(宋)나라 범엽(范曄)이 지은 광무제에서 헌제에 이르는 13대 196년의 후한(後漢)의 역사를 기록한 책이다.

*** 진(晋)나라 학자 진수(陳壽 : 233~297년)가 위(魏), 촉(蜀), 오(吳)나라 삼국의 역사를 기록한 책으로 『사기(史記)』, 『한서(漢書)』, 『후한서(後漢書)』와 함께 중국 전4사(前四史)로 불린다. 훗날 원(元)나라의 나관중(羅貫中)이 이를 배경으로 소설 『삼국지연의(三國志演義)』를 쓴다.

환웅의 배달국 역사는 18세에 전체 1,565년에 이르며, 환웅도 한 분이 아니라 18대까지 이어지는 오랜 역사가 있었던 것이다.

「삼성기」 하편에 "배달 한웅(配達桓雄)은 천하를 평정하여 차지한 분의 이름이다. 그 도읍 한 곳을 신시(神市)라 한다. 뒤에 청구국(靑邱國)으로 옮겨 18세 1565년을 누렸다"라고 기록하면서, 환웅 18대의 연표를 기록한 신시역대기(神市歷代記)가 실려 있다. 환웅 배달국의 연표는 아래와 같다.

1대 : 거발환(居發桓) 기원전 3898~

2대 : 거불리(居佛理) 기원전 3804~

3대 : 우야고(右耶古) 기원전 3718~

4대 : 모사라(慕士羅) 기원전 3619~

5대 : 태우의(太虞儀) 기원전 3512~

6대 : 다의발(多儀發) 기원전 3419~

7대 : 거련(居連) 기원전 3321~

8대 : 안부련(安夫連) 기원전 3240~

9대 : 양운(養雲) 기원전 3167~

10대 : 갈고(葛古 : 독로한) 기원전 3071~

11대 : 거야발(居耶發) 기원전 2971~

12대 : 주무신(州武愼) 기원전 2879~

13대 : 사와라(斯瓦羅) 기원전 2774~

14대 : 자오지(慈烏支 : 치우) 기원전 2707~

15대 : 치액특(蚩額特) 기원전 2598~

16대 : 축다리(祝多利) 기원전 2509~

17대 : 혁다세(赫多世) 기원전 2453~

18대 : 거불단(居弗檀)(단웅) 기원전 2381~2333

환웅이 신시에 도읍하고 배달국을 세울 무렵, 중국의 시조라 일컫는 삼황오제(三皇五帝 : 삼황은 태호복희, 염제신농, 황제헌원이고, 오제는 소호금천, 전욱고양, 제곡고신, 제요도당요임금, 제순유우순임금)의 역사도 시작된다.

그런데 이러한 중국의 시조인 삼황오제의 대부분이 동이족이며 이러한 사실은 중국의 학자들도 인정하고 있다.

동이(東夷) 사람 중에는 하(夏)나라의 제후로서 산동의 유궁에서 살던 예(羿)라고 하는 백발백중의 궁수가 있었는데 열 개의 태양이 하늘에 떠올라 곡식을 타 죽게 하여 사람들이 살 수 없는 지경에 이르자, 활로 하나만 남기고 아홉 개의 태양을 쏘아 떨어뜨리고 요귀를 제거하여 백성들을 편안하게 해준 공으로 뒤에 신(神)으로 받들어 졌다는 중국 신화가 전해져 내려오고 있다.

이(夷)는 활 궁(弓)에 큰 대(大) 자가 합하여진 것으로 동이는 동쪽에 활을 잘 쏘는 사람들을 의미한다.

현대 중국의 역사학자들이 공동으로 편찬한 『고사변(古史辯)』에 다음과 같은 내용이 있다.

> 동이는 은(殷)나라 사람과 동족(同族)이며, 그 신화 역시 근원이 같다.태호(太昊), 제준(帝俊), 제곡(帝嚳)……, 같다고 하는 것은 근래 사람들이 증명하는 바이다.

이 같은 기록들을 종합해 보면, 결국 고대 동이족들이 중원으로 들어가 성장하는 과정에서 중국의 역사도 시작되는 것이다. 환국(桓國)과 배달국(倍達國), 그리고 단군조선(檀君朝鮮)에서 갈라져 나간 구환족, 즉 구이들은 중원(中原) 대륙의 대부분을 활동무대로 하였다.

중국의 역사서 가운데 중국의 사학자 서량지(徐亮之)가 쓴 『중국 선사시대 이야기(中國史前史話)』에서도 "동이족의 활동 범위는 이전부터 은나라와 주나라에 이르기까지 포괄적이다. 지금의 산동성 전부와 하북성의 발해 연안, 하남성의 서북, 안휘성의 중북부 지역, 호북성의 동쪽, 그리고 요동반도(遼寧省)와 조선반도 등 광대한 구역이며, 산동반도(山東省)가 그 중심지역이다"라고 말하고 있다.

「태백일사」에 "5대 환웅인 태우의는 아들을 12명 두었는데, 장자는 다의발(6대 환웅)이며 막내는 태호라 하고 복희(伏羲)라고도 한다"는 기록이 나오고, 또 "8대 안부련 환웅 말기에 웅씨에서 갈라져 나간 사람 중에 소전의 아들 신농(神農)이 여러 가지 풀을 혀로 맛보아 약을 만들었다"라는 기록이 있다.

여기 웅씨는 곰족을 의미하며 중국 삼황의 염제신농(炎帝神農)은 동이족인 배달국에서 갈라져 나온 소전(少典)의 아들이라는 것이다.

또한 14대 자오지 환웅은 중국의 치우천왕과 동일 인물이며, 중국의 『사기』*에 "황제는 소전의 후손으로 성은 공손이며 이름은 헌원이다"라고 기록하고 있는데, 헌원황제(軒轅黃帝)도 염제신농의 아버지 소전에게서 갈라져 나간 공손(公孫)의 후손으로 역시 모두 동이족이다. 대륙의 중원에는 여러 부족들이 할거하며 지내게 되는데, 이 과정에서 서로 다른 부족 간에 다툼이 생기고 전쟁을 하게 된다. 그리고 기원전 26세기에 탁록(涿鹿 : 북경 인근) 전투에서 구려족 족장인 치우를 죽이고 승리를 거둔 황제 헌원은 화하족(華夏族 : 한족)을 중심으로 세력을 키워 대륙의 중원을 차지하게 되어 중국 한족의 시조가 되며, 탁록전투에서 패배한 치우의 구려족이 포함된 배달국은 대륙의 동북쪽으로 밀려나게 된다.

---

* 사마천이 한나라 무제(武帝 : 기원전 100년경) 때 중국의 고대, 춘추전국시대, 한나라 시대에 관한 역사를 기록한 책이다. 책의 구성은 본기(本紀), 표(表), 서(書), 세가(世家), 열전(列傳)으로 총 130편으로 기록되어 있다. 이는 동양 각국의 고대사를 연구하는 데 중요한 역사 자료로 평가되고 있다.

최근 중국의 요령성 우하량을 중심으로 발굴되고 있는 홍산문명(紅山文明 : 일명 요하문명)의 주체가 동이족으로 우리 민족의 뿌리라는 설이 설득력을 얻고 있다.

이와 같이 중국의 시조라고 일컫는 삼황인 태호 복희, 염제 신농, 황제 헌원 모두가 동이족 출신인 것이다.

그리고 청구국(배달국)의 마지막 18대 거불단 환웅을 일명 단웅(檀雄)이라고 하는데, 그 거불단 단웅과 웅족(熊族)의 여왕 사이에서 태어난 사람이 바로 단군(檀君) 왕검(王儉)이다(『단기고사』, 「단군세기」**, 『규원사화』***).

왕검은 신묘년(기원전 2370) 5월 2일 인시에 신단수 아래에서 태어났다. 14세 되던 해에 웅씨의 왕이 그가 신성하다는 말을 듣고 비왕(裨王)으로 삼아 국사를 섭정하게 하였는데, 웅씨의 왕이 전쟁 중에 붕어하니 왕검이 이어 받아 무리 800명을 거느리고 단목의 터에 정착한다(『고기』, 「태백일사」).

이 기록들을 종합해 보면 왕검은 배달국의 마지막 환웅인 거불단 환웅과 웅족의 여왕 사이에 태어났으며, 웅족의 왕을 보좌하는 비왕이 되었고, 웅족이 전쟁에 패하여 왕이 죽자 나머지 웅족을 이끌고 갈라져 나와 나라를 세우게 된 것이다.

** 고려시대 공민왕 때 재상을 지낸 행촌선생(杏村先生) 문정공(文貞公) 이암(李嵓)이 전한 책으로 1대 단군 왕검으로부터 47대 단군 고열가까지 2096년간의 단군시대에 있었던 주요 사건을 편년체로 기록하고 있다.

*** 조선 숙종 2년(1675년)에 북애노인(北崖老人)이 고대 문헌을 근거로 하여 고조선 47대의 단군의 치세를 기록하였다는 역사책이다. 학자들 간에 위서(僞書) 논란이 많았으나 최근 국립중앙도서관 고서실(古書室)에서 발견되어 그 실체가 증명되었다.

3. 단군조선(檀君朝鮮)

　　그동안 역사학계에서는 우리 한민족의 시작을 단군에 두고 있으면서도 단군과 고조선을 "인간이 되려하는 호랑이와 곰이 환웅에게 청하여 굴속에서 100일 동안 쑥과 마늘만 먹고 지내다 성질이 급한 호랑이는 참지 못하여 굴을 뛰쳐나오고 곰만이 버티고 지내어 여인으로 변하여 환웅과 인연을 맺어 단군을 낳게 되었다"라는 내용을 바탕으로 신화적인 사건으로만 해석하여 왔다.

　　이렇게 된 이유는 과거의 사대주의와 모화의식(慕華意識)에 물든 지식층과 일제가 만들어 놓은 식민사관을 계승한 학자들이 현존하는 자료들을 가지고도 그 진실을 밝혀내려고 노력하기보다는 지엽적인 허점을 찾아 핵심적인 내용까지 모두 부정하였기 때문이다. 이러한 논리라면 중국의 고대사도 전부 부정해야 할 것이다. 중국의 고대사는 사실로 인정하면서 우리 민족의 고대사는 부정하는 역사관을 갖고 있는 일부 역사학자들의 논리는 이해할 수 없고 개탄스러울 뿐이다.

　　동서고금을 통하여 보면 세계 각 나라의 건국에 대한 이야기는 신화적인 이야기로 시작하는 것을 많이 볼 수 있다. 이는 처음 나라를 건국하는 자신들의 시조에 대한 신비로움을 더하여 위대함과 공경심을 이끌어내기 위한 방법이었을 것이다. 따라서 건국에 대한 이야기가 신화적이라고 배척하기보다는 역사적인 사실들에 신화적인 요소를 가미하여 전하였다고 이해하여야 한다.

　　단군 왕검이 나라를 세우고 국호를 조선이라고 하는데 이에 관련하여 『삼국유사』는 중국의 『위서(魏書)』*의 기록을 인용하여, "지금으로

---

*　북제(北齊) 때에 문선제(文宣帝)의 명에 의하여 554년에 위수(魏收)가 남북조시대의 북위(北魏 : 386~535년)의 역사를 130권으로 편찬한 위나라 역사 기록이다.

부터 2천 년 전에 단군 왕검이 아사달(阿斯達)*에 도읍하고 나라를 세워 국호를 조선(朝鮮)이라 하였다. 이는 당고(唐高 : 요임금)와 같은 시기이다"라고 기록하고 있다.

단군조선은 환웅께서 태백산 신시에 내려와 개천을 하여 배달국을 세운 뒤로 1,565년이 지난 기원전 2333년 10월 3일에 1대 단군 왕검이 아사달에 도읍을 정하고 나라를 세운 것이다. 그리고 47대 고열가(古列加) 단군이 물러나는 기원전 238년까지 약 2천 년의 역사를 이어 내려오게 된다.

『신증동국여지승람(新增東國輿地勝覽)』**에 "동쪽 끝에 있어 해가 뜨는 지역이므로 조선이라 불렀다"라고 하며, 조선(朝鮮)이라는 뜻은 한자 풀이로 '빛나는 아침'이라 할 수 있지만, 한편으로는 그 음은 당시 한자가 생기기 이전의 국호이니 고대어로 이해하면 다스리는 구역(관경管境, 소속)을 뜻하는 만주어 '주신(珠申) 혹은 숙신(肅愼)이 조선의 고대어'라고 단재 신채호 선생은 해석하였는데, 이에 많은 학자들도 동조하고 있다.

그럼 「단군세기(檀君世記)」에 기록된 단군조선의 단군 계보도와 재위 당시의 기록을 살펴보도록 하겠다.

---

* 단군 왕검이 정착한 도읍지로 『삼국유사』에는 궁홀산(弓忽山) 또는 금미달(今彌達)이라 하여 평양 부근 구월산으로 말하기도 하나, 후세에 중국 요령성의 해성을 평양성이라고도 하였으므로 대륙에 있었을 것으로 추정한다.

** 조선 중종 25년(1530년)에 편찬된 조선의 지리, 행정, 역사, 민속 등의 상황을 백과사전식으로 기록한 서적이다. 성종 때에 편찬된 『동국여지승람』을 중종의 명에 의하여 이사균(李思鈞), 윤은보(尹殷輔) 등이 55권 25책으로 증보하였다.

1대 왕검(王儉 : 즉위 기원전 2333, 재위 93년)

『고기(古記)』에 이르기를, "왕검의 아버지는 단웅(환웅)이고 어머니는 웅씨의 여왕이다. 신묘년(기원전 2370) 5월 2일 인시에 박달나무(檀樹) 아래서 태어났다. ……갑진년에 웅씨의 왕은 그가 신성하다는 말을 듣고 비왕(裨王)으로 삼아 대읍의 국사를 섭정하게 하였다. 무진년(기원전 2333) 요임금 때 단국에서 아사달 단목의 터에 이르니 나라 사람들이 천제의 아들로 추대하였다. 이에 구환은 하나로 통일 되었고…… 개천한 지 1,565년이 되는 해 10월 3일 신인 왕검은 오가의 우두머리로서 무리 800을 거느리고…… 신시의 옛 법규를 되찾고 도읍을 아사달에 정하여 나라를 세우고 이름을 조선이라 하였다"라고 한다.

「태백일사」에는 환웅의 배달국의 시작을 개천이라 하였는데, 현재의 개천절(開天節)은 단군 왕검이 단군조선을 처음 열은 날을 기준으로 한다.

도읍한 아사달의 위치에 대해서 「태백일사」는 『조대기(朝代記)』를 인용하여 "단군왕검이 아사달에 도읍을 세우니 지금의 송화강이다"라고 기록하였다. 이는 지금의 흑룡강성 하얼빈의 완달산(完達産)으로 추정된다.

「단군세기」에는 "단군 왕검은 하백(河伯)의 딸을 왕후로 삼고 누에 치기를 관장하게 하였으며, 재위 50년인 기원전 2284년에 크게 홍수가 나 풍백(風伯)인 팽우(彭虞)에게 물을 다스리게 하였고, 우수주(牛首州)에 그 비석이 있다. 재위 51년에는 운사(雲師)인 배달신에게 마리산(摩尼山 : '마니산'이라고도 함)에 제천단을 쌓게 하였으니 지금의 참성단(塹城壇)이며, 재위 67년인 기원전 2267년에 태자 부루(夫婁)를 도산(塗山)에 파견하여 우사공(虞司空 : 훗날 순임금)을 만나 오행치수법(五行治水

法)을 전해 주었으며, 또 나라의 경계도 정해 유주(幽州)와 영주(營州)의 두 곳이 우리에게 속하게 되었고 회대(淮岱) 지방*의 제후들에게 나누어 다스리게 하였다"라고 기록하고 있다.

단군 왕검이 나라를 다스리는 동안 여러 차례의 큰 홍수 기록이 있는데, 단군조선에서는 대홍수를 잘 다스렸다. 그러나 중원의 요(堯)임금은 홍수로 큰 난리를 치르게 되어 곤(鯀)이라는 사람에게 치수를 담당하게 하였으나 성과를 거두지 못하였다. 요임금에 이어 제위에 오른 순(舜)임금은 모든 제후들을 모이도록 하여 도산회맹(塗山會盟)을 하였는데, 단군 왕검은 태자 부루를 보내 치수에 실패한 곤의 아들 우에게 오행치수법을 전해준다. 우(禹)는 이를 바탕으로 하여 치수에 성공하였고, 이후 치수에 공이 큰 우는 하(夏)나라를 세운다.

경자 93년인 기원전 2241년에 천하의 땅을 새로 구획하여 삼한(三韓)으로 나누어 다스렸고, 그해 3월 15일 단군이 봉정(蓬亭)에서 붕어하시어 태자 부루가 새로운 단군이 된다.

2대 부루(扶婁 : 기원전 2240, 재위 58년)

시조 단군 왕검이 붕어하자, 신축 원년(기원전 2240)에 태자 부루가 2대 단군으로 즉위한다. 단제(檀帝)께서 어질어 백성과 함께 다스리니 배고픔과 추위에 시달리는 자가 없었다. 신시 아래 하늘에 제사를 지낼 때마다 함께 「어아가(於阿歌)」 노래를 부르고 서로 화목하였다. 「어아가」의 내용은 교훈적인 내용이 담긴 가사로 다음과 같다.

---

* 회수와 대산 사이의 지역이란 뜻으로 하남성과 산동성 사이로 중원의 기름진 평야지대로 북쪽에 유명한 태산(泰山 혹은 太山)이 있다.

어아 어아, 우리들 조상님네 크신 은혜, 높은 공덕,

배달나라 우리들 누구라도 잊지 마세,

…………

어아 어아, 우리들 누구라도 사람마다 큰 활이라,

굳게 뭉친 같은 마음 배달나라 영광일세,

천년만년 크신 은덕

한배검이시어, 한배검이시어.

순임금 유우(有虞)가 유주와 영주의 두 주를 남국의 이웃에 두어 단제는 군사를 보내 정벌하였다.

계묘 3년(기원전 2238) 9월에 조서를 내려 머리를 땋아 덮고 푸른 옷을 입게 하였다. 그리고 쌀되와 저울의 도량형기를 통일하였다(『단군세기』). 중국의 『서경(書經)』에도 이와 유사한 내용이 있는데, "2월에 순임금이 동쪽으로 순수하여……, 마침내 동방의 왕을 알현하고 일 년의 달과 날짜를 협의하고 음율과 도량형을 통일하였다"라는 기록이 있다.

또한 부루가 태자 시절 순임금의 우에게 오행치수를 전해주었고, 이를 전수받아 치수에 성공한 우가 은나라를 세우는 기록들로 보아 당시 단군조선은 중원의 가장 상국이었다는 것을 알 수 있다.

경술 10년(기원전 2231) 4월에 밭을 나누고 밭 문서를 만들었다.

임자 12년(기원전 2229)에 신지(神誌)인 귀기가 칠회력(七回歷 : 책력의 일종)과 구정도(九井圖)를 만들어 바치었다.

무술 58년(기원전 2183)에 단제가 붕어하시는데 이날 일식이 있었다. 이에 태자 가륵이 즉위한다.

3대 가륵(嘉勒 : 기원전 2182, 재위 45년)

기해 원년(기원전 2182)에 삼칠일(21일)을 기약하여 모든 사람이 모여 계(戒)를 지키게 하여 서로 돕게하며 지내니 구한의 백성들이 모두 복종하고 교화되었다.

경자 2년(기원전 2181) 당시 풍속이 하나같지 않고 지방마다 말이 서로 달라…… 말이 통하지 않고…… 글을 서로 이해하기가 어려웠다. …… 이에 삼랑 을보륵에게 명하여 정음(正音) 38자를 만들게 하니 이를 가림토(加臨土)라 한다……(「단군세기」). 이 가림토 문자는 조선시대 때 세종대왕이 한글 창제를 하는데 기초가 되었다고 한다.

신축 3년(기원전 2180)에 신지인 고글(高契)에게 명하여 『배달유기(倍達留記)』를 편수하게 하였다.

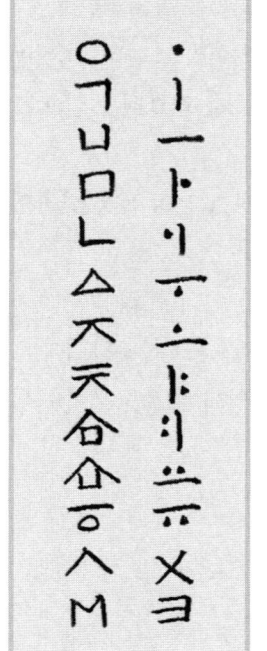

갑진 6년(기원전 2177) 열양(列陽)의 욕살(褥薩) 색정(索靖)을 종신토록 갇혀 있게 하고 뒤에 그를 용서하시고 그 땅을 다스리도록 봉하니, 그가 흉노(匈奴)의 조상이 되었다(「단군세기」). 훗날 흉노족은 서쪽으로 진출하여 유럽에서는 훈(Hun)족이라 불렀는데, 헝가리의 헝(Hung)과 같은 어원이라고 설명하기도 한다.

병오 8년(기원전 2175)에 강거(康居)가 반란을 일으켰는데 이를 지배특(支伯特 : 지금의 티

『환단고기』 「단군세기」에 실려 있는 가림토 문자(정음正音) 38자의 형상
한글이 세종대왕에 의하여 독창적으로 창제된 것이 아니라 가림토 문자를 바탕으로 한 사실을 국내의 거의 모든 국어학자들이 인정하고 있다. 실제 「단군세기」는 한글의 원형이 되고 있는 가림토 문자의 창제 경위를 낱낱이 전하고 있다.

베트)에서 정벌하였다. 4월에는 단제가 불함산(不咸山)에 올라가 민가의 연기를 보고 연기가 적은 집은 조세를 줄이게 하였다.

무신 10년(기원전 2173)에 두지주(斗只州)의 예읍(濊邑)이 반란을 하여 추장 소시모리(素尸毛犁)를 베었고, 그 후손이 바다로 도망쳐 삼도(三島 : 일본 열도로 추정함)에 웅거하며 스스로 천왕이라 칭했다(이 후손이 일본의 조상이라는 설이 있다).

계미 45년(기원전 2138) 9월에 단제가 붕어하여 태자 오사구가 즉위한다.

4대 오사구(烏斯丘 : 기원전 2137, 38년)

갑신 원년(기원전 2137) 단제의 동생 오사달(烏斯達)을 몽고리한(蒙古里汗)으로 봉하였다. 어떤 사람은 몽고족이 그 후손이라고 한다. 10월에 북쪽을 순시하다가 태백산에 이르고 신비한 약초를 얻으니 인삼(人蔘)이라 하고 선약(仙藥)이라고도 하였다.

무자 5년(기원전 2133)에 둥근 구멍이 뚫린 조개 모양의 돈을 만들었다. 이해 8월에 하나라에서 방물을 바치고 신서를 구해 갔다.

임인 19년(기원전 2119)에 하나라의 임금 상(相)이 덕을 잃자 단제가 식달(息達)에게 명하여 그를 정벌하니 천하가 이를 듣고 복종하였다.

신유 38년(기원전 2100) 6월에 단제가 붕어하여 양가(羊加) 구을이 즉위한다.

5대 구을(丘乙 : 기원전 2099, 재위 16년)

임술 원년(기원전 2099)에 영을 내려 태백산에 단을 쌓고 사자를 보내 제를 올리게 하였다.

「단군세기」는 "을축 4년(기원전 2096)에 처음으로 60갑자를 사용하여 책력을 만들었다"고 기록하고 있다. 서량지의 『중국 선사시대의 이야기』에서도 "중국의 책력법은 동이에서 시작되었다. 만든 사람은 희화자이다. 동이가 달력을 만든 사실은 의문의 여지가 없다"라고 말하고 있다.

기사 8년(기원전 2092)에 인도 사람이 표류하여 동쪽 바닷가에 도착하였다.

"정축 16년(기원전 2084) 7월에 단제께서 남쪽을 순행하시다가 풍류강(風流江)을 건너 송양(松壤)에 이르러 병을 얻어 붕어하시니 대박산(大博山)에 장사지냈다"라고 「단군세기」는 기록하고 있다. 이 기록을 근

단군릉(檀君陵)
평양 강동군 문흥리 대박산 기슭에 위치한 단군릉 전경. 북한 국보 문화유물 제174호로 지정되어 있다.

거로 북한의 평안남도 강동군에서 발견된 단군릉이 5대 단군 구을의 능이라고 북한학자들은 주장한다.

우가(牛加)인 달문이 사람들로부터 뽑혀 대통을 계승한다.

6대 달문(達門 : 기원전 2083, 재위 36년)

임자 35년(기원전 2049)에 모든 왕들을 상춘(常春)에 모이게 하고 구월산(九月山)에 제사를 지내고 「서효사(誓效詞)」를 짓게 하였다.

다음해인 계축 36년(기원전 2048)에 단제가 붕어하여 양가(羊加)인 한율이 즉위한다.

7대 한율(翰栗 : 기원전 2047, 재위 54년)

정미 54년(기원전 1994)에 단제가 붕어하여 우서한이 즉위한다.

8대 우서한(于西翰 : 기원전 1993, 재위 8년)

무신 원년에 이십분의 일을 세금으로 내는 법을 정하였고, 기유 2년(기원전 1992)에 풍년이 들어 벼 한포기에 8개의 이삭이 달리었다.

신해 4년(기원전 1990)에 단제가 옷을 바꿔 입고 몰래 국경에 나가 하나라의 정세를 살피고 돌아와 크게 관제를 고쳤다.

갑인 7년(기원전 1987)에 세 발 달린 까마귀가 궁전의 뜰 안으로 들어왔는데, 그 날개의 길이가 석자나 되었다(「단군세기」, 『단기고사』*).

이때 삼족오(三足鳥)에 대한 기록이 처음 나오는데, 이는 동이족의 탄생 신화와도 관련이 있는 것으로 해석된다. 또한 이는 천, 지, 인을 상징하는 천부인 3개를 가지고 하늘에서 내려와 나라를 열었고, 조선을 세 구역으로 나누어 다스렸다는 것을 의미하기도 한다.

을묘 8년(기원전 1986) 단제가 붕어하여 태자 아술이 즉위한다.

9대 아술(阿述 : 기원전 1985, 재위 35년)

정사 2년(기원전 1984)에 청해(靑海)의 욕살 우착(于捉)이 반란을 일으켜 상춘으로 피한 후 구월산에 새 궁궐을 짓고 우지(于支)와 우율(于栗)에게 명하여 이들을 토벌하고 삼 년 뒤에야 서울로 돌아왔다.

경인 35년(기원전 1951)에 단제가 붕어하여 우가(牛加)인 노을이 즉위한다.

10대 노을(魯乙 : 기원전 1950, 재위 59년)

을미 5년(기원전 1946)에 궁문 밖에 신원목(伸寃木)을 세우고 억울한 사정을 들으니 백성들이 기뻐하였다.

병오 16년(기원전 1935)에 천하에서 거북이 윷판 같은 그림을 지고 나타났고, 발해에서 금이 13섬 나왔다.

을축 35년(기원전 1916)에 처음으로 감성(監星 : 천문대)을 두었다.

＊ 고구려가 멸망하면서 분실된 사서를 보충하기 위하여 발해를 세운 대조영의 아우 대야발(大野勃)이 719년에 단군조선의 연대기를 썼다고 전해지는 역사책이다.

기축 59년(기원전 1892)에 단제가 붕어하여 태자 도해가 즉위한다.

11대 도해(道奚 : 기원전 1891, 재위 57년)

경인 원년(기원전 1891)에 단제는 오가(五加)에 명하여 열두 명산(名山)에 국선의 소도(蘇塗 : 일정한 지역에 큰 나무를 세우고 방울과 북을 달아 신을 섬기는 성스러운 장소)를 만들게 하였고, 10월에 대시전(大始殿)을 세우고 천제 환웅의 모습을 받들어 모시었다.

정사 28년(기원전 1864)에 장소를 마련하여 사방의 물건들을 모아 전시하였다.

정묘 38년(기원전 1854)에 백성들 가운데 장정을 뽑아 병사로 삼고, 선사(選士) 20명을 하나라로 보내 나라의 가르침을 전해 나라의 위세를 보이었다.

을해 46년(기원전 1846) 3월에 삼신의 제사를 지내고 『천부경(天符經)』*을 논하며 『삼일신고(三一神誥)』를 강연하고 오가들에게 살생을 금하고 떠도는 사람들에게 밥을 주고 사형 제도를 없애라 하였다.

병술 57년(기원전 1835)에 단제가 붕어하여 우가의 아한이 즉위한다.

12대 아한(阿漢 : 기원전 1834, 재위 52년)

무자 2년(기원전 1833) 8월에 단제가 나라를 두루 순수하고 요하(遼河)

---

* 81자로 쓰여진 경전으로 우주 삼라만상의 원리가 훤히 제시되고 함축되어 있다. 팔괘, 역학, 오행 등의 심오한 학문을 바탕으로 풀이해야 하므로 그 가치는 해석하는 학자에 따라 다르게 평가되고 있다.

의 남쪽에 역대 제왕의 이름을 새긴 순수관경(巡狩管境)의 비를 세웠다. 이것은 금석문의 가장 오래된 것으로 창해의 역사 여홍성(黎洪星)이 시를 지으니 다음과 같다.

마을 밖 변한이라 이르는 곳에 홀로 뛰어난 돌 하나 있네.
받침은 깨지고 철쭉만 붉었는데 글자는 보이지 않고 이끼만 푸르구나.
다듬어져 처음 그대로 흥망의 황혼에 우뚝 서있으니,
글에 보이는 증거는 없지만 이 어찌 단군의 자취가 아니겠는가.

을묘 29년(기원전 1806)에 청아(菁莪)의 욕살 비신(丕信)과 서옥저(西沃沮)의 욕살 고사침(高士琛)과 맥성(貊城)의 욕살 돌개(突盖)를 봉하여 왕으로 삼았다.

무인 52년(기원전 1783) 단제가 붕어하여 우가의 흘달이 즉위한다.

13대 흘달(屹達 : 일명 대음달代音達, 기원전 1782, 재위 61년)

갑오 16년(기원전 1767)에 주와 현을 나누어 정하고 직책의 한계를 정하였다. 이 해 겨울에 은(殷)나라 사람들이 하(夏)나라를 정벌하니 하나라의 걸왕(桀王)이 구원을 청하여 단제는 말량(末良)에게 구환의 군사를 이끌고 하나라를 돕게 하였다. 이에 은나라 탕왕(湯王)이 사신을 보내 사죄하였다.

당시 하나라 걸왕은 폭정을 하여 은나라 탕왕이 폭정에 항거하는 세력을 모아 하나라를 공격하였는데, 조선의 단제가 군사를 보내 하나라를 구원하였다. 이에 탕왕이 사신을 보내 사죄하고 공물을 바치었는데, 그 후에도 하나라 왕이 또다시 군사를 보내 달라고 하니 그의(하나라 걸왕) 무도함을 꾸짖고 허락하지 않았다(『규원사화揆園史話』,『설원說苑』).

중국의 사서인 『후한서』「동이전」에는 "걸왕이 포학을 일삼자 여러 동이들이 쳐들어왔다"라고 기록하고 있는데, 하나라가 멸망한 것도 그리고 은나라가 일어난 것도 모두 단군조선의 막강한 힘에 의한 것을 알려주는 기록이다.

무술 20년(기원전 1763)에는 소도를 많이 설치하고 미혼(未婚)의 자제로 하여금 글을 읽고 활 쏘는 것을 익히게 하며 이들을 국자랑(國子郎)이라 하였다. 국자랑들은 머리에 천지화를 꽂았으므로 사람들은 이들을 천지화랑이라고도 불렀다.

「단군세기」의 이 기록에서 볼 수 있듯이 신라 화랑의 원류가 여기에서 유래되었음을 알 수 있다.

무진 50년(기원전 1733)에 "오성이 모여들고(오성취루五星聚婁)*, 학이 날아와 뜰의 소나무에 깃들었다"는 기록이 있다.

기묘 61년에 단제가 붕어하자 백성들의 곡성이 끝이지 않았다. 우가(牛加)인 고불이 즉위한다.

14대 고불(古弗 : 기원전 1721, 재위 60년)

을유 6년(기원전 1716)에 큰 가뭄으로 단제가 하늘에 제사를 올리니

---

* 지구에서 천체를 바라볼 때 밤하늘에 수성, 금성, 화성, 목성, 토성의 다섯 개의 별이 한쪽으로 모이는 천체 현상을 말한다. 이를 근거로 현대의 천문학자들이 살펴보는데, 기원전 1733년 7월에 오성취루 현상이 있었음을 입증하였다. 따라서 이는 『환단고기』의 기록이 역사적 사실을 기록한 증거라고 학자들은 말한다.

이내 큰 비가 내렸다.

신유 42년(기원전 1680)에 자촌(子村)의 집에 오색의 큰 닭이 태어나 사람들이 보고는 봉황이라 하였다.

을해 56년(기원전 1666)에 호구조사를 하니 총계가 1억 8천만 명이었다.

기묘 16년(기원전 1662)에 단제가 붕어하여 대음이 즉위한다.

15대 대음(代音 : 일명 후흘달後屹達, 기원전 1661, 재위 51년)

경진 원년(기원전 1661)에 은나라의 왕 소갑(小甲)이 사신을 보내 화친을 청하였다.

기축 10년(기원전 1652)에 단제가 서쪽 약수로 가시더니 신지(臣智) 우속(禹粟)에게 명하여 금, 철 및 기름을 채취하도록 하였고, 7월에 우루국(虞婁國) 사람 20명이 항복해와 염수(鹽水) 근처에 살게 하였다.

정미 28년(기원전 1634)에 태백산에 비석을 세워 역대 단군들의 이름과 공적을 새겼다.

"기미 40년(기원전 1662) 단제 동생 대심(代心)을 선비족(鮮卑族) 대인으로 봉하였다"라는 「단군세기」의 기록이 있다. 중국의 『삼국지』「위지동이전」에 '선비족은 동호의 후예'라고 하였는데 동호와 동이는 같은 뜻으로 흉노족, 몽고족과 함께 선비족도 동이족의 지류임을 알 수 있다.

1대 단군 왕검도 웅씨 나라의 비왕이었는데 비왕(裨王)이란 왕의 좌, 우 옆에서 보좌하는 부왕(副王)의 직책으로 조선비왕족(朝鮮裨王族)의 가운데 두 자를 따서 선비족이라고 하였다고 하며, 일설에는 선비산을 중심으로 활동하였다고 하여 선비족이라고 한다.

경오 51년(기원전 1611) 단제가 붕어하여 우가의 위나가 즉위한다.

16대 위나(尉那 : 기원전 1610, 재위 58년)

무술 28년(기원전 1583)에 구한의 여러 왕들이 영고탑(寧古塔)에 모여 삼신과 상제에게 제사를 지내며 한인, 한웅, 치우 및 단군 왕검을 모시었다.

닷새 동안 백성들과 마당 밟기, 둥글게 모여 춤을 추며 애한(愛桓)의 노래를 불렀다.

산에는 꽃이 있네
산에는 꽃이 피네
…………
천신을 섬기고 태평을 즐기네.

무진 5년(기원전 1553)에 단제가 붕어하여 태자 여을이 즉위한다.

17대 여을(余乙 : 기원전 1552, 재위 68년)

갑신 52년(기원전 1501)에 단제는 오가와 함께 나라를 돌아보는데, 개사성(蓋斯城) 인근에서 푸른 도포를 입은 노인이 하례를 드렸다.

병자 68년(기원전 1485)에 단제가 붕어하여 태자 동엄이 즉위한다.

18대 동엄(冬奄 : 기원전 1484, 재위 49년)

병신 20년(기원전 1465) 지백특 사람이 와서 특산물을 바쳤다.

을축 49년(기원전 1436)에 단제가 붕어하여 태자 구모소가 즉위한다.

19대 구모소(縱牟蘇 : 기원전 1435, 재위 55년)

기축 24년(기원전 1412)에 남상인(南裳人)이 벼슬을 얻어 조정에 들어 왔다.

기미 54년(기원전 1382)에 지리숙(支離叔)이 주천력(周天曆)과 『팔괘상중론(八卦相重論)』을 지었다.

경신 55년(기원전 1381) 단제가 붕어하여 우가(牛加)인 고홀이 즉위한다.

20대 고홀(固忽 : 기원전 1380, 재위 43년)

병신 36년(기원전 1345)에 영고탑을 개축하고 별궁을 지었다.

경자 40년(기원전 1341)에 공공(共工) 공홀(工忽)이 구한의 지도를 제작하여 바쳤다.

계묘 43년(기원전 1338)에 단제가 붕어하여 태자 소태가 즉위한다.

21대 소태(蘇台 : 기원전 1337, 재위 52년)

갑진 원년(기원전 1337)에 은나라 왕 소을(小乙)이 사신을 보내 공물을 바치었다.

경인 47년(기원전 1291)에 은나라 왕 무정(武丁 : 기원전 1339~1280)이 귀방(鬼方)을 치고 색도(索度) 영지(令支 : 조선의 일부) 등의 나라를 침공하나 우리에게 대패하여 화해를 청하였다.

이 무정의 귀방 정벌에 대한 기록은 중국 갑골문자의 기록으로 입증되고 있어 『환단고기』의 역사적 사실성이 드러나고 있다.

을미 52년(기원전 1286)에 고등(高騰 : 은나라 22대 왕 무정이 조선 제후국을 침공하였는데 조선 장수인 고등이 토벌하며 우현왕에 오르게 되고 막강한 세력을 가지게 됨)이 죽어 세습하여 우현왕(右賢王)에 오른 고등의 손자 색불루(索弗婁)가 연로한 단제가 서우여(徐于餘)에게 정사를 물려주려 하자 반란을 일으켰다.

단제는 부득이 옥책과 국보를 색불루에게 물려주고 아사달에 은거하다 붕어하시었고, 이에 반발한 동이의 고죽국(孤竹國) 후손인 백이(伯夷)와 숙제(叔弟)는 나라를 버리고 동해가(중국 대륙의 동해)에서 밭을 일구며 살았다.

22대 색불루(索弗婁 : 기원전 1285, 재위 48년)

고등의 손자 색불루가 정변을 일으켜 단제에 올랐다.

병신 원년(기원전 1285)에 녹산(鹿山)을 개축하게 하고 관제를 개정하였다. 9월에 장당경(藏唐京)으로 순행하여 고등왕의 묘를 세우고 제를 올리었다.

혁명적으로 제위에 오른 색불루는 삼한(三韓)을 삼조선(三朝鮮)으로 바꾸었는데, 「태백일사」에 다음과 같은 기록이 있다.

5월에 제도를 개정하여 삼한을 삼조선이라 하였다. ……진조선(眞朝鮮)은 천왕이 다스리니 옛날의 진한(辰韓)이다. 여원흥에게 명하여 마한(馬韓)이 되게 하여 막조선(莫朝鮮)을, 서우여는 번한(番韓)이 되게 하여 번조선(番朝鮮)을 다스리게 하였으니, 이를 통틀어 이름하여 단군관경(檀君管境)이라 한다. 이것이 곧 진국(辰國)으로 역사에서 말하는 단군조선이다.

11월에 친히 구환의 군사를 이끌고 은나라의 도읍을 격파한 뒤 화친하였고, 또다시 싸워 크게 부수고 이듬해 2월에 이들을 추격하여 황하에 이르러 승전을 하례받고 변한(弁韓)의 백성들을 회대의 땅으로 옮겨 가축을 기르고 농사를 짓게 하여 나라의 위세를 크게 떨쳤다.

신미 36년(기원전 1250)에 장수 신독(申督)이 난을 일으켜 단제가 한동안 영고탑으로 피신하였다.

계미 48년(기원전 1238)에 단제가 붕어하여 태자 아홀이 즉위한다.

23대 아홀(阿忽) : 기원전 1237, 재위 76년)

갑신 원년(기원전 1237)에 단제의 숙부 고불가(固弗加)를 낙랑홀(樂浪忽)을 다스리게 하고, 웅갈손(熊乫孫)을 보내 은나라를 쳐부수었다. 7월에 신독을 주살하였다.

을유 2년(기원전 1236) 남국(藍國) 임금, 청구(青邱) 임금, 구려(句麗)의 임금이 주개(周愷)에서 회합하고 몽고리(蒙古里) 병력을 합쳐 은나라를 공격하여 회대(淮垈) 땅을 평정하였다. 은나라 사람들이 우리의 위세에 눌려 우러러보며 두려워 감히 접근을 하지 못하였다.

기해 76년(기원전 1162)에 단제가 붕어하여 태자 연나가 즉위한다.

24대 연나(延那 : 기원전 1161, 재위 11년)

경자 원년(기원전 1161) 황숙 고불가를 섭정으로 삼다.
신축 2년(기원전 1160)에 여러 왕들의 조서를 받아 소도를 증설하였다.
경술 11년(기원전 1151)에 단제가 붕어하여 태자 솔나가 즉위한다.

25대 솔나(率那 : 기원전 1150, 재위 88년)

"정해 37년(기원전 1114)에 기자(箕子)가 서화(西華)에 옮겨와 있으면서
인사조차 사절하였다"라고 「단군세기」는 기록하고 있다.

주나라 후직(后稷 : 무왕)은 산동성 동이족 출신 강태공의 도움으로
은나라의 30대 주왕(紂王 : 애첩 달기와 주지육림을 벌린 사건의 왕)을 멸하고
주(周)나라를 세우는데, 은나라 폭군 주왕의 숙부인 기자를 조선의 왕
으로 봉하였다는 중국『사기』의 기록을 바탕으로 기자조선설(箕子朝鮮
說)을 정설로 하여 내려왔다. 그러나 주나라의 역사적 사실을 기록한
「주본기」에는 기자를 조선의 왕에 봉하였다는 이야기는 없다.

"은나라의 폭군 주왕에게는 비간(比干)과 기자 두 숙부가 있었다. 비
간이 주왕에게 나라를 잘 다스릴 것을 충언으로 간하였는데, 주왕은
노여워하여 비간을 죽이고 기자는 감옥에 가두었다. 결국 은나라는
주왕의 폭정으로 멸망하게 되며, 은나라를 멸망시키고 주나라를 세운
무왕(武王)이 기자를 불러 은나라가 망한 원인을 물었다. 기자는 은나
라 주왕의 죄악을 차마 말하지 못하고 나라의 존망의 이치만 이야기
하였다. 이후 주나라 무왕은 병이 들어 돌아가시었다"라고 「주본기」
는 기록하고 있다.

일반적으로 단군조선이 주나라에 의해 멸망하여 기자조선이 건국

되었고, 이후 위만(衛滿)에게 넘어가 위만조선이 일어나게 되고, 이 위만조선은 한(漢)나라에 의하여 멸망되고, 그 자리에 한사군(漢四郡)을 설치하였다고 이야기한다.

뒤에 기술하겠지만 위만도 단군조선의 삼조선 중에서 번조선만 찬탈하여 위만조선을 세운 것이며, 따라서 위만조선 자리에 세운 한사군의 위치도 한반도 내에 세운 것이 아니라 대륙 내의 번조선에 있었던 것이다.

당시의 모든 정황으로 보아 동이의 도움으로 새로 일어난 주나라가 기자를 막강한 조선의 왕으로 봉하였다는 것은 불가능하며 후대에 누군가에 의해 가필되었을 가능성이 있다. 은나라가 망하여 서화 땅에서 인사도 받지 않고 근신하며 지내던 은나라 폭군 주왕의 숙부인 기자가 단군조선을 멸망시키고 기자조선을 세웠다는 것은 도무지 받아들일 수가 없는 것이다.

29대 단군 마휴, 33대 단군 감물 편에 주나라가 조선에 공물을 바친 「단군세기」의 기록을 보아도 기자조선은 없었다고 주장하는 학자들이 많다.

무인 88년(기원전 1063)에 단제가 붕어하여 태자 추로가 즉위한다.

26대 추로(鄒魯 : 기원전 1062, 재위 65년)

계미 65년(기원전 998)에 단제가 붕어하여 태자 두밀이 즉위한다.

27대 두밀(豆密 : 기원전 997, 재위 26년)

갑신 원년(기원전 997)에 천해(天海)의 물이 넘쳐 아란산(阿蘭山)이 무너졌다. 이 해 수밀이국(須密爾國), 양운국(養雲國), 구다천국(句茶川國) 등이 사신을 보내 특산물을 바쳤다.

기유 26년(기원전 972)에 단제가 붕어하여 해모가 즉위한다.

28대 해모(奚牟 : 기원전 971, 재위 28년)

경술 원년(기원전 971)에 단제가 앓으시니 백의동자(白衣童子)가 하늘에 기도하여 나으셨다.

정묘 18년(기원전 954)에 빙해(氷害)에 여러 왕들이 사신을 보내 공물을 바치었다.

정축 28년(기원전 944)에 단제가 붕어하여 마휴가 즉위한다.

29대 마휴(摩休 : 기원전 943, 재위 34년)

무인 원년(기원전 943)에 주나라 사람이 들어와 공물을 바쳤다.

신해 34년(기원전 910)에 단제가 붕어하여 태자 내휴가 즉위한다.

30대 내휴(奈休 : 기원전 909, 재위 35년)

청구를 들러보고 치우천왕의 공덕을 새겼다. 엄독(奄瀆)에 이르러 여러 왕들을 만나 사열하고 하늘에 제사를 지내고 주나라 사람들과도 수교하였다.

병진 5년(기원전 905)에 흉노가 공물을 바쳤다.

병술 35년(기원전 875)에 단제가 붕어하여 태자 등올이 즉위한다.

31대 등올(죻屼 : 기원전 874, 재위 25년)

신해 25년(기원전 850)에 단제가 붕어하여 아들 추밀이 즉위한다.

32대 추밀(鄒密 : 기원전 849, 재위 30년)

갑인 3년(기원전 847)에 선비산(鮮卑山)의 추장 문고(門古)가 공물을 바쳤다.

계해 12년(기원전 838)에 초(楚)나라 대부 이문기(李文起)가 조정에 들어와 벼슬을 하였다.

신사 43년(기원전 820)에 단제가 붕어하여 태자 감물이 즉위한다.

33대 감물(甘勿 : 기원전 819, 재위 24년)

계미 2년(기원전 818)에 주나라 사람이 와서 호랑이 가죽과 코끼리 가죽을 바쳤다.

무자 7년(기원전 813)에 영고탑 서문 밖 감물산(甘勿山) 아래에 삼성사(三聖祠)를 세우고 친히 제사를 올리었다.

을사 24년(기원전 796)에 단제가 붕어하여 태자 오루문이 즉위한다.

34대 오루문(奧婁門 : 기원전 795, 재위 23년)

병오 원년(기원전 795)에 풍년이 들어 백성이 기뻐하고 「도리가(兜里歌)」를 지어 노래 불렀다.

> 하늘에는 아침해 밝은 빛 내려 비추고
> 나라에는 어진님 큰 가르침 널리 펼쳐
> 사람마다 마음 편하고 밝은 노래 속에
> 큰 나라 배달나라 끝없이 태평하리라.

무진 23년(기원전 773)에 단제가 붕어하여 태자 사벌이 즉위한다.

35대 사벌(沙伐 : 기원전 772, 재위 68년)

무오 50년(기원전 723)에 단제가 장군 언파불합(彦波弗哈 : 일본 신무천왕의 아버지라고 한다)을 보내 바다의 웅습(熊襲 : 일본 규슈 지방)을 평정하였다.

"갑술 66년(기원전 707)에 단제께서 조을(祖乙)을 보내 곧바로 연(燕)나라의 도읍을 돌파하고 제(齊)나라 군사와 임치(臨淄)의 남쪽에서 싸우고 승리를 알려 왔다"고 「단군세기」는 기록하는데, 중국의 『사기(史記)』에서도 "희공(僖公) 25년(기원전 707) 북융(北戎 : 동이)이 제나라를 침공하자 정(鄭)나라에서 태자 홀(忽)을 보내 제나라를 도와주었다"라고 기록하는 것으로 보아 당시의 역사적 사실이 일치한다.

이후 주나라 왕실은 점차 쇠약해지고 연나라 제나라, 노(魯)나라 등의 제후국의 위상은 강성해지게 된다. 이로써 중국 대륙의 중원은 춘추(春秋 : 기원전 770~446), 전국(戰國 : 기원전 403~233) 시대에 들어서게 된다.

병자 68년(기원전 705)에 단제가 붕어하여 태자 매륵이 즉위한다.

36대 매륵(買勒 : 기원전 704, 재위 58년)

갑인 38년(기원전 667)에 협야후(陜野侯) 배반명(裵槃命 : 『일본서기(日本書紀)』에 나오는 니기하야히노미꼬도)을 보내어 바다의 도적을 토벌하고, 12월에 삼도(三島 : 일본)가 모두 평정되었다. 이 기록은 단군조선의 사람들이 일본으로 건너가 그들의 조상이 되었다는 이야기이다.

무진 52년(기원전 653)에 단제가 병력을 보내 수유(須臾)의 군대와 함께 연나라를 치니, 연나라는 제나라에 알려 고죽국에 쳐들어 왔으나 우리 복병에 걸려 불리하자 화해를 구걸하고 물러갔다. 「단군세기」의 이 기록은 중국 『사기』 「제태공세가(齊太公世家)」에도 기록되어 있다.

갑술 58년(기원전 647) 단제가 붕어하여 태자 마물이 즉위한다.

37대 마물(麻勿 : 기원전 646, 재위 56년)

경오 56년(기원전 591)에 단제가 남쪽을 돌아보시다가 기수(淇水)에 이르러 붕어하여 태자 다물이 즉위한다.

38대 다물(多勿 : 기원전 590, 재위 45년)

을묘 45년(기원전 546)에 단제가 붕어하여 태자 두홀이 즉위한다.

39대 두홀(豆忽 : 기원전 545, 재위 36년)

신묘 36년(기원전 510)에 단제가 붕어하여 태자 달음이 즉위한다.

40대 달음(達音 : 기원전 509, 재위 18년)

기유 18년(기원전 492)에 단제가 붕어하여 태자 음차가 즉위한다.

41대 음차(音次 : 기원전 491, 재위 20년)

기사 20년(기원전 472)에 단제가 붕어하여 태자 을우지가 즉위한다.

42대 을우지(乙于支 : 기원전 471, 재위 10년)

기묘 10년(기원전 462) 단제가 붕어하여 태자 물리가 즉위한다.

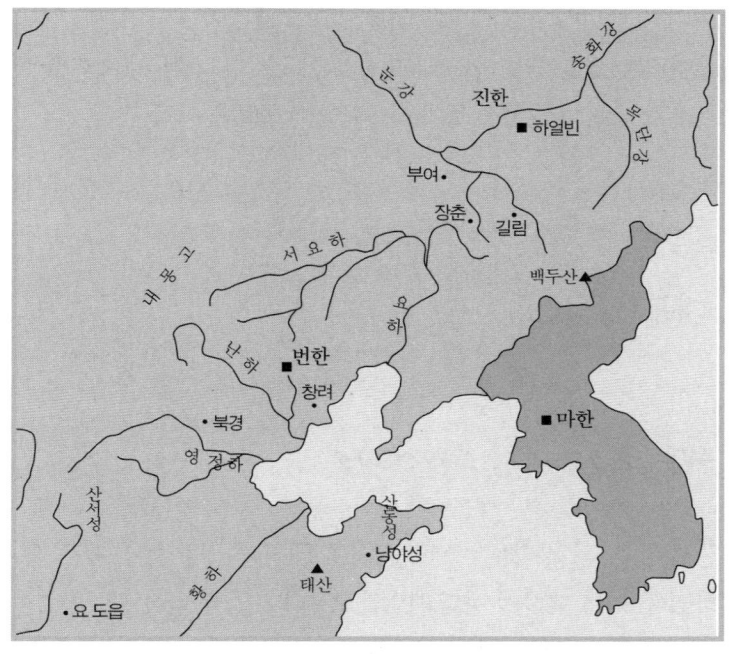

단군조선 당시에 평양(平壤)이라 불린 곳 가운데 장당경(藏唐京)이라고도 했던 현재의 개원(開原)과 해성(海城) 일대의 지리도.
지금은 한반도 북쪽의 강을 압록강이라 부르고 있지만, 그 당시에는 현재의 요하를 압록이라 불렀으며 서요하를 서압록, 동요하를 동압록이라 불렀다.

43대 물리(勿理 : 기원전 461, 재위 36년)

「단군세기」에 "을묘 36년(기원전 426)에 융안(隆安)의 사냥족 우화충(于和沖)이 스스로 장군이라 칭하며 서북쪽 36군을 함락시켰다. 단제께서 병력을 파견하였지만 물리치지 못하였다"라고 기록하고 있는데, 이는 조선의 사정이 변방의 반란을 진압하지 못할 정도로 쇠락하고 있었다는 반증이다.

단제는 좌우의 구인들과 함께 종묘사직의 신주를 모시고 배를 타고 해두(海頭)로 피난가고 얼마 안 되어 돌아가셨다.

이 해에 백민성(白民城) 욕살(褥薩) 구물(丘勿)이 어명을 어기고 군대를 일으켜 장당경을 점령하니 구지(九地)의 군사가 그를 따르고 동서의 압록(鴨綠) 18성이 원군을 보내고 사람들이 구물을 따랐다.

4. 대부여(大夫餘)

44대 구물(丘勿 : 기원전 425, 재위 29년)

구물은 1만의 병력을 이끌고 서북쪽을 침략한 융안의 우화충을 정벌하였다. 이로 인하여 여러 사람들로부터 추앙을 받아 구물은 3월16일 장당경에서 즉위하였으며, 국호를 조선에서 대부여(大扶餘)로 바꾸고 삼한(三韓)을 삼조선(三朝鮮)이라 하였다. 도읍을 아사달에서 장당경으로 옮겼다.

이때부터 삼조선은 단군을 받들어 모시고 통치는 받았으나 전쟁에 대한 화전(和戰)의 권한은 갖게 되어 단군이 독자적으로 행하지는 않게 된다. 이러한 「단군세기」의 기록은 단군의 권한이 대폭 약화되었음을 의미한다고 할 수 있다.

일찍이 조선에는 진한(辰韓), 번한(番韓), 마한(馬韓)의 삼한이 있었는데, 이를 개정하여 진조선(辰朝鮮), 번조선(番朝鮮), 막조선(莫朝鮮)의 삼조선으로 한 것이다.

7월에는 해성(海城 : 요령성에 위치함)을 개축하여 평양(平壤 : 대륙 평양으로 따라서 한반도 내의 평양과 다름)이라 하고 이궁(離宮)을 짓게 하였다.

도읍을 옮기고 국호를 바꾸고 위급에 대비하여 이궁을 짓는 등의 조치는 단군의 권한이 약화되어 기울어가는 조선의 어려워진 나라사정과 궁여지책으로 보인다.

기원전 397년에 단제가 붕어하여 태자 여루가 즉위한다.

45대 여루(余婁 : 기원전 396, 재위 55년)

신축 17년(기원전 380)에 연나라 사람이 침공해와 장수 묘장춘(苗長春)이 이를 쳐부수었다.

병진 32년(기원전 365)에 연나라 사람 배도(倍道)가 쳐들어와 요서(遼西)를 함락하고 운장(雲障)에 이르렀다. 이에 번조선은 상장군 우문언(于文言)에게 막게 하고, 진조선과 막조선 군대도 보내어 연나라와 제나라 군사를 오도하(五道河)에서 격파하고 요서의 여러 성을 되찾았다.

정사 33년(기원전 364)에 연나라 군대가 연운도에 주둔하여 우문언이 크게 쳐부수었다.

신미 47년(기원전 350)에 북막(北漠)의 추장 액니거길(厄尼車吉)이 조정에 찾아와서 말 200필을 바치고 함께 연나라를 칠 것을 청하였다. 이에 번조선의 장수 신불사(申不私)로 하여금 연나라 상곡(上谷)을 공격하게 하였다.

무인 54년(기원전 343)에 상곡 전투 이후에 연나라가 사신을 보내 화해를 청하자 하락하고 조양의 서쪽을 경계로 삼았다.

기묘 55년(기원전 342) 9월에 단제가 붕어하여 태자 보을이 즉위한다.

46대 보을(普乙 : 기원전 341, 재위 46년)

경진 원년(기원전 341) 12월에 번조선의 왕 해인(解仁)이 연나라에서 보낸 자객에 의하여 시해당하자 오가(五加)들이 다투어 일어났다.

무술 19년(기원전 323) 읍차(邑借) 기후(箕詡)가 군사를 이끌고 입궁하여 스스로 번조선 왕이라 자칭하며 윤허를 구하자 허락하였다.

정사 38년(기원전 304)에 도성에 큰불이 나 단제가 해성의 이궁으로 피난하였다.

을축 46년(기원전 296)에 한개(韓介)가 수유의 군사를 이끌고 궁궐을 침범하여 스스로 왕이 되려 하자 대장군 고열가(高列加)가 의병을 일으켜 처부수었다.

이처럼 이때는 국력이 매우 약해져 나라의 비용을 제대로 쓸 수 없었으며, 단제의 권력도 약화되면서 모반이 일어나고 점점 쇠퇴의 길로 접어드는 것을 알 수 있다. 단제가 붕어하였는데, 후사가 없어 43대 단제 물리의 현손인 고열가를 사람들이 추대하여 단제에 즉위한다.

47대 고열가(古列加 : 기원전 295, 재위 58년)

기묘 14년(기원전 282)에 단군 왕검의 묘(墓)를 백악산(白岳山)에 세우고 제사를 지내게 하였다.

"기유 44년(기원전 252)에 연나라에서 사신이 와서 새해 인사를 올렸다.

계축 48년(기원전 248)에 북막(北漠)의 추장 아리당부(阿里當夫)가 연나라를 정벌하자고 청하였는데 단제가 허락하지 않았다. 이에 불만으로 공물을 바치지 않았다.

단제 57년(기원전 239) 4월 8일 고리국(藁離國) 사람인 해모수(解慕漱)는 제후국 수유와 군사를 일으켜, 옛 도읍 백악산(白岳山)을 점거하고 스스로 천왕랑(天王郎)이라 칭하였으며…… 수유후(須臾候) 기비(箕丕)를 번조선의 왕으로 봉하였다"라는 기록이「단군세기」에 나온다.

종실의 한 사람이었던 해모수는 당시 나라 이름을 대부여라고 바꾸어 사용하였기 때문에 백악산 아사달(阿斯達)이 장당경보다 북쪽에 있어 국호를 북부여(北夫餘)라 하였다.

고열가 단제는 진조선의 개원 장당경에 있었으나「단군세기」에 의하면, "계해 58년(기원전 238)에 단제께서는 어질고 유순하여 결단력이 없고 명을 내려도 이행되지 않고……, 오가들과 의논하여 사형수를 포함한 죄수들을 모두 석방하고, 이튿날 마침내 제위를 내놓으시고 입산수도하여 신선(神仙)이 되었다. 이때부터 6년간 오가(五加)들이 함께 나라를 다스렸다"고 한다.

중국의 정사로 분류되는『양서(梁書)』,『남사(南史)』에는 "동이의 나라는 조선이 제일 크다"고 하였다. 그렇지만 역사의 흐름에 따라 중원의 강자였던 단군조선도 중원에 새로운 강자들이 나타나면서 흥망성쇠를 거듭하고 시간의 흐름에 점점 기울어졌다.

단군조선에 속해 있던 고리국(藁離國)을 다스리던 종실 해모수가 아사달에서 즉위하여 북부여를 건국하였고, 기원전 238년에 47대 단제 고열가가 산으로 들어가 수도하였다는 내용이『삼국유사』에 나온다.

이로써 시조 왕검이 나라를 세운 단군조선은 기원전 2333년부터 마지막 47대 고열가 단군에 이르기까지 2096년의 대역사가 막을 내리게 된다.

5. 북부여(北扶餘)

『삼국유사』에 "국호를 북부여(北扶餘)라고 하고 스스로 이름을 해모수라 하였다"는 기록이 있는데, 안정복(安鼎福)의 『동사강목(東史綱目)』*에 의하면 "북부여는 단군조선을 계승하여 나라를 세웠기 때문에 국호만 북부여라고 했을 뿐 제왕의 호칭은 그대로 단군이라고 하였다"고 한다.

1대 해모수(解慕漱 : 기원전 232~기원전 194, 재위 38년)

임술 원년(서기 239), 단제의 자태가 용맹하게 빛나시고, 신과 같은 눈빛으로 사람을 꿰뚫어 바라보니 천왕랑(天王郞)이라 할 만하였다.

"기사 8년(기원전 232)에 단제께서 무리를 이끌고 옛 도읍지의 오가(五家)들을 설득하여 공화정치를 철폐하였다. 이에 만백성이 추대하여 단군이 되었다"라는 기록이 「북부여기(北夫餘紀)」**에 나온다. 이는 47대 고열가 단제가 물러나고 오가들이 6년간 공동으로 대부여를 다스렸는데, 북부여를 세운 해모수가 이들을 설득하여 모두 북부여에 병합한 것이다.

경진 19년(기원전 221)에 번조선 왕 기비가 죽어 그의 이들 기준(箕準)을 번조선 왕으로 봉하였다.

---

* 조선 정조 2년(1778년)에 실학자 순암(順庵) 안정복이 단군조선부터 고려 말까지의 역사를 기록한 책이다. 본권 17권, 부록 3권으로 되어 있다.
** 고려 말의 학자 유애거사(休崖居士) 범장(范樟)이 전한 책으로 북부여 시조 해모수로부터 6대 고무서까지 204년과 가섭원 부여(迦葉原夫餘 : 동부여) 108년의 역사를 기술하고 있다.

연나라는 장수 진개(秦開)를 보내 우리의 서쪽 땅 변방인 만번한(滿番韓)으로 경계를 삼았다.

그 당시 중원에서는 진시황(秦始皇)이 전국시대를 평정하고 새로운 왕조를 열었으나 각지에서 봉기가 일어났다. 특히 농민군 출신의 진승(陳勝)이 군대를 일으키자 진나라는 큰 혼란에 빠지고 유민들이 번조선으로 계속 들어와 단제는 이들을 상하운장(上下雲障)에 나누어 살게 하였다.

병오 45년(기원전 195)에 한나라를 배반하고 연나라 장수가 된 위만(衛滿)이 단제에게 망명을 요청하였다. 해모수 단제가 병으로 결정을 하지 못하고 있었는데, 번조선 왕 기준이 크게 실수하여 위만을 받아들였다. 위만은 한나라에 대하여 반란을 일으킨 연나라 노관(盧綰)의 부장이었는데 노관은 흉노로 망명을 가고 위만은 연나라로 망명을 갔다. 위만은 연나라에서 다시 1천여 명의 군사와 함께 번조선으로 망명을 오게 된 것이다.

번조선 왕 기준은 위만을 박사(博士)에 임명하고 서쪽 변방을 지키게 하였다.

이 해 겨울에 단제가 붕어하여 태자인 모수리가 즉위한다.

2대 모수리(慕漱離 : 기원전 194~기원전 169, 재위 25년)

모수리 단군이 즉위한 정미 원년(기원전 194)에 연나라의 장수 위만이 번조선으로 망명을 와서 상하운장에 살게 되었는데, 위만은 거짓으로 한나라 군사가 쳐들어오니 자신에게 군사를 내어 주면 나아가 막겠다고 번조선 왕 기준을 속이고 반역하여 번조선의 왕검성(王儉城)을 장악하였다.

이로써 번조선은 망하였고, 기원전 194년에 위만조선(衛滿朝鮮)이 생기게 된다.

『단기고사』에 "번조선 왕 기준은 위만에게 패하여 궁인과 좌우의 신하들을 거느리고 배를 타고 바다를 건너 목지국(目支國) 금마군(金馬郡 : 충청도 직산, 전북 익산이라는 설이 있는데 익산에는 지금도 금마라는 지명이 있다)에 머물면서 나라 이름을 마한(馬韓)이라 하였다"는 기록이 나오는데, 현재까지의 기록들을 보아 번조선의 기준이 한반도 남단에 정착하여 마한을 건설하였다는 설이 유력하다.

신미 25년(기원전 170)에 단제가 붕어하여 태자 고해사가 즉위한다.

3대 고해사(高奚斯 : 기원전 169~기원전 121, 재위 48년)

임신 원년(기원전 169)에 정월 낙랑왕 최숭(崔崇)이 곡식 300섬을 해성에 바쳤다.

계측 42년(기원전 128)에 단제가 직접 만 명을 이끌고 위만의 도둑떼를 남여성(南閭城)에서 쳐부수고 관리를 두었다.

경신 49년(기원전 121)에 일군국(一群國)에 사신을 보내고, 이 해 9월에 붕어하였다. 태자 고우루가 즉위한다.

4대 고우루(高于婁 : 기원전 120~기원전 86, 재위 34년)

신유 원년(기원전 120)에 고진(高辰)을 발탁하여 서압록을 수비하고 위만조선의 우거(右渠)를 대비하는 데 공이 있어 고구려후로 삼았다.

"계유 13년(기원전 108)에 한나라 유철(劉徹 : 무제)이 평나(平那)를 노략

질하여 우거를 멸망시키고 4군(四郡)을 두고 병력을 침략시키었다"는 기록이 「북부여기」에 실려 있다.

위만조선은 조선 전체를 차지한 것이 아니라 단군조선의 진조선, 번조선, 막조선의 삼조선 중에 번조선 만을 차지 한 것인데, 일부에서는 단군조선이 다 없어지고 위만조선이 일어난 것으로 잘못 기록하고 있다.

한나라는 섭하(涉何)를 사신으로 위만조선에 보내 회유하였는데, 위만조선의 우거왕이 한나라의 화친 제의를 거절하자 섭하는 배웅한 조선의 장수를 죽이고 돌아간다. 위만조선의 우거왕은 이 일로 분개하여 군사를 보내 한나라의 사신 섭하를 죽여 버린다. 이에 한나라 무제가 그 보복으로 5만의 육군과 7천의 수군으로 침공해 온다. 위만조선의 우거왕은 일 년여를 한나라와 전쟁을 치렀는데, 내분이 일어나 기원전 108년에 토착세력인 상(相)들이 우거왕을 죽이고 한나라에 항복하여 이로써 3대 86년 만에 위만조선은 한나라에 멸망한 것이다.

한나라는 위만조선을 멸망시킨 후 그 지역에 4군을 설치하였는데, 바로 한사군(漢四郡)이다. 한사군의 위치를 한반도 안에 있다고 하는데, 이는 잘못된 것으로 번조선이 있던 요동지역에 있었던 것이다.

여기서 과거에 일부 역사학자들은 위만조선이 멸망하면서 우리 고조선은 사라지게 되었고, 한반도 안에 한나라의 소위 낙랑(樂浪), 현도(玄菟), 진번(眞番), 임둔(臨屯)의 한사군(漢四郡)을 설치하였다고 말한다. 이 한반도 안의 한사군의 위치도 중국의 역사관에 의하여 만들어진 것으로 보인다.

앞에서도 설명하였지만 단군조선의 진조선, 번조선, 막조선 등 삼조선 중의 하나인 번조선을 빼앗고 세운 위만조선이 한나라에 멸망되지만, 나머지 진조선과 막조선은 비록 그 세력은 쇠퇴하고 있었으나 단군이 통치하며 계속 이어져 내려온 것이다.

또한 이즈음 「단군세기」의 기록에 갑오 34년 10월 동명왕(東明王) 고두막한(高豆幕汗)이 사람을 시켜 "나는 천제의 아들인데 왕은 이 땅에서 옮겨 가시오!"라고 하여 마침내 단제는 고민으로 병을 얻어 죽고 고우루 단제의 동생 해부루(解夫婁)가 단제에 오른다. 이에 동명왕이 군대를 앞세워 계속 위협하였다.

결국 해부루는 국상 아란불(阿蘭弗)의 권고에 따라 통하(通河)의 가섭의 땅에 도성을 옮기게 되는데, 이를 가섭원(迦葉原) 부여 또는 동부여(東扶餘)라 한다.

고두막한이 정변을 일으켜 해부루를 동부여로 쫓아내고 북부여의 정권을 쟁취한 것이다.

5대 고두막한(高豆幕汗 : 기원전 108~기원전 61, 재위 47년)

고두막한은 고구려후의 재위 기간을 포함하여 47년이다. 동명왕(東明王)이라고 칭한 고두막한이 해부루를 쫓아내고 단제에 올랐다. 단제는 사람됨이 호탕하고 용맹하여 군사를 잘 다루었다.

북부여가 쇠약해지고 한나라 도둑들이 들끓자 분연히 세상을 구할 뜻으로 졸본(卒本)에서 즉위하고 스스로 동명이라 하였다. 어떤 이들은 고열가의 후손이라고도 한다.

『삼국사기』에는 고구려의 시조 고주몽(高朱蒙)을 동명왕이라 하였고, 『후한서』에는 동명은 부여의 왕이라 하였다. 비슷한 시대의 부여 동명왕이라고 칭한 고두막한을 고구려의 시조 동명왕인 고주몽과 혼동하고 있다.

임인 30년(기원전 79)에 5월 5일에 고주몽이 분능(岔陵)에서 태어났다.

신유 49년(기원전 60)에 단제가 죽어 유언에 따라 졸본천(卒本川)에 장사지내고 태자 고무서가 즉위한다.

6대 고무서(高無胥 : 기원전 59~기원전 58, 재위 2년)

임술 원년에 단제가 졸본천에서 즉위하고, 태어나면부터 신과 같은 덕과 주술로 바람과 비를 불러 잘 구제하므로 민심을 크게 얻어 소(小)해모수라 불렀다. 단제는 아들이 없어 고주몽을 보고 범상치 않음을 느끼고 사위로 삼았다.

재위 2년(기원전 58) 10월에 세상을 떠나고 유언에 따라 고주몽이 대통을 이었다.

이로써 북부여의 계보는 끝이 난다. 주몽이 고구려를 건국하니 북부여는 자연히 고구려에 흡수되었고, 동부여는 해부루에 의해 계속 이어나간다.

6. 동부여(東扶餘 : 가섭원부여)

1대 해부루(海夫婁 : 기원전 86~기원전 48, 재위 39년)

을미 원년(기원전 86)에 북부여에서 고두막한에게 억압을 받아 가섭원(迦葉原 : 분능)에 옮겨 나라를 이룬다. 가섭원은 오곡이 다 잘되었다.

정유 3년(기원전 84)에 국상 아란불에 명하여 널리 베풀어 유민들을 모으게 하니 몇 해 안되어 나라는 풍성해지고 백성들은 풍족해졌다.

임인 8년(기원전 79)에 옥저후(沃沮侯) 고모수(高慕漱 : 고려후 고진의 손자)가 압록강 변에서 하백(河伯)의 딸 유화(柳花) 부인을 만나고, 이 사실을 안 유화 부모는 유화를 방에 가두었다. 해부루 왕이 유화부인을 불쌍히 여겨 궁으로 데려와 머물게 하였다. 그해 5월 5일 유화부인이 큰 알을 낳았는데, 알을 깨고 사내아이가 나오니 그가 주몽(朱蒙)이다.

갑진 10년(기원전 77)에 해부루 왕이 늙도록 아들이 없었는데, 어느 날 타고 가던 말이 큰 돌 앞에 서서 눈물을 흘리며 멈추자, 왕은 이를 이상하게 생각하고 돌을 치우니 어린아이가 있었다. 왕은 하늘이 내린 아이라 하여 몹시 기뻐하며 거두어 기르는데, 아이의 모습이 금색의 개구리 모습이여서 이름을 금와(金蛙)라 짓고 장성하자 태자로 삼았다.

임술 28년(기원전 59)에 백성들이 고주몽을 가르켜 이로움이 없는 인물이라 하여 죽이려 하였다. 고주몽은 어머니 유화부인의 뜻을 받들어 동남쪽으로 도망하여 엄리대수(淹利大水)를 건너 졸본천에 이르러 이듬해 새 나라를 세우니 고구려(高句麗)의 시조가 된다.

계유39년(기원전 48)에 왕이 세상을 떠나 태자 금와가 즉위한다.

2대 금와왕(金蛙王 : 기원전 47~기원전 7, 재위 41년)

갑술 원년(기원전 47)에 왕이 사신을 보내 고구려에 특산물을 바쳤다.

정유 24년(기원전 24)에 유화부인이 세상을 떠나자 고구려는 호위병을 보내와 졸본으로 모시고 황태후의 예로 산릉을 만들고 사당을 짓고 장사를 지냈다.

갑인 41년(기원전 7)에 금와왕이 세상을 떠나 태자 대소가 즉위한다.

3대 대소왕(帶素王 : 기원전 6~서기 22, 재위 28년)

을묘 원년(기원전 6) 봄에 대소왕이 즉위하여 고구려에 사신을 보내 화친을 하고 서로 왕자를 교차하여 인질로 삼을 것을 청하였다. 고구려는 태자 도절(都切)을 볼모로 삼게 하려 하였으나 태자가 이를 행하지 않았다. 이에 대소왕이 5만의 군사로 고구려를 침공하였으나 큰 눈이 와 물러났다.

계유 19년(서기 13년)에 고구려를 침공하다가 학반령(鶴盤岺)에서 복병을 만나 크게 패하였다.

임오 28년(서기 22년)에 고구려와의 전쟁 중에 대소왕은 비류평야에서 고구려 장수 괴유(怪由)에게 살해되었다.

동부여는 3대 왕 대소(帶素)가 전쟁 중에 죽게 되면서 멸망하였다. 대소왕의 동생은 나머지 동부여의 무리들을 이끌어 압록곡(鴨綠谷)에 갈사국(曷思國)을 세우고 왕이라 칭하고 지내다가 고구려가 강해짐에 마침내 고구려에 항복하고 병합된다.

이상 기록에서 살펴 본 것처럼 부여와 고구려는 같은 종족이다. 부여 사람들은 흰옷을 좋아했고, 5일장을 치루고 상복도 흰색이었다고 한다. 우리 민족을 백의민족(白衣民族)이라고 하는 것은 여기서 유래한다.

한민족의 구성에 있어 개천 이래 단군조선으로 이어져 내려오면서 대륙의 중원에서 동이족이 여러 갈래로 갈라지고 부여에 이어 고구려(高句麗)와 한반도의 백제(百濟)로 이어지게 된다.

그즈음 한반도 안에는 개마대산(蓋馬大山)의 동쪽 대해에 이르는 지역에 옥저(沃沮 : 중심지역은 함흥으로 추정됨)가 있고, 남쪽으로는 동예(東濊 : 중심지역은 강릉으로 추정됨)가 있어 진한(辰韓)과 접하고 있었고, 위만에게 쫓겨 바다를 건너 온 번조선의 준왕(準王)은 한반도의 서남지역에 마한(馬韓)을 이룩하여 이미 한반도 내에는 경상도 남쪽 지역의 변한(弁韓)과 함께 삼한을 이루고 있는 등 여러 소수 부족세력이 연합체를 형성하고 할거하였다.

따라서 당연히 한반도 내에 존재하는 우리 한민족의 구성원으로서 삼한과 옥저, 동예의 역사적 사실을 살펴보아야 하겠지만, 이들이 국가 체계로 인정하기 어려운 씨족으로 형성된 부족연합체로 보고 또한 기록도 거의 없어 본문에서는 다루지 않겠다.

단군조선의 마지막 47대 고열가(古列加) 때인 단군 57년(기원전 239)에 조선의 종실 가운데 한사람인 해모수(解慕漱)가 제후국인 수유의 군왕 기비와 군사를 일으켜 조선의 옛 도읍지인 백악산 아사달에서 즉위하고 북부여를 건국하고 자신을 도운 수유후 기비를 번조선(番朝鮮) 왕으로 임명하였다. 다음해(기원전 238)에 고열가 단군은 제위를 내놓으시고 입산수도하여 신선(神仙)이 되셨으니, 이때부터 6년 간 오가들이 함께 나라를 다스렸다(「단군세기」).

해모수는 기사 8년(기원전 232)에 오가들을 설득하여 공화정치를 철폐하고, 북부여의 1대 단군으로서 나라를 다스리게 된다(「북부여기」).

북부여는 단군조선을 계승하여 나라를 세웠기 때문에 국호만 북부여라 했을 뿐 제왕의 호칭은 그대로 단군이라 하였다(『동사강목』).

해모수의 차남 고진(高辰)은 북부여 4대 단군 고우루 때 서압록을 방비하는 데 공이 있어 고구려후에 봉해진다. 그리고 고진의 손자가 고무수인데 옥저후로 봉해진다.

고모수는 압록강 변을 지나다가 하백의 딸 유화(柳花)를 만나게 되었고, 이후 유화는 주몽을 낳게 된다. 고모수가 죽자 유화는 주몽을 데리고 동부여로 간다. 주몽은 동부여에서 말을 관리하는 직책에 있다가 모함으로 쫓기게 되어 오이(烏伊), 마리(摩離), 협보(陜父) 등과 함께 북부여의 졸본천에 이른다.

북부여 6대 단제 고무서는 후사가 없어 주몽은 사위가 되어 북부여를 계승하여 고구려(高句麗)를 세운다(『한단고기』).

이 기록들은 동부여에서 내부의 권력다툼이 생겨 주몽 일파가 밀려 졸본지방으로 내려와 연나부(椽那部), 절노부(絶奴部), 순노부(順奴部), 관노부(灌奴部), 계루부(桂婁部)의 연맹체에서 주몽이 대표하는 계루부 집단이 연맹체의 주도권을 잡게 된 것으로 이해된다.

 『삼국사기』에서의 고구려의 건국신화에서 주몽이 유화부인이 동부여의 금와왕의 궁궐에서 햇빛을 받아 큰 알을 낳았고, 그 알에서 나왔다는 주몽의 탄생신화에 대하여 다른 기록이 있어 혼란스러우나 부여에서 갈라져 나온 주몽설화는 부여의 동명설화와 매우 유사한데, 이는 부여를 계승한 고구려의 정통성을 세우기 위한 것으로 생각된다.

 고구려라는 국호는 높은 곳을 뜻하는 고(高)와 고을을 의미하는 구려(句麗)가 합하여 높은, 신성한 나라를 의미한다.

 또한 연호를 다물(多勿)이라 하였는데, 다물이란 의미는 옛 땅을 다시 찾는다는 뜻으로 단군조선의 영토를 회복하겠다는 의지를 담은 것이다.

광개토대왕비(1915년에 간행된 「조선고적도보」에서)

1. 동명성왕(東明聖王)

▌ 기원전 79~기원전 19, 재위 기원전 37~기원전 19

성은 고씨이고 이름은 주몽(朱蒙)이다. 주몽이란 말은 부여 속어로 '활을 잘 쏘는 사람' 이란 뜻이다.

동부여에서 성장한 주몽은 모함으로 쫓기어 압록 동북의 엄사수를 건너 북부여의 졸본에 이른다. 이후 북부여 단제 고무서의 사위가 되고, 이어 5부의 연맹체와 연합하여 기원전 37년에 졸본부여에 나라를 세우니, 고구려(高句麗)이다.

즉위 2년 6월에 비류국(沸流國) 송양(松讓)이 항복해와 송양을 다물후(多勿侯)에 봉하였다.

재위 4년에 비로서 성을 쌓고 궁궐을 지었으며, 재위 6년과 10년에 오이와 부분노(扶芬奴)를 시켜 행인국(荇人國 : 함경도 지방)과 북옥저를 정벌하여 영토를 넓혔다.

재위 14년 8월에 왕모인 유화부인이 동부여에서 사망하자, 동부여의 금와왕은 왕후의 예로서 장례를 치렀는데 고구려는 토산물과 함께 사신을 보내 감사를 표하며 조문을 하였다.

재위 19년인 기원전 19년 4월에 유리(琉璃)가 동부여에서 어머니 예씨(禮氏)의 말을 듣고, 일곱 모난 돌 위의 소나무 아래에서 찾아낸 부러진 칼 조각을 갖고 찾아왔다. 주몽은 크게 반기고 유리를 태자로 삼는다.

이에 반발하여 주몽이 고구려를 건국할 때 도움을 준 계루부 출신 부인 소서노(召西奴)는 아들 비류(沸流)와 온조(溫祚)를 데리고 남으로 내려간다.

이 해 9월에 40세의 나이로 왕이 갑자기 세상을 떠나니, 시호를 동명성왕이라 하였다.

동명성왕의 업적은 주변 소국을 병합하여 건국의 기초를 닦는 데 있었다고 할 것이다.

2. 유리명왕(瑠璃明王)

┃ ?~18년, 재위 기원전 19년 9월~서기 18년 10월

주몽의 맏아들이며 이름은 유리이다. 어린 시절을 어머니 예씨와 함께 부여에서 보내면서 아버지 주몽이 동부여를 탈출한 이유로 죄인의 아들로 죽을 고비를 여러 차례 맞았으나 유화부인의 간청으로 목숨을 부지하였다. 유화부인이 죽어 방패막이가 없게 되어 청년으로 성장한 유리는 주몽이 일곱 모난 돌 위 소나무 아래에 숨겨 놓은 부러진 칼을 갖고 어머니 예씨와 함께 동부여를 탈출하여 고구려에 와서 주몽에게 신표를 내밀고 극적인 부자 상봉을 하며 태자가 된다.

주몽이 죽어 왕위에 오른 유리왕은 자신의 지지 기반을 위하여 즉위 2년 7월에 다물후 송양의 딸을 왕비로 삼는다. 이 해에 온조는 백제(百濟)를 세운다.

재위 3년 10월에 왕비 송씨가 죽어 화희(禾姬)와 치희(雉姬)를 새 왕비로 삼았다. 왕이 치희를 총애하자 화희가 질투를 하였고, 화희가 치희를 나무라자 치희는 궁을 떠난다. 유리왕은 치희를 찾아 돌아오라고 설득하지만 눈물로 작별인사를 하고 그냥 떠나간다.

이때 유리왕이 다정하게 나는 꾀꼬리를 바라보면서 「황조가(黃鳥歌)」를 지었다고 한다.

> 훨훨 나는 저 꾀꼬리(翩翩黃鳥편편황조)
> 암수 서로 의지하는데(雌雄相依자웅상의)
> 외로운 이내 몸은(念我之獨염아지독)
> 누구와 함께 돌아 갈까나(誰其與歸수기여귀)

여러 공신들의 딸들과 혼인관계를 맺어 지지 기반을 확립한 유리왕은 고구려를 괴롭혀 온 선비족을 재위 11년에 장군 부분노와 함께 토벌하여 복속시켰다. 이 무렵 고구려는 대소가 동부여의 왕이 되면서 적대 관계로 소모적인 전쟁을 벌여 왔는데 대소가 화친을 제의하면서 인질 교환을 요청하였다.

재위 13년에 조정 내의 강경파가 동부여와의 화친을 반대하고 태자 도절이 부여에 볼모로 가는 것을 거절하자, 화친 제의를 거절당한 부여왕 대소가 군사 5만을 이끌고 쳐들어왔다.

재위 19년에 부여와의 전쟁을 피하고 화친하고자 하였던 유리왕은 도망간 교시(郊豕 : 제사에 올릴 돼지)를 잡아 오게 하는데, 교시에 상처를 낸 사건을 빌미로 죄를 물어 부여에 대하여 강경파인 탁리(託利)와 사비(斯卑)를 죽인다.

재위 20년인 서기 1년 1월에는 태자 도절이 죽는다(왕이 제거하였다는 설이 있다).

이로 인하여 졸본의 민심이 흉흉하게 되자 난국을 타개하고 전쟁의 위협에서 벗어나기 위하여 재위 22년인 서기 3년 10월에 도읍을 국내성(國內城)으로 옮기고, 위나암성(尉那巖城)을 쌓았다.

재위 23년에 왕자 해명(解明)을 태자로 삼았는데, 재위 27년에 황룡국(黃龍國)에서 사신이 와서 거드름을 피웠다. 해명이 시범으로 황룡국 왕이 보낸 활을 쏘아 보다가 세게 잡아 당겨 부러트리고는 해명이 황룡국 활의 부실함을 지적하자, 황룡국 사신은 화를 내며 날뛰어 당장 전쟁을 벌일 것 같이 따졌다. 유리왕은 황룡국과 전쟁을 염려하고 또 신하들의 이간에 흔들려, 재위 28년인 서기 9년 3월에 칼을 보내 해명 태자를 자결하게 하였다.

서기 12년에 동호(東胡), 흉노(匈奴)의 침공에 위협을 느낀 한나라는 고구려에 원군을 요청하자 고구려는 1만 명의 고구려군을 보냈다. 이 전쟁에서 고구려군은 한나라 군의 방패막이가 되어 모두 죽게 되는데, 한나라 요서(遼西) 대윤(大尹) 전담(田譚)이 고구려군이 도망갔다고 한나라 왕에게 거짓 모함을 하여 한나라가 쳐들어왔다.

이후 고구려는 한나라에 대대적으로 반격을 가하게 되는데, 이 틈을 이용하여 재위 32년, 즉 서기 13년 11월에 부여가 침공해 왔다. 이에 왕자 무휼(無恤)이 탁발령에서 부여군을 물리쳐 섬멸시킨다.

재위 33년, 즉 서기 14년 정월에 무휼을 태자로 삼고, 8월에는 오이(烏伊), 마리(摩離)에 명하여 군사 2만으로 양맥(梁貊)을 치고 한나라의 동방정책의 요충지인 고구려 현(현재의 요동지역)을 빼앗아 과감한 영토 확장 정책을 펼친다.

서기 18년 4월 말년에 불행한 일이 일어나 넷째 왕자 여진(如津)이 물에 빠져 죽게 되고, 이 해 7월(재위 36년)에 병약한 왕이 57세의 나이로 세상을 떠나니, 시호를 유리명왕이라 하였다.

3. 대무신왕(大武神王)

┃ 4~44년, 재위 18년 10월~44년 10월

유리왕의 셋째 아들이며 이름은 무휼이다. 어머니는 다물주 송양의 차녀 송씨이다.

"무휼은 11세에 태자로 책봉되었고 어려서부터 신동으로 총명하고 인품이 뛰어나며 큰 지략이 있었다"고 『삼국사기』*는 기록하고 있는데, 대무신왕은 고구려를 27년간 다스리면서 크게 성장시켰다.

재위 2년인 서기 19년에는 백제의 백성 1000호가 고구려에 항복해 오고, 재위 5년인 서기 22년 2월에는 부여국을 공격하여 비류평야 전투에서 부여왕 대소를 죽인다. 대소왕이 죽은 부여는 내부 갈등으로 대소왕의 아우가 갈사국을 세워 나가고, 사촌동생은 이 해 7월에 1만 명의 부여 사람을 데리고 고구려에 항복하고 의탁한다.

서기 26년 10월에는 개마국(蓋馬國)을 정벌하였고, 12월에는 구다국(句茶國) 왕이 항복해 왔다.

서기 28년에 한나라 요동 태수가 고구려를 공격해 왔다. 대무신왕은 위나암성에서 을두지(乙豆智)의 형세론을 받아들여 수성전(守城戰)으로 버티면서 고구려군이 식량이 떨어져 항복하기를 기다리던 한나라 요동 태수에게 잉어를 잡아 보낸다. 요동 태수는 잉어를 보고 고구려군의 식량이 부족하지 않다고 생각하여 한나라 군대는 돌아가게 된다.

서기 32년 4월에 왕자 호동(好童)이 옥저(沃沮) 땅에서 사냥을 하다가 낙랑왕 최리(崔理)를 만나고 최리의 사위가 된다.

동해안 낙랑국(樂浪國 : 한나라 낙랑군과 다른 함흥지역의 소국임)의 비옥한

---

* 고려 인종 23년(1145년)에 왕의 명에 의하여 김부식(金富軾)이 우리나라 삼국시대의 역사를 정리하여 편찬한 책이다. 기전체로 기록되어 있으며 본기(本紀) 28권(고구려 10권, 백제 6권, 신라 12권)과 지(志) 9권, 표(表) 3권, 열전(列傳) 10권으로 구성되어 있다.

땅을 탐내던 대무신왕은 호동을 시켜 낙랑공주에게 자명고(自鳴鼓)를 찢게 하고 공격하니, 고구려의 습격에 대비 못한 최리는 딸인 낙랑공주를 죽이고 항복한다.

낙랑국을 병합하고 얼마 되지 않아 첫째 왕후는 갈사왕의 손녀인 둘째 왕비 소생 호동을 태자로 삼을까 염려하여 호동이 자신을 간음하려 한다고 왕에게 거짓으로 모함을 하였다. 왕자 호동은 자신의 결백을 해명하지 않고 11월에 자결하였다.

당시 고구려는 성에 대한 규제가 심하지 않아 형사취수제(兄死娶嫂制 : 형이 죽으면 형수를 아내로 맞는다), 흉노의 경우에는 부사취모제(父死娶母制 : 아버지가 죽으면 생모를 제외한 어머니를 아내로 둔다)의 제도가 있었다. 변명을 하지 않고 호동이 자결한 것은 왕비의 무고 혹은 사실일 수도 있는 여러 가능성이 있는데 명확한 기록은 없다.

이 해 12월에 왕자 해우(解憂)를 태자로 세웠다.

대무신왕은 재위 20년인 서기 37년에 한나라의 낙랑국을 정벌하였으나, 재위 27년인 서기 44년 9월에 한나라 광무제(光武帝)가 쳐들어와 낙랑 자리에 군현을 설치하고, 살수(薩水) 이남은 한나라 소속이 되어 낙랑군은 한나라의 전초 기지가 된다.

한나라와 전쟁의 와중에 이해 10월에 왕이 세상을 떠나니, 시호를 대무신왕이라 하였다.

4. 민중왕(閔中王)

▌ ?~48년, 재위 44년 10월~48년 모월

이름은 해색주(解色朱)이며 대무신왕의 아들(태자 해우, 훗날 모본왕)이 어려 유리왕의 5번째 아들이며 대무신왕의 아우인 해색주가 왕으로 추대되었다고 『삼국사기』는 기록하고, 『삼국유사』에서는 민중왕 해색주가 대무신왕의 아들이고 모본왕(慕本王)의 동생이라고 기록하고 있다.

재위 5년 동안 민중왕에 대한 기록이 별로 없는데, 즉위하여 11월에 대사면령을 내렸다.

재위 4년인 서기 47년 10월에 잠우(蠶友) 부락의 대가(大家) 대승(戴升)이 1만여 명의 고구려 백성을 이끌고 한나라 낙랑군으로 도피하여 항복하는 사건이 일어나는데, 이는 당시 고구려 내부에 커다란 정변이 있었던 것으로 추정된다.

재위 5년인 48년에 왕이 세상을 떠나니, 유언대로 석굴에 장례 지내고 시호를 민중왕이라 하였다.

5. 모본왕(慕本王)

┃ ?~53년, 재위 48년 모월~53년 11월

대무신왕의 첫째부인의 아들로 이름은 해우(解憂)이다. 호동왕자가 자결한 직후인 서기 32년에 태자로 책봉되었다. 대무신왕이 죽을 때 나이가 어려 숙부인 민중왕이 왕위에 오르고 민중왕이 죽어 비로소 왕위에 올랐다.

재위 2년에 왕은 군사를 파견해 한나라의 요동 지역을 공격하였는데, 요동 태수가 신의와 예로서 왕을 대하여 화친을 하였다. 이 해 태풍과 우박으로 백성들이 굶주리자 사자를 보내 구제하였다.

『삼국사기』 기록에 의하면 모본왕은 사람됨이 사납고 어질지 못하여 국사를 돌보지 않아 백성의 원망을 듣고 사람을 깔고 앉거나 베게로 삼아 조금이라도 움직이면 죽이거나 간하는 신하는 활을 쏘아 죽이는 등 포학하여, 즉위 6년인 48년 11월에 시종 두로(杜魯)가 자신도 죽을까 두려워 왕을 시해하였다고 한다.

모본왕의 재위 초기에 요동 태수와 화친을 하였고 백성들을 구제하는 등의 성군의 자질을 보였는데, 모본왕의 살해 동기에 대한 기록은 정치적인 목적으로 변질되었을 가능성도 크다.

모본왕 때까지 고구려의 왕은 소노부(消奴部) 출신이었으나, 다음에 즉위한 태조왕은 계루부 출신이고, 이후 고구려는 소국연합에서 고대 국가 체제로 자리를 잡게 된다.

6. 태조대왕(太祖大王)
▌ 47~146년, 재위 53년 11월~146년 12월

이름은 궁(宮)이며, 유리왕의 6번째 아들인 고추가 재사(再思)의 아들이고 어머니는 부여 사람이다. 7세에 왕이 되어 태후가 수렴청정하였다.

태조대왕 때에 각 부에서 독자적으로 행사하던 무역과 관리의 임용 등에 관한 일들을 통제하고 중앙정부로 단일화하여 중앙집권체제를 수립함으로써 비로소 국가의 기틀을 세운다.

이런 작업을 마친 이후 즉위 3년인 서기 55년 2월에 요서에 10성을 쌓아 한나라의 침공에 대비하였고, 재위 4년인 56년 7월에는 동옥저를 쳐서 국경을 동으로는 창해(滄海), 남으로는 살수에 이른다.

재위 16년인 서기 68년 8월에는 부여의 망명 세력인 갈사왕(葛思王)의 손자 도두(都頭)가 항복해 오자 우태(于台)로 삼았다.

재위 20년인 서기 72년 2월에는 조나(藻那)를 쳐서 왕을 사로잡았다.

태조대왕은 확대된 영토를 자주 순행하면서 지방에 대한 통제력을 강화하였고, 이 강화된 국력으로 한나라와의 일정한 긴장관계를 유지

하였는데, 재위 69년인 서기 121년 1월에 한나라가 쳐들어와 예맥(穢貊)의 거수(渠帥)를 죽이고 약탈하자, 태조대왕은 아우 수성(遂成)을 보내 역습하고 한나라의 요동과 현도를 공격하였다. 이후 고구려는 게릴라식의 전투로 한나라와의 전쟁을 계속하게 된다.

재위 94년인 서기 146년에 요동의 서안평(西安平)을 습격하여 대방(帶方) 현령(縣令)을 죽이고 낙랑 태수의 처자를 사로잡았다. 이 싸움으로 한나라는 낙랑현과의 교통이 차단되어 한반도 진출이 어렵게 되었고, 고구려는 요동진출의 발판을 마련하게 된다.

태조대왕은 고구려의 기반을 확고하게 다지고, 재위 94년인 서기 146년 12월에 왕위를 넘보던 아우 수성에게 선양하고 별궁에 물러나 지내다 세상을 떠나니 향년 100세였다.

태조대왕의 집권과 100살이라는 나이가 의심을 받고 있는데, 이는 왕의 업적이 왕권이 강화된 소국연합체에서 중앙집권체제로 전환된 시점에 기록된 것으로 보아 더 큰 논란이 있는 듯싶다.

7. 차대왕(次大王)

▮ 71~165년, 재위 146년 12월~165년 10월

태조대왕의 아우이며 이름은 수성(遂成)이다. 즉위 때 나이는 76세였다.

태조대왕 때의 치세는 우보(右輔) 고복장(高福章)과 왕의 아우 수성이 핵심 인물이었다. 수성은 서기 121년에 한나라의 침공을 막아낸 공으로 군사와 국정을 장악하고 왕위 찬탈을 꾀하다가 태조대왕으로부터 평화적으로 왕위를 물려받았다.

왕위에 오른 차대왕은 반대파였던 우보 고복장을 살해하고, 즉위 3

년 여름에는 태조대왕의 큰아들 막근(莫勤)을 죽이고 동생 막덕(莫德)은 스스로 목을 매어 자결하였다.

정적을 제거한 차대왕은 20년 동안 별 탈 없이 고구려를 다스렸으나, 재위 기간 내내 천재지변으로 민심이 멀어져 가자 혹세무민하는 점쟁이를 죽이기도 하였다.

떠나버린 민심에 즉위 20년인 서기 165년 10월에 하급관리였던 조의(皁衣) 명림답부(明臨答夫)가 차대왕을 시해하니, 왕의 나이 95세에 세상을 떠난다.

8. 신대왕(新大王)

▌ 89~179년, 재위 165년 10월~179년 12월

태조대왕의 막내아우이며 이름은 백고(伯固)이다. 차대왕 때 화란을 피하여 도망갔다가 차대왕이 죽은 후 좌보 어지류(菸支留)가 신료들과 상의하여 왕으로 추대되었다. 즉위 당시 나이 77세였다.

신대왕은 민심을 수습하기 위하여 기존의 좌, 우보를 통합하여 국상(國相) 제도를 만들고 차대왕을 시해한 명림답부를 국상으로 임명하니 명림답부는 막강한 권력을 행사하게 된다. 사실상 명림답부의 정변인 것이다.

이후 왕비들은 명림답부의 절노부에서 나와 왕실의 계루부와 관계를 맺으며 외척들이 권력의 핵심이 된다.

재위 8년인 서기 172년에 명림답부는 한나라 대군을 맞아 수성과 기습전으로 격파한다.

재위 12년인 서기 176년 3월에 왕자 남무(男武)를 태자로 세웠다.

재위 15년인 서기 179년에 국상 명림답부가 죽고, 3개월 후인 12월

에 신대왕도 세상을 떠난다.

9. 고국천왕(故國川王)
| ?~197년, 재위 179년 12월~197년 5월

이름은 남무(男武)이며 신대왕의 둘째 아들이다.

기록에는 신대왕의 장자 발기(拔奇)가 불초하여 둘째 아들을 왕으로 세웠다고 하는데, 왕위에 못 오른 발기가 3만여 민호를 거느리고 한나라의 공손(公孫) 강(康)에게 항복한 것으로 보아 당시에 치열한 왕위 쟁탈전이 있었던 것으로 보인다. 명림답부 이후 외척으로 권력을 잡은 절로부(絶奴部)에 반발하여 소노부(消奴部)가 첫째 왕자 발기를 내세워 왕권에 도전하여 반란을 일으켰으나 실패한 것이다.

재위 2년인 서기 180년 2월에 절노부 우소(于素)의 딸 우씨를 왕비로 삼았다.

이후 외척들과 그 자식들이 권력을 믿고 백성들의 재산을 약탈하여 백성들이 울분을 토하자, 이를 듣고 왕이 노하여 이들을 제거하려 하였다. 이에 위기를 느끼고 재위 13년인 191년 4월에 외척인 좌가려(左可慮) 등이 무리를 모아 모반하여 도성을 침공하였다. 왕은 군사를 모아 이들을 토벌하고, 벼슬을 피하여 좌물촌(左物村)에 은거하고 있던 을파소(乙巴素)를 국상으로 삼았다.

194년에 을파소는 국정을 살피면서 빈민구제 제도로 춘궁기에 곡식을 빌려주고 추수하여 갚게 하는 진대법(賑貸法)*을 시행하였다. 을

---

* 흉년, 춘궁기에 어려운 백성들에게 나라에서 양곡을 빌려주고 가을에 수확하여 갚게 하는 일종의 빈민구제 제도이다.

파소는 고국천왕을 도와 명재상으로 나라를 살피었다.

재위 19년인 197년에는 중국 한나라에서 184년에 일어난 황건적(黃巾賊)의 난으로 한나라 사람들이 의탁해 오는 자가 많았다.

이 해 5월 한밤중에 고국천왕이 갑자기 세상을 떠난다.

10. 산상왕(山上王)

▎ ?~227년, 재위 197년 5월~227년 5월

이름은 연우(延優)이며 고국천왕의 아우이다. 증조부[*] 태조대왕(宮)과 사람됨이 같아 위궁(位宮)이라고도 하였다.

아들이 없이 고국천왕이 갑자기 밤에 죽자 왕후 우씨는 왕의 후계를 자신이 직접 고르기로 결심하고, 시숙인 왕의 동생 발기(發岐)를 찾아가 왕의 죽음을 숨기고 "후사가 없으니 시숙인 발기가 다음을 이어야 할 것이다"라고 넌지시 말을 한다. 이에 고국천왕이 죽은 것을 모른 발기는 역모를 하려 하냐고 화를 내며 왕후를 꾸짖었다.

왕후는 다시 왕의 셋째 동생 연우를 찾아갔는데, 연우가 예를 갖추고 왕후를 맞으며 후대하자 연우를 왕으로 세우기로 서로 합의를 하고 밤을 지내며 부부의 정을 나누었다.

다음날 왕후 우씨는 신하들에게 선왕의 명이라 공표하여 연우가 왕으로 즉위한다. 이에 발기는 반발하여 군사를 일으켜 궁성을 포위하였는데, 전세가 불리하자 요동으로 도망가 요동 태수 공손도에게 청하여 요동 군사 3만을 얻어 고구려로 쳐들어왔다. 왕으로 즉위한 연우

---

[*] 산상왕은 고국천왕의 아우이며, 고국천왕은 태조대왕의 막내아우 신대왕의 둘째 아들이므로 태조대왕과 산상왕 사이가 증조부 관계라는 『삼국사기』의 기록에 의문이 있다.

는 막내 동생 계수를 보내 발기의 반란군과 일전을 벌이게 되고, 전투는 고구려의 승리로 끝나 발기는 잡혀 자결한다.

산상왕으로 즉위한 연우는 고국천왕의 왕후였던 우씨를 부인으로 삼아 왕후로 맞아 들였다.

산상왕은 즉위 2년인 198년에 환도성(丸都城)을 쌓고, 재위 7년인 203년에 명재상 을파소가 죽어 고우루(高優婁)를 국상으로 삼았다.

절노부 출신 왕후 우씨는 아이를 낳지 못하였다.

어느 날 제사에 쓸 돼지가 주통촌(酒桶村)으로 도망가는 일이 생겼는데 돼지가 날뛰어 사람들이 잡지 못하였으나, 20대의 예쁜 여인이 돼지를 잡아주었다. 왕은 이 이야기를 듣고 주통촌 여인을 만나 정을 통하였다. 이에 질투한 왕후 우씨는 군사를 보내 그녀를 죽이려 하였지만, 주통촌 여인이 뱃속의 왕자까지 죽이려 하느냐며 호통을 치자 어쩌지 못하였다.

재위 13년인 209년에 주통촌(酒桶村)의 여자가 사내아이를 낳으니 교체(郊彘)라 하였고, 어미를 소후(小后)로 삼았다.

이 해 10월에 도읍을 환도로 옮겼다.

재위 13년에 교체를 왕태자로 삼았다.

재위 31년인 서기 227년 5월에 산상왕이 세상을 떠난다.

11. 동천왕(東川王)

| 209~248년, 재위 227년 5월~248년 9월

이름은 우위거(憂位居)이다. 어릴 때 이름은 교체이며 산상왕의 아들이다. 어머니는 주통촌 사람인 후녀(后女)이다.

재위 4년 7월에 국상 고우루가 죽어 명리어수(明臨於漱)를 국상으로 삼았다.

재위 8년인 234년 9월에 왕후 우씨가 죽는데, 유언대로 처음 남편인 고국천왕이 아닌 산상왕의 능 곁에 묻어주었다.

당시 중국 대륙에서는 조조(曹操)의 위(魏)나라, 유비(劉備)의 촉(蜀)나라, 손권(孫權)의 오(吳)나라 등 삼국이 서로 패권을 놓고 다투고 있었다. 동천왕은 대륙의 정세를 파악하고자 234년에 사신을 보내었고, 236년 2월에는 오나라에서 사신을 보내왔다. 왕은 오나라 사신을 머물게 하다가, 그 해 7월에 오나라 사신을 죽이고 그 목을 위나라에 보냈다.

화가 난 오나라 왕 손권이 위나라가 임명한 요동 태수 공손연(公孫淵)을 부추기자, 공손연이 위나라에 반기를 들고 스스로 연왕(燕王)이라고 칭하고 반란을 일으켰다.

238년에 위나라는 사마의(司馬懿)를 보내 공손연의 요동을 정벌하는데, 동천왕이 고구려 군사 1천여 명을 보내 위나라를 도와 요동의 반란군을 진압하였다. 공손연 부자는 죽임을 당하였다.

242년에 위나라 군대가 요동에서 철수하자 이를 기회로 삼아 동천왕은 서안평(西安平)을 공격하여 요동 진출을 꾀하였다. 요동을 빼앗긴 위나라는 화가 났지만 중국 대륙에서는 오나라와 촉나라가 연합하여 위나라에 대항하는 전쟁 상황이어서 고구려에 눈을 돌릴 여력이 없었다.

재위 19년인 245년 10월에는 요동을 정벌한 동천왕은 내친김에 한반도의 남쪽으로 눈을 돌려 조분이사금(助賁尼師今)이 다스리던 신라의 북변을 공격하였다.

재위 20년인 246년 8월에 위나라는 유주(幽州) 자사(刺史) 관구검(貫丘儉)이 대대적으로 고구려를 침공하였다. 처음에는 고구려가 대승을 거두었으나, 이후 전열을 가다듬은 관구검에게 고구려군 2만의 군사 중에 1만 8000여 명이 죽는 대참패를 당하였다.

이 해 10월에 환도성(丸都城)이 함락되었고, 동천왕은 장수 유유(紐由)가 거짓 항복하여 음식을 접대하는 척하면서 숨긴 칼로 적장을 죽여 위나라 군영이 혼란한 틈에 가까스로 피신을 하였다.

환도성은 초토화 되었고 고구려 사람들을 포로로 잡아갔으며, 관구검은 성문에다 불내성(不耐城 : 견고하지 못한 성)이라고 새겨 고구려를 비웃고 돌아갔다.

재위 21년인 247년 2월에 평양성(平壤城 : 『삼국사기』에 신인神人 왕검의 택지라고 기록됨)으로 종묘사직을 옮기고, 그 다음해인 248년 9월에 40세의 나이로 패전의 상처를 회복하지 못하고 동천왕이 세상을 떠난다.

12. 중천왕(中川王)
▌ ?~270년, 재위 248년 9월~270년 10월

이름은 연불(然弗)이며 동천왕의 아들이다. 동천왕이 죽어 25세의 나이로 왕위에 올랐다.

즉위하여 절노부 출신 연씨(椽氏)를 왕후로 삼았다. 왕의 아우 예물(預物)과 사구(奢句)가 모반을 하였는데, 외척인 절노부의 도움을 받아 반란을 진압하고 두 동생은 죽임을 당하였다.

재위 3년인 250년 2월에 절노부 출신 국상 명림어수에게 내외병마사(內外兵馬使)를 겸하게 하여 군통수권을 맡겼다.

위나라 관구검의 침공과 아우들의 반란을 겪고 수습할 여력도 없던 중천왕은 외척의 도움에 의지하게 되었고, 이후 외척들에게 권력을 넘겨주고 왕은 사냥을 하면서 지냈다.

그러던 어느 날 관나부 인근에서 아름다운 여인을 만나 왕궁으로 데려와 관나부인(貫那夫人)이라 불렀다. 중천왕은 관나부인을 소후로 삼고자 하였으나 외척의 눈치를 보게 된다. 관나부인은 연씨 왕후가 자신을 위해할까 염려하여 연씨 왕후가 가죽포대에 넣어 죽이려 한다고 거짓으로 왕에게 호소하였다. 그러나 거짓임을 안 중천왕은 크게 노하여 관나부인을 그 가죽포대에 넣어 바다에 던지라고 하였는데, 관나부인은 제 꾀에 넘어가 죽임을 당하였다.

이 기록은 투기로 볼 수도 있지만, 당시 외척의 권력이 막강했다는 것을 보여 준다.

재위 7년 4월에 국상 명리어수가 죽자 비류(沸流) 패자(沛者) 음우(陰友)를 국상으로 삼았다.

재위 12년 12월 위나라 장군 울지해(尉遲楷)가 쳐들어왔으나 싸워 무너뜨렸다.

재위 23년인 270년 10월에 중천왕은 사냥을 하면서 지내다가 47세의 나이로 세상을 떠난다.

13. 서천왕(西川王)

| ?~292년, 재위 270년 10월~292년 3월

이름은 약로(藥盧)이며 중천왕의 둘째 아들이다. 255년에 태자로 책봉되었는데 총명하고 인자하여 백성들로부터 사랑과 존경을 받았다.

즉위한 후 다음해인 271년 정월에 대사자(大使者) 우수(于漱)의 딸을 왕후로 삼았다. 이 해 7월에 국상 음우(陰友)가 죽자 음우의 아들 상루(尙婁)를 국상으로 삼았다.

재위 3년인 272년에 기근으로 백성들이 굶주리게 되어 나라의 창고를 열어 구제하였고, 276년과 288년 두 차례에 걸쳐 전략 요충지인 신성(新城)을 방문하였다. 신성은 지금의 요령성(遼寧城)의 심양(瀋陽)과 무순(撫順) 인근으로 추정되며, 후에 당나라가 쳐들어올 때에 중요한 방어 기지가 된다.

재위 11년인 280년 서천왕 시절에는 중국의 혼란한 틈을 타 북방의 유목민족들이 크게 세력을 키웠는데, 부여를 정벌한 숙신(肅愼)이 고구려로 쳐들어왔다. 왕의 아우 달가(達賈)가 반격하여 그들의 근거지 단로성(檀盧城)을 함락하고 추장을 죽였다. 왕이 달가에게 숙신 점령지를 다스리게 하였다.

재위 17년인 286년 2월에 왕의 아우 일우(逸友)와 소발(素勃)이 왕위를 찬탈하려고 모반하여 죽임을 당하였다.

재위 23년인 서기 292년에 서천왕이 세상을 떠난다.

14. 봉상왕(烽上王)
┃ ?~300년, 재위 292년 3월~300년 9월

이름은 상부(相夫) 혹은 삽시루(歃矢婁)라 하며 일명 치갈왕(雉葛王)이라고도 한다. 서천왕의 태자이다. 기록에 어려서부터 교만하고 의심이 많았다고 한다.

봉상왕은 왕위에 오르자 자신의 왕권에 위협이 되는 모든 세력을 제거하였다. 제일 먼저 고구려의 영웅으로 백성이 우러러보는 숙부인 안국군(安國君) 달가를 죽이고, 다음해에는 자신의 아우 돌고(咄固)를 죽이고, 조카인 돌고의 어린 아들 을불(乙弗 : 훗날 미천왕)도 죽이려하자 피해 달아났다.

재위 3년인 294년 9월에 국상 상루(尙婁)가 죽어 창조리(倉助利)를 국상으로 삼았다.

이즈음 고구려는 중국의 동북 방면으로 세력을 뻗어나가던 선비족 모용씨(慕容氏)의 침공을 받는다.

293년 첫 번째 침공은 신성 태수 고노자(高奴子)의 활약으로 격퇴하였고, 296년의 두 번째 침공은 모용외(慕容廆)의 군사가 작전상 서천왕의 시신을 훼손하여 고구려의 항복을 받아 내려고 서천왕의 능을 파헤쳤는데, 원인 모를 사고와 병 등의 괴이한 일들이 계속 생기자 귀신의 장난이라 생각하고 귀신이 두려워 모용외는 군사를 이끌고 돌아갔다.

재위 9년인 300년에는 나라에 가뭄으로 흉년이 들어 백성이 서로를 잡아먹을 형편인데, 봉상왕은 백성들의 어려움은 아랑곳하지 않고, 남녀 15세 이상 된 자를 징발하여 궁궐을 수리하게 하니 백성들의 생활은 도탄에 빠지게 되고 원성은 하늘을 찌른다.

이 해 8월에 국상 창조리가 백성들을 살려달라는 충언을 하였지만, 왕은 오히려 화를 낸다. 이에 창조리는 신하들과 공모하여 왕을 폐위하고 모반을 일으키는데, 별궁에서 이 소식을 들은 봉상왕은 두 아들과 함께 자살한다.

15. 미천왕(美川王)

▌ ?~331년, 재위 300년 9월~331년 2월

이름은 을불(乙弗)이며 서천왕의 아들(봉상왕의 아우) 돌고(咄固)의 아들이다. 봉상왕이 아버지 돌고를 죽이자 달아나 신분을 속이고 소금 장사를 하면서 숨어 지내다가 신하들에 의하여 왕으로 추대되었다.

이 시기에 중국 대륙에서는 삼국이 사라지고 남북조(南北朝) 시대로 들어갔다. 이 혼란한 틈을 타 요동으로 진출한 선비족의 모용씨는 연(燕)나라를 건국하고 요동과 만주를 놓고 고구려와 영토 전쟁을 벌이게 된다. 또한 한반도 남쪽에서는 가야(伽倻)의 복속 문제를 놓고 신라와 백제가 대립하는 복잡한 구도가 전개되는데, 미천왕은 격동하는 국제 정세를 이용해 대외 팽창정책을 추구하는 발판을 마련한다.

재위 3년인 302년 9월에 왕은 직접 3만의 군사로 현도군을 공격하여 8천 명의 적을 사로잡고, 311년에는 서안평을 점령하고 그 여세를 몰아 313년에 낙랑군을 공격하였다. 다음해에는 대방군을 공격해 400여 년 동안 자리한 중국 군현을 한반도에서 완전히 몰아내었다.

이후 고구려는 서북진하여 요동군과 현도군을 공격하여 영토를 확장하였는데, 이 과정에서 선비족 모용씨의 연나라와 충돌하게 된다. 고구려가 연나라와 일진일퇴를 거듭하던 와중에 재위 32년인 331년 2월에 미천왕이 갑자기 세상을 떠난다.

16. 고국원왕(故國原王)

▌ ?~371년, 재위 331년 2월~371년 10월

이름은 사유(斯由)이며 미천왕의 아들이다. 314년에 태자로 책봉되었다가 미천왕이 죽어 왕위를 계승하였다.

요동 지역을 놓고 연나라와 영토 전쟁이 대물림 되어 고국원왕은 연나라의 침공에 대비하여, 즉위 4년 가을에 평양성과 신성을 증축하고 진(晉)나라에 사신을 보내 동맹군을 확보하였다.

재위 12년인 342년 8월에는 환도성(丸都城)을 수리하고 국내성(國內城)을 쌓은 후 도성을 평양에서 환도성으로 다시 옮기어 연나라의 침공에 대비하였다.

이 해 11월에 드디어 연나라 모용황(慕容皝)이 4만의 군사로 고구려를 침공하였다. 고국원왕은 적군들이 북쪽으로 침입할 것으로 예상하고 대비하였으나 잘못 판단으로 적의 주력군들이 남쪽으로 쳐들어와 막지 못하고 환도성을 버리고 단웅곡(斷熊谷)으로 간신히 도망을 갔다. 이 와중에 왕모(王母) 주씨(周氏)와 왕비가 사로잡히게 되고, 연나라 군사는 많은 보물과 고국원왕의 아버지 미천왕의 능을 파헤쳐 그 시신을 가져갔다.

이듬해 왕은 아우를 연나라에 보내 보물을 바치며 항복을 표하고는 미천왕의 시신을 찾아왔으나 왕모는 계속 붙잡아두어 할 수 없이 도읍을 평양의 동황성(東黃城)으로 옮기고 후일을 도모하였다.

재위 25년인 355년에서야 왕모 주씨가 잡혀간 지 14년 만에야 고구려로 돌아왔다.

연나라의 모용황에게 괴롭힘을 당한 고구려는 요동 진출을 멈추고 남쪽으로 눈을 돌려 옛 대방군(帶方郡)의 영토를 놓고 북진하는 백제와 영토 전쟁을 벌였다.

재위 39년인 369년 9월에 백제의 치양(雉壤 : 황해도 백천)을 공격하였으나 패하였다.

이즈음 대륙에서는 370년에 진(秦)나라가 연나라를 공격하자 연나라 태부(太傅) 모용평(慕容評)이 고구려로 도망해 왔는데, 고국원왕은 그를 잡아 진(秦)나라로 보냈다.

재위 41년인 371년에 고국원왕은 2년 전에 벌어진 치양전투의 패배를 설욕하기 위하여 백제를 공격하였는데, 백제군의 매복에 걸려 패하여 물러났다.

이 해 10월에 그 보복으로 백제 근초고왕(近肖古王)이 군사 3만을 거느리고 평양성을 공격해 왔는데, 고국원왕은 군사를 거느리고 막다가 화살을 맞아 그 달 23일에 세상을 떠난다.

17. 소수림왕(小獸林王)

▮ ?~384년, 재위 371년 10월~384년 11월

이름은 구부(丘夫)이며 고국원왕의 아들이다. 355년에 태자로 책봉되었고, 고국원왕이 평양성 전투에서 전사하자 왕위에 올랐다.

소수림왕 때에 비로소 고구려의 고대국가의 체제가 완성되는데, 소수림왕의 주요 업적은 불교의 공인과 율령(律令)의 반포, 그리고 유교 교육기관인 태학(太學)의 설립이다.

선대왕 대에 연나라에 패하고 백제와의 싸움에서도 선왕이 전사를 하여 고구려의 사회는 혼란에 빠지게 되는데, 소수림왕은 이런 내부의 혼란을 수습하는 것이 급선무였다. 그 대책으로 불교를 수용하여 국력을 하나로 모으고 국민의 정서를 안정시키고 순화시키고자 하였다.

재위 2년인 372년 6월에 진(秦)나라 왕 부견(符堅)이 사신과 승려 순도(順道)를 보내 불상과 경문을 전해 오니 후하게 맞이하였고, 유교 교육기관인 태학을 세워 유교 이념인 충효사상을 널리 보급하였다. 이런 노력과 함께 373년에는 율령을 반포하여 공법 질서를 명시하여 왕을 중심으로 하는 중앙집권적인 국가체제의 기틀을 마련한다.

재위 4년에 승려 아도(阿道)가 오고, 재위 5년에는 초문사(肖門寺)를 창건하여 순도가 머물고, 이불란사(伊弗蘭寺)를 창건하여 아도를 머물게 하였는데, 이는 해동불법(海東佛法)의 시초가 된다.

소수림왕은 내부 체제의 정비와 함께 대외관계도 팽창정책을 추진하여 375년, 376년, 377년에 잇달아 백제를 공격하였다. 378년에는 북방에 새로 일어난 거란족(契丹族)과 싸우기도 하였다. 또한 연나라를 멸망시키고 중원의 새로운 강자로 부상한 진(秦)나라와 외교관계를 맺어 안정을 꾀하였다.

고구려를 괴롭히던 연나라의 멸망은 고구려에게 여유를 주었고, 불교의 수용과 태학의 설립과 율령 반포 등으로 내정개혁과 체제를 정비하고 내실을 기하며 나라를 안정되게 다스렸다.

재위 14년인 384년 11월에 소수림왕이 세상을 떠난다.

18. 고국양왕(故國壤王)
┃ ?~391년, 재위 384년 11월~391년 5월

이름은 이련(伊連)이며 선왕에게 아들이 없어 소수림왕의 아우인 이련이 왕이 되었다.

소수림왕 때에 여러 제도 정비를 통해 축적된 국력을 바탕으로 적극적인 대외 정복 활동을 펼쳐, 즉위 2년인 385년에는 모용황의 후손이 세운 후연(後燕)과 요동 지방을 놓고 다시 싸우고, 남쪽의 백제와도 격돌을 벌이면서 전쟁 능력을 향상시킨다.

재위 3년에 왕자 담덕(談德)을 태자로 삼았다.

재위 9년인 391년에 사신을 신라에 보내 교류하니 신라의 내물왕은 조카 실성을 볼모로 보내온다.

고국양왕은 적극적인 대외정책을 펼치고, 안으로는 391년 3월에 교서를 내려 불교를 장려하고 종묘를 수리하여 국가의 일체감을 높였다.

재위 9년인 391년 5월에 고국양왕이 세상을 떠난다.

19. 광개토대왕(廣開土大王)
┃ 375~413년, 재위 391년 5월~413년 11월

이름은 담덕(談德)이며 고국양왕의 아들로 나이 18세인 391년에 왕

으로 즉위하니 광개토대왕이다. 이 고구려의 가장 위대한 정복자에게 역사는 '국강상광개토경평안호태왕(國岡上廣開土境平安好太王)'이라는 긴 칭호를 붙여주었다. 당시 연호를 영락(永樂)이라 하여 영락대왕이라고도 한다.

『삼국사기』에는 광개토대왕의 기록이 빈약한데 『삼국사기』를 저술한 김부식(金富軾)이 신라 중심의 역사관으로 편찬하여 그리하였다고 생각된다.

다행스럽게도 19세기 말에 옛 국내성이 있던 중국 집안(集安)에서 광개토대왕의 훈적비가 발견되어 광개토대왕의 역사적 실체가 비로소 드러나게 된다.

광개토대왕은 즉위하여 조부인 고국원왕을 죽인 백제를 적극적으로 공격하는데, 392년 7월에 진사왕이 다스리는 백제를 공격하여 10성을 빼앗고, 9월에는 북쪽의 거란을 공략하고, 10월에는 백제의 요충지인 관미성(關彌城 : 강화 교동도로 추정됨)을 함락시킨다. 관미성을 빼앗긴 백제는 큰 충격을 받았고 새로 왕위에 오른 아신왕(阿莘王)이 빼앗긴 땅을 되찾고자 394년에 백제가 대대적으로 공격해 왔으나 이를 격파하였고, 한편으로는 평양에 아홉 불사(佛寺)를 창건하였다.

395년 8월에는 패수(浿水)에서 백제를 대파하며 8000명을 포로로 사로잡았다.

396년에는 광개토대왕이 직접 백제 정벌에 나서 58개 성과 700여 촌락을 정복하고 백제의 도성 한성(漢城)까지 함락시키자, 아신왕은 노객으로 평생 신하가 되겠다고 항복을 한다.

재위 10년인 서기 400년에 최대의 치욕을 당한 백제의 아신왕은 태자 전지(腆支)를 일본에 볼모로 보내고 구원을 요청하여 일본과 연합하고는 가야를 끌어들여 고구려와 교류하는 신라를 대대적으로 공격하였다.

다급해진 신라는 고구려에 구원을 요청한다. 이에 광개토대왕은 5만의 군사로 백제군과 임나가야(任那伽倻)로 도망간 왜군까지 추격하여 물리치고 임나가야의 항복도 받아 낸다. 『삼국사기』에는 고구려가 신라를 구원하였다는 기록은 하나도 없다.

이때 북쪽에서는 진나라에 멸망한 연나라 모용황의 후손이 세운 후연이 요동 지역을 놓고 고구려와 충돌하고 있었는데, 후연의 모용성(慕容盛)이 고구려의 남소성(南蘇城)과 신성(新城)을 공격해 왔다.

재위 12년인 402년에 대왕은 대대적인 반격을 하여 요하를 건너 평주(平州)의 숙군성(宿軍城)을 공격하자, 평주 자사 모용귀(慕容歸)가 성을 버리고 도망을 갔다. 광개토대왕은 요동에 있는 후연의 근거지를 차례로 격파하여 후연을 멸망시키고 요동을 고구려의 영토로 귀속시켰다.

또한 북쪽의 거란과 그 일파인 비려족(碑麗族)과 숙신족(肅慎族)을 차례로 정벌하고, 후연에 이어 새로운 북연(北燕)과 산동 지역에서 다른 모용씨가 세운 남연(南燕)과는 우호관계를 맺는 외교를 하여 대륙 정벌을 마무리한다.

이로써 고구려는 동쪽으로는 두만강 하구의 동해 바다에서부터 서쪽으로는 요하(遼河), 남으로는 한강 유역, 북으로는 개원(開原)과 영안(寧安) 지역까지 영토를 확장하게 된다.

광개토대왕은 넓어진 영토에 걸맞게 내부 정비도 시행하였다. 군대 조직에 장사(長史), 사마(司馬), 참군(參軍)의 관직을 신설하여 비상사태에 대비하게 하였고, 왕릉의 관리를 위하여 수묘인(守墓人 : 묘지기)을 정비하였다.

또한 영락이라는 독자적인 연호를 사용하였으니 "나라가 강하고 백성이 편안하였으며 오곡은 풍성하게 익어 동북아시아에서 가장 강한 나라가 되었다"라고 훈적비에 기록되어 있다.

재위 22년인 서기 413년 10월 40세의 일기로 광개토대왕은 세상을 떠난다.

현재 광개토대왕의 능의 위치는 중국 집안시의 광개토대왕비가 서 있는 서남쪽 약 300m 위치에 있는 훼손된 태왕릉이 광개토대왕의 능이라고 전해오고 있다.

이 태왕릉을 광개토대왕의 능이라고 비정하는 이유는 인근에 광개토대왕 훈적비가 있고, 태왕릉 주변에서 '원태왕릉안여산고여악(願太王陵安如山固如岳 : 태왕릉이 산처럼 견고하고 편안하게 하소서)'이라고 새겨진 벽돌이 나왔기 때문이다.

그러나 학자들 사이에서도 광개토대왕의 능의 위치에 대하여 동북쪽에 위치한 장군총(將軍塚 : 장수왕릉)이 광개토대왕의 능이라는 설도 있어 의견이 서로 다르다.

그런데 일설에 의하면 강원도 고성군 화진포(花津浦)의 앞에 작은 무인도 섬이 있는데, 이 금구도(金龜島)가 광개토대왕의 능일 수도 있다는 이야기가 있다(부록 「광개토대왕 능의 위치에 대한 고찰」 참조). 아직까지는 검증이 안 된 설로서 조만간 검증을 위한 작업이 있을 것으로 생각한다.

20. 장수왕(長壽王)

| 394~491년, 재위 413년 10월~491년 12월

이름은 거련(巨連)이며 광개토대왕의 원자이다. 광개토대왕이 한창 일할 나이에 죽어 20세의 거련이 왕위에 올랐다.

장수왕이 즉위할 당시 5세기는 중국 대륙의 복잡한 정세로 양자강을 중심으로 남북조시대로 접어들고 북쪽에서 각축을 벌이던 북방 유목 민족은 439년 북위(北魏)에 의하여 통일된다.

즉위 원년에 장수왕은 동진(東晋)에 사신을 보내 북위를 견제하였으나 420년에 동진이 망하자, 재위 13년인 425년에 처음으로 북위에 사신을 보내 외교관계를 맺는다.

북위에 멸망한 북연왕(北燕王) 풍홍(馮弘)이 고구려에 피신을 왔는데 북위에서 풍홍을 보내라고 요구하자 위협을 느낀 풍홍은 비밀리에 송나라에 망명을 요청하였다. 이로 인하여 고구려와 북위, 송나라 사이에는 미묘한 파장이 일어나게 되는데, 장수왕은 외교적 득실을 따져 풍홍을 일단 송나라 사신에게 넘겨주고 송나라로 가는 도중에 국경 부근에서 손수(孫漱)와 고구(高仇) 두 장군을 보내 죽여 버린다. 그러면서 송나라에 사신을 보내 핑계를 대고 조공을 하여 외교관계를 맺고 또한 북위에게도 사신을 보낸다.

장수왕은 이렇듯 다양한 외교정책으로 북서의 국경을 안정시킨 다음 남쪽으로 눈을 돌려, 재위 15년인 427년에 남진정책을 수월하게 하면서 국내성의 귀족세력의 힘을 약화시키고 왕권을 강화하기 위하여 도읍을 평양으로 옮기었다.

장수왕의 평양 천도는 백제와 신라에게 큰 위협이 되었다. 이때 신라와 백제는 강대해진 고구려를 견제하기 위하여 동맹관계를 맺는데 장수왕은 곧바로 재위 56년 2월에 신라 실직주성(悉直州城 : 삼척 지역)을 공격하여 빼앗고, 재위 63년인 475년 9월에 장수왕은 드디어 백제의 도성 한성을 대대적으로 공격을 한다.

다급해진 백제는 왕자 문주를 신라로 보내 구원을 청하였는데 신라 구원군이 도착하기 전에 백제의 왕도 한성이 함락을 당하고, 백제 왕 부여경(夫餘慶 : 개로왕)은 도망가다가 잡혀 아차산(峨嵯山) 아래서 죽임을 당한다. 장수왕은 이 전투에서 백제의 남녀 8000명을 포로로 잡아왔다.

481년에는 신라의 호명성(狐鳴城 : 청송 인근)등 7개의 성을 빼앗고 신라를 밀어붙였다. 이로써 한반도의 남쪽 고구려의 경계는 아산만(牙山

장수왕릉

灣)에서 죽령(竹嶺)에 이르는 영토를 확보하게 된다. 장수왕 때에 이르러 광개토대왕의 확장된 영토를 지키면서도 고구려의 가장 강력한 치세와 전성기를 이루게 된 것이다.

재위 79년인 491년 12월에 장수왕은 그의 이름처럼 장수하여 98세의 나이로 세상을 떠난다.

21. 문자명왕(文咨明王)

▌?~519년, 재위 491년 12월~519년 모월

이름은 나운(羅雲)이며 장수왕의 손자이다. 아버지 조다(助多)가 장수왕보다 일찍 죽어 장수왕이 궁에서 키우며 대손(代孫)으로 삼았다.

문자명왕은 선왕이 넓혀 놓은 광대한 영토를 다스리기 위해 북위와 새로 일어난 양(梁)나라 사이에 양다리 외교를 펼쳐 북방을 안정시키고 신라와 백제의 연합공격을 막아 내었다.

재위 6년인 497년 8월에 신라의 우산성(牛山城)을 공격하여 빼앗았고, 또한 문자명왕은 불교를 장려하여 498년에 평양에 사찰 금강사(金剛寺)를 지었다.

재위 21년인 512년 9월에 백제의 가불(加弗)과 원산(圓山) 두 성을 함락시키고 남녀 1000여 명을 포로로 잡아 왔으나 대체로 기존의 영토를 지키는 정책을 펼쳤다.

재위 28년인 519년에 문자명왕이 세상을 떠난다.

22. 안장왕(安藏王)
┃ ?~531년, 재위 519년 모월~531년 5월

이름은 흥안(興安)이며 문자명왕의 장자로 즉위하고 양나라와 북위 모두에게 책봉을 받는다.

등거리 외교로 중국 대륙과 마찰 없이 지내었다. 재위 3년에 졸본에 행차하여 시조의 사당에 제사를 지내고, 재위 5년에 나라에 흉년이 들자 창곡을 열어 백성들을 구휼하였다. 가끔 백제와 전쟁을 벌려 재위 11년인 529년 10월에는 백제를 오곡(五谷)에서 싸워 이기고 1000여 명을 살획하였다.

"즉위 13년 5월에 안장왕이 죽고 아들이 없어 동생인 보연이 왕위를 잇게 되었다"라고 『삼국사기』는 기록하고 있는데, 당시에 지배체제 내부에 권력 다툼이 있었고 그 와중에 안장왕이 피살되었다는 설이 있다.

23. 안원왕(安原王)

┃ ?~545년, 재위 531년 5월~545년 3월

이름은 보연(寶延)이며 안장왕이 아들이 없어 안장왕 아우 보연이 즉위하였다. 안원왕은 키가 7척 5촌(약 2m)이고 도량이 넓어 형인 안장왕이 각별히 아끼었으며, 왕으로 즉위하여 서로 대립하는 양나라와 북위 모두에게서 책봉을 받았다고 한다. 당시 중국에서는 북위와 양나라가 치열하게 대립하고 있는 상황으로서 서로 고구려를 자기들 편으로 끌어드리려 하였다.

534년에 북위가 내분에 동서로 갈라지자 안원왕은 가까운 동위를 선택하고 양나라와의 외교관계도 계속 유지하여 체제 안정을 도모하였다. 그러나 남쪽에서는 신라와 백제가 군사동맹을 더욱 강화하고 고구려를 압박한다.

재위 10년인 540년 9월에 백제가 우산성을 공격해왔으나 물리쳤다.

이후 안원왕 때에는 특별한 전쟁은 없었고, "잦은 천재지변이 있어 535년에 홍수와 지진, 그리고 전염병이 전국을 휩쓸었고, 이후에는 가뭄, 병충해, 기근, 태풍이 있었다"고 『삼국사기』는 기록하고 있다.

이러한 재난은 불안한 정세를 암시하는 것으로 추정되며 『삼국사기』의 기록에는 없지만, 당시에 안원왕의 후계자를 둘러싸고 추군(麤群)과 세군(細群)이라는 두 왕비가 자신의 아들을 후계자로 서로 세우려고 치열하게 권력투쟁을 벌여 3일 동안 내전 상태로 발전하여 2천여 명이 죽게 되는데, 결국은 추군 측이 승리하고 이 와중에 안원왕은 피살되었다고 한다.

이때가 안원왕의 즉위 15년인 545년 3월이다.

24. 양원왕(陽原王)

| ?~559년, 재위 545년 3월~559년 3월

이름은 평성(平成)이며 안원왕의 장자이다. 안원왕의 왕비 추군과 세군 사이의 후계자 문제로 벌어진 내전에서 안원왕은 피살되고 추군이 권력을 잡아 왕으로 즉위하였다.

신라의 진흥왕(眞興王)과 백제의 성왕(聖王)은 나라의 중흥의 깃발을 높이 들고 국력을 키우는데 반하여 고구려는 왕실 내부의 권력투쟁으로 국왕이 살해되고 서로간의 갈등으로 정국이 불안해지면서 국력이 쇠퇴해지는 최악의 상황에 빠지게 된다.

재위 7년인 551년 9월에 고구려의 내분을 틈타 북쪽의 신흥 유목 국가인 돌궐(突厥)이 공격해 오자, 장군 고흘(高紇)이 대항하여 1000명을 살획하고 막아냈지만 엄청난 국력을 소모하였다. 이 틈에 백제와 신라가 연합하여 공격해 오니, 결국 막아낼 힘이 없어 남쪽의 10개 성을 빼앗기고 한강의 하류는 백제, 상류 지역은 신라가 차지하게 된다.

한강 유역을 상실한 고구려는 사신을 보내 신라의 진흥왕과 밀약을 맺어 신라가 한강 하류의 백제군을 공격하였다. 이로 인하여 신라가 한강 하류까지를 차지한다. 이로써 신라와 백제는 서로 갈라서게 되고, 고구려는 일단 위기에서 벗어난다. 고구려가 비틀거리자 북제(北齊 : 550년 고양高洋이 동위의 효정제孝靜帝를 살해하고 세운 나라)가 고구려가 다스리던 거란을 정벌하였다.

재위 13년인 557년 10월에는 귀족세력 사이의 권력투쟁으로 환도성에서 간주리(干朱理)가 반란을 일으켜 진압하였지만 어머니 추군 손에 떠밀려 왕위에 오른 양원왕은 힘을 쓰지 못하고, 재위 15년인 559년 3월에 세상을 떠난다.

25. 평원왕(平原王)
▌?~590년, 재위 559년 3월~590년 10월

이름은 양성(陽成)이며 양원왕의 장자이다. 온달장군의 부인으로 알려진 평강공주(平岡公主)의 아버지 평강왕이 평원왕이다. 평원왕은 담력이 있고 말타기와 활쏘기를 잘하였다고 기록하는데 실추된 왕권을 회복하기 위하여 노력을 하였다.

즉위 초에 시조 동명왕의 사당을 방문하여 왕실의 권위를 보이고 평양성의 내성 공사를 하는데 해충과 가뭄으로 피해를 입자, 공사를 중단하고 백성들과 함께 검소하게 지내면서 민심을 수습하려 애를 썼다. 그러나 귀족들의 견제로 많은 제약을 받는다.

중국 대륙에서는 남조의 동진과 북조의 북주와 북제가 서로 대치하고 있었는데, 북주의 외척이던 양견(楊堅 : 문제)이 왕권을 찬탈하여 581년에 수(隋)나라를 세우고 북조를 통일한다. 평원왕은 수나라의 강성함을 알고 수시로 사신을 보내 조공하고 또한 정세를 살피었다.

재위 31년인 589년에 수나라가 동진을 멸망시키고 중국 대륙을 통일하자, 평원왕은 비상사태를 선포하고 수나라의 침공에 대비하여 식량과 무기를 비축하였다. 또한 첩자로부터 입수한 수나라의 신무기 제조 기술을 빼내고 활 제조공을 매수하여 데려 온다.

이에 수나라에서도 사신을 보내 고구려를 정탐하는데, 고구려 관리들이 수나라 사신들을 엄격하게 감시를 하여 아무런 정보도 얻지 못하고 돌아간다.

이에 분노한 수나라 문제(文帝)는 재위 32년인 590년에 협박성 책망을 하는 새서(璽書)를 보내오는데, 평원왕은 수나라 문제에게 해명성 답신을 보내려고 하다가 보내지 못하고, 이 해 10월에 세상을 떠난다.

26. 영양왕(嬰陽王)

┃ ?~618년, 재위 590년 10월~618년 9월

이름은 대원(大元)이며 평원왕의 장자이다. 풍채가 뛰어나고 제세안민(濟世安民)의 큰 뜻을 가진 사람이라고 기록하고 있다.

수나라와 일촉즉발의 상황에서 즉위한 영양왕은 유동적인 국제정세를 면밀하게 살피고 수나라 문제에게 머리 숙이고 조공을 하자, 수나라 문제는 이를 받아들이고 영양왕을 고구려의 왕으로 책봉하고 사은품을 하사한다. 영양왕은 매년 사신과 조공을 보내면서 한편으로는 은밀하게 수나라에 정복당한 말갈(靺鞨)과 거란족(契丹族)을 고구려 편으로 끌어 들이고, 수나라에게 가장 위협이 되는 돌궐과도 제휴하면서 8년의 세월을 보낸다.

재위 9년인 598년에 영양왕은 고구려가 공격의 전초기지가 될 수 있는 수나라의 요서 지역을 확보하고자 1만의 말갈 군사와 함께 요서를 공격한다. 이에 수나라 문제는 노하여 6월에 30만 대군으로 고구려를 공격해 왔다. 장마철에 홍수를 만난 수나라 군사들은 할 수 없이 9월에 철수를 한다(1차 수나라 침공). 이때 영양왕은 시간을 벌기 위하여 사신을 보내 수나라 문제에게 사죄하며 노여움을 풀게 하고 내부 정비를 강화하였다.

재위 11년인 600년에 태학박사 이문진(李文眞)에게 명하여 고사(古史)를 요약하여 신집(新集) 5권을 만들었다. 또한 내부 체제를 정비하면서 북쪽의 국경이 소강상태가 되자, 영양왕은 남쪽으로 돌려 신라에게 빼앗긴 영토를 회복하고자 하였다.

재위 14년인 603년에 장군 고승(高勝)을 보내 신라의 북한산성(北漢山城)을 공격하였지만, 신라 진평왕(眞平王)이 1만 군사로 대항하여 실패하였다.

이즈음 중국에서는 604년에 수나라를 세운 문제가 둘째 아들인 양광(楊廣)에 의해 살해되고 황제, 즉 수나라 양제(煬帝)로 즉위하여 고구려와 수나라는 다시 긴장 국면으로 접어든다. 새로이 즉위한 수나라 양제는 영양왕에게 수나라에 입조하라고 요구하였는데, 영양왕이 거부하였다. 이를 핑계로 재위 23년인 612년 2월에 수나라 양제가 100만 대군을 이끌고 요하로 침공해 왔다(2차 수나라 침공).

고구려군은 요하에서 1차 저지하였고, 이후 어렵게 요하를 건넌 수나라 군사는 요동성에서 고구려 군에 막혀 두 달 이상 고전하였다. 이때 수나라 수군은 내호아(來護兒)가 지휘하고 있었는데, 대동강(大同江)으로 들어와 육군과 합류하여 평양성을 공격하라는 말을 듣지 않고 독자적으로 평양성을 공격하다가 고구려의 유인작전에 말려 대패하게 된다.

육군은 수나라 양제가 직접 지휘하였는데 전략을 바꿔 요동성 공격과는 별도로 우문술(宇文述)과 우중문(于仲文)에게 30만 명의 별동대를 거느리고 압록강(鴨綠江)을 건너 평양성을 공격하게 하였다.

을지문덕(乙支文德) 장군의 청야작전(淸野作戰 : 군대가 물러나면서 식량과 가옥 등을 없애 점령군이 이용할 수 없게 하는 군사작전)과 유인작전으로 평양성 30리 밖까지 들어온 수나라 군사는 식량도 떨어지고 지쳐서 할 수 없이 철수를 하게 된다. 이때를 노린 고구려군이 뒤돌아가는 수나라 군대를 총공격을 하고 살수(薩水)에서 을지문덕 장군이 미리 만들어 놓은 둑을 터뜨리자 살수를 건너던 수나라 군사들은 거의 수장되어 죽는다. 압록강을 건널 때의 수나라의 30만 대군이 2700여 명만 살아서 돌아갔다고 『삼국사기』는 기록한다. 이것이 그 유명한 을지문덕 장군의 살수대첩(薩水大捷)이다.

을지문덕 장군은 수나라 우중문에게 다음과 같은 조롱어린 시를 보내었다.

귀신 같은 전술은 천문을 꿰뚫었고(神策究天文신책구천문)

묘한 전략은 지리를 통달하였구나(妙算窮地理묘산궁지리)

전쟁에 이겨 공이 이미 높아졌으니(戰勝功旣高전승공기고)

만족함을 알고 그만함이 어떠한가(知足願云止지족원운지)

수군과 육군이 모두 대패한 수나라의 양제는 할 수 없이 철수를 하고, 다음해인 613년 2월에 다시 침공해 왔다(3차 수나라 침공).

이때 수나라와 고구려 군사가 요동성에서 한창 전쟁을 벌이는 사이에 무리한 군비 조달로 백성들의 원성이 높아지자 수나라 예부상서로 있는 양현감(楊玄感)이 이를 기반으로 하여 반란을 일으키는데, 반란 소식에 수나라 양제는 황급히 군사를 돌려 심야에 철수를 하게 된다.

본국으로 돌아 간 수나라 양제는 반란을 진압하고, 다음해인 614년 2월에 고구려를 다시 침공해 왔다(4차 수나라 침공).

그러나 사정은 전과 달라 수나라는 내부에 계속되는 전쟁 동원에 반발하여 전국적으로 소요가 일어나고, 또한 고구려 백성들도 심한 피해를 보고 있었다. 수나라 양제가 요하를 건너지 않고 내호아의 수군에게 바다를 건너 먼저 비사성(卑沙城)을 치게 하고 평양성을 공격하게 하였다. 비사성이 함락되자 고구려는 수나라에 화의를 청하였고, 수나라 양제는 고구려의 화의를 받아들이고 군대를 철수하여 돌아갔다.

이후 수나라 양제는 영양왕에게 계속 입조하라고 협박하며 독촉하지만 핑계를 대며 입조하지 않았다. 수나라는 고구려와의 치른 전쟁의 후유증으로 내분과 반란에 휘말려 618년에 수나라 양제는 부하의 손에 살해 되고, 이세민(李世民)이 장안을 점령하여 당(唐)나라를 세우고 아버지 이연(李淵)이 황제로 즉위하게 된다.

같은 해인 618년 재위 29년 9월에 영양왕도 세상을 떠난다.

27. 영류왕(營留王)

▮ ?~642년, 재위 618년 9월~642년 10월

이름은 건무(建武)이며, 영양왕의 이복동생이다. 영류왕은 즉위하자 곧 전후 처리에 총력을 기울여야 했다. 중국 대륙에서 새로 등장한 당나라와의 관계에도 신경을 씀으로써 매년 사신을 보내 조공을 하면서 당나라와의 외교에 전력을 쏟는다.

재위 5년인 622년에 과거 수나라와의 전쟁에서 잡은 수나라의 포로를 돌려보내니 당나라 고조(高祖)가 크게 기뻐하였다.

당나라에서는 627년에 당나라 고조가 죽고 둘째 아들인 이세민이 형과 아우를 죽이고 당나라 태종(太宗)으로 즉위한다. 당나라도 초기에는 조정의 내부 사정과 전란으로 흐트러진 민심을 수습하기 위하여 고구려와의 관계를 악화할 수 없었으나 이는 한시적인 것이었다. 당나라 태종은 고구려를 공격할 마음을 가지고 첩자를 보내 고구려의 정세를 살폈다.

재위 12년인 629년에 신라는 고구려가 당나라로 가는 길을 막아 입조를 방해한다며 당나라에 일러바치고 신라의 김유신(金庾信)이 고구려의 낭비성(娘臂城)을 침공해 왔다.

재위 14년인 631년에 당나라 태종은 장손사(長孫師)를 보내 고구려가 요동 하류에 수나라 전사의 해골을 묻고, 그 위에 전승 기념으로 세웠던 경관(景觀)을 허물게 하였다. 이에 영류왕은 그 해 3월에 당나라의 침공에 대비하여 서부대인 연개소문(淵蓋蘇文)에게 명하여 동북의 부여성(夫餘城)에서 동남의 바다에 이르는 1000여 리의 장성을 쌓게 하였다.

천리장성의 공사로 조정 내부에 불만 세력이 생기고 연개소문의 세력에 불안을 느낀 귀족들과 왕이 연개소문을 제거하려 하자, 이를 알아 챈 연개소문은 큰 연회를 베푼다며 대신들과 귀족들을 초청하였다. 그리고 완전 무장한 군인들이 열병식을 하는 척하다가 일거에 대신과 귀족 180여 명을 살해하고 궁으로 들어가 영류왕을 토막 내어 살해하였다.

이때가 영류왕 즉위 25년인 642년 10월이었다.

28. 보장왕(寶藏王)
┃ ?~682년, 재위 642년 10월~668년 9월

이름이 보장(寶藏)이며, 영류왕의 동생 대양왕(大陽王)의 아들이다. 나라를 잃은 왕이기 때문에 시호가 없고 그래서 이름을 따서 보장왕이라고 기록한다. 보장왕은 연개소문이 영류왕을 시해하고 즉위시켰기 때문에 허수아비에 불과하였고 실질적인 권력은 연개소문이 행사하였다.

고구려의 정변 소식은 당나라 태종을 놀라게 하였고 신라와 백제에도 전해졌다. 당시 백제의 침공으로 대야성(大耶城)과 여러 성을 빼앗기고 수세에 몰린 신라의 선덕여왕(善德女王)은 김춘추(金春秋)를 고구려에 보내 구원을 요청하였다.

그러나 오히려 연개소문은 김춘추를 잡아 놓고 진흥왕 때에 신라가 빼앗아간 한강 유역을 내놓으라고 협박하였다. 이에 김춘추는 거짓말을 하고 탈출해 당나라로 달려갔다. 백제의 의자왕(義慈王)은 고구려와 연합하여 신라를 공격하고 한강 유역을 되찾고자 사신을 보내 화친을 제의하였다. 이 결과로 고구려와 백제가 연합하고 신라는 당나라와 연합을 하게 된다.

한편 정권을 잡은 연개소문은 당나라에 사신을 보내 조공을 하고 화친을 청하였는데, 당나라 태종은 도사 숙달(叔達)과 함께 노자의 『도덕경(道德經)』을 보내면서 한편으로는 은밀히 고구려를 정벌할 계획을 세운다.

재위 3년인 644년에 신라의 구원 요청을 받은 당나라 태종은 사신을 보내 신라를 공격하지 말라고 협박을 하였지만, 연개소문은 신라가 빼앗아간 고구려 영토를 돌려주지 않으면 싸움을 그칠수 없다고 거절한다. 이 해 11월에 당나라 태종은 막리지(莫離支) 연개소문이 왕을 시해하였고, 신라를 침공하지 말라는 당나라의 조명을 어겼다는 구실로 6만의 육군과 4만의 수군으로 고구려를 침공한다.

이세적(李世勣)이 이끄는 육군은 개모성(蓋牟城)을 함락시키고 장량(張亮)의 수군은 요동 반도에 상륙하여 비사성을 함락시킨다. 이에 연개소문은 군사를 급파하여 요동성에서 당나라 장군예(張君乂) 부대를 격파하였다.

당나라 태종은 패퇴한 장군예를 즉석에서 처형하고 군사를 독려하여 요동성을 줄기차게 공격하여 함락시키고 계속하여 고구려 성들을 공격하였다. 백암성(白巖城)의 성주 손대음(孫代音)이 항복을 하였으며, 고구려의 성들이 차례로 당나라에 의해 함락되었다. 고구려는 안시성(安市城), 건안성(建安城) 그리고 오골성(烏骨城)만 남게 된다.

이에 당나라 태종은 안시성을 공격하였는데 안시성 성주 양만춘(楊萬春)과 병사들이 백전불굴의 의지로 굳건히 버텼다. 초조해진 당나라 태종은 신무기를 사용하면서 성 앞에 토산을 만들어 줄기차게 공격하였으나 결국 실패를 하게 된다. 마침내 날씨가 추워지고 식량이 부족해진 당나라 태종은 철군을 하면서 안시성 성주 양만춘의 끈질긴 방어와 충성심을 칭찬하고는 비단 100필을 주고 돌아갔다.

이후 당나라 태종은 소규모 군사를 보내어 고구려를 공격하였지만, 별 효과를 보지 못하고 고구려의 요동 정벌을 하지 말라는 유언을 남기고 결국 649년 4월에 병으로 죽는다.

　당나라 태종이 죽어 당나라의 공격이 잠잠해지고 서북의 국경이 안정되자 연개소문은 남으로 눈을 돌려 백제와 말갈과 합세하여 신라를 공격하였고 33개의 성을 함락시켰다. 신라의 태종 무열왕(武烈王)으로 즉위한 김춘추는 사신을 당나라에 보내 구원을 요청하였다.

　655년 5월에 선왕의 유지에 따라 고구려 정벌을 중단하였던 당나라 고종(高宗)은 신라의 구원 요청을 구실삼아 고구려 공격을 재개한다.

　660년 5월에 당나라의 소정방(蘇定方)이 신라와 연합하여 백제를 멸망시키고 고구려를 남북으로 포위하고 그 여세를 몰아 고구려로 진격해 오는데 연개소문이 잘 막아내었다.

　665년에 막리지 연개소문이 세상을 떠났다.

　이후 연개소문의 세 아들들 간에 권력투쟁이 벌어져 고구려는 스스로 패망의 길로 빠지게 된다. 동생인 남건(男建)이 막리지가 되고, 큰아들 남생(男生)이 권력 투쟁에서 밀리자 국내성 이북의 땅을 들고 당나라에 투항을 하였다. 또한 연개소문의 아우 연정토(淵淨土)는 남쪽 12개 성의 백성을 데리고 신라에 투항하였다.

　이러한 상황에서 당나라는 이세적이 지휘하는 대군을 보내 한 달 이상 평양성을 포위하고 공격하자 보장왕은 더 이상 버틸 수 없게 되어 평양성에서 나와 결국은 당나라에 항복을 한다. 이때가 보장왕 즉위 27년인 668년 9월 21일이다.

　이로써 기원전 37년에 고주몽이 나라를 세우고 이어 28대 왕조 706년을 이어온 고구려는 멸망하게 된다.

　고구려를 정복한 당나라는 평양에 안동도호부(安東都護府)를 두고 고구려 귀족 중에 반항할 여지가 없는 사람들을 관리로 임명하여 고구려 유민들의 저항과 부흥운동을 막으려 하였다. 그러나 고구려의 부흥운동은 곳곳에서 일어나게 되는데, 대표적으로 669년에 검모잠(劍牟岑)과 보장왕의 서자 안승(安勝)이 고구려의 부흥운동을 주도하였다. 그러나 곧 내분이 생겨 안승이 검모잠을 죽이고 신라로 도망갔다.

이후에도 부흥운동이 산발적으로 일어나자 당나라는 항복한 보장왕을 요동주 도독으로 삼아 조선왕으로 봉하고 신성에 안동도호부를 두고 다스리게 하였는데, 보장왕이 고구려 유민들을 모으고 말갈과 몰래 내통을 하면서 고구려의 재건을 도모하였다. 그러자 당나라는 보장왕을 장안으로 소환하였다. 당나라로 소환된 보장왕은 장안에서 머물며 지내다가 682년에 세상을 떠난다.

고구려의 부흥운동은 696년에 대조영(大祚榮)이 영주(營州) 지방에서 거란족과 함께 당나라에 반기를 들었으며, 그 후 탈출하여 발해(渤海)를 건국하면서 계승되었고 마침내 고구려는 역사 속으로 사라진다.

고구려 왕계보도(高句麗 王系譜圖)

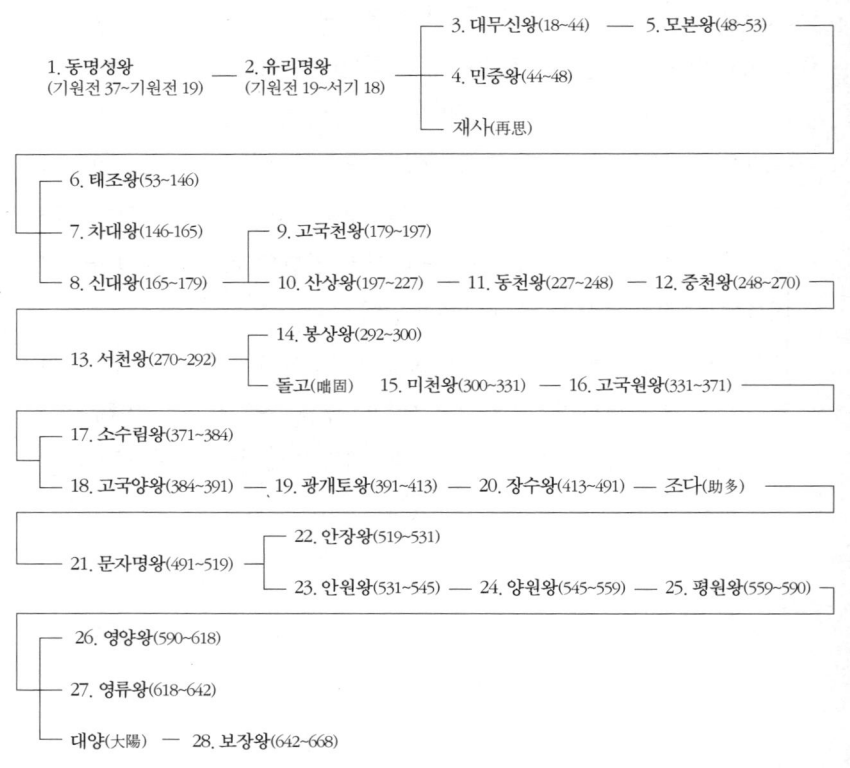

1. 동명성왕
(기원전 37~기원전 19)
— 2. 유리명왕
(기원전 19~서기 18)
— 3. 대무신왕(18~44) — 5. 모본왕(48~53)
— 4. 민중왕(44~48)
— 재사(再思)

— 6. 태조왕(53~146)
— 7. 차대왕(146-165)
— 8. 신대왕(165~179) — 9. 고국천왕(179~197)
— 10. 산상왕(197~227) — 11. 동천왕(227~248) — 12. 중천왕(248~270)

— 13. 서천왕(270~292) — 14. 봉상왕(292~300)
— 돌고(咄固)   15. 미천왕(300~331) — 16. 고국원왕(331~371)

— 17. 소수림왕(371~384)
— 18. 고국양왕(384~391) — 19. 광개토왕(391~413) — 20. 장수왕(413~491) — 조다(助多)

— 21. 문자명왕(491~519) — 22. 안장왕(519~531)
— 23. 안원왕(531~545) — 24. 양원왕(545~559) — 25. 평원왕(559~590)

— 26. 영양왕(590~618)
— 27. 영류왕(618~642)
— 대양(大陽) — 28. 보장왕(642~668)

"백제 시조 온조왕(溫祚王)은 아버지가 고구려를 세운 주몽(朱蒙)이고, 북부여(北扶餘)에서 난을 피하여 남으로 내려와 하남 위례성(慰禮城)에 도읍을 정하였다.

　따로 이르기를 온조의 아버지는 우태(優台)이며 북부여의 왕 해부루(解扶婁)의 서손(庶孫)이고, 어머니는 소서노(召西奴)인데 졸본 사람 연타발(延陀勃)의 딸이다. 어머니 소서노는 우태에게 시집을 가서 아들을 둘 두었는데, 장자가 비류(沸流), 차자가 온조(溫祚)이다.

　우태가 죽자 소서노는 과부로 살며 주몽이 졸본에 내려와 나라를 세움에 내조가 있어 소서노를 부인으로 삼았고 그 두 아들을 거두었는데, 주몽이 부여에 있을 때 예씨(禮氏)에게서 낳은 아들 유류(儒留 : 유리)가 찾아왔다. 주몽이 유류를 크게 반기고 태자로 삼아 왕위를 계승하게 하니, 비류와 온조는 어머니 소서노와 함께 남으로 내려왔다.

비류는 미추홀(彌鄒忽 : 현재 제물포 지역)에 자리 잡고, 온조는 하남 위례성(河南慰禮城)에 도읍을 정하였다. 그러나 비류는 안거하지 못하고, 위례는 백성이 안락하고 안정되니 신민들이 온조의 위례로 들어왔다.

온조는 처음 10명의 신하의 도움으로 나라를 세움에 국호를 십제(十濟)라 하였으나, 그 후 백성이 즐겁게 따랐다고 하여 국호를 백제(百濟)로 고치었다. 그 세계(世系)도 부여(扶餘)에서 나왔기 때문에 부여를 성씨로 삼았다"라고 『삼국사기』는 기록하고 있다.

백제금동 대향로

1. 시조 온조왕(溫祚王)

▎ ?~28년, 재위 기원전 18년 10월~서기 28년 2월

즉위 원년 5월에 동명왕(東明王)의 사당을 세우고 성을 쌓아 북쪽 말 갈의 침입에 대비하였다.

재위 3년에 말갈이 북쪽 경계를 침범하였으나 격퇴시키고, 8년에는 위례성을 포위하고 공격하다 물러갔다.

『삼국사기』의 기록에 의하면, 재위 10년에 "왕이 사냥을 나가 신록 (神鹿)을 잡아 마한(馬韓)에 보냈다"라고 기록 하고 있는데, 당시 한반도 남쪽에 자리 잡고 있던 삼한(三韓 : 마한馬韓, 진한辰韓, 변한弁韓) 중에 가장 세력이 큰 마한의 왕이 북방 변경 지역의 땅 100여 리를 내주어 백제 가 정착 할 수 있게 하였다. 당시 마한은 말갈과 낙랑의 침공을 대비하 고자 북방에 낙랑의 침공에 대비하고 북방에 온조의 백제를 머물게 하여 방패막이로 하고자 하였던 것이다.

재위 13년 2월에 장모(王母) 소서노가 61세의 나이로 세상을 떠난다. 5월에 온조왕이 신하들에게 말하였다. 마한의 입장에서는 당시 말갈 과 "동쪽에는 낙랑(樂浪)이 있고, 북쪽에는 말갈(靺鞨)이 있다. 그들이 자주 침공해 편안한 날이 없으니…… 도읍을 옮기려 한다. 순행하여 보니 한수(漢水 : 한강)의 남쪽이 비옥하니…… 도모하는 것이 옳다"

그해 7월에 한산(漢山) 아래에 목책을 세우고 위례성의 백성을 이주 시켰다.

8월에 사신을 마한에 보내 도읍을 옮기며 경계를 북으로는 패하(浿河), 남으로는 웅천(熊川)에 한하며, 서로는 대해(大海)에 이르고, 동으로는 주양(走壤)에 이른다고 알리었다.

기원전 4년인 재위 15년 정월에 새 궁궐을 지었다. 궁궐은 검소하면서도 누추하지 않았고 화려하면서도 사치스럽지 않았다고 한다.

기원전 2년인 재위 17년에 낙랑이 침범하여 위례성을 불태웠다.

다음해 10월에 말갈이 침입해 오니 왕이 추격하여 말갈 추장 소모(素牟)를 잡아 마한으로 보내고, 나머지는 다 묻어 죽였다.

재위 24년 7월에 온조왕이 웅천에 목책을 세워 남쪽 경계를 확정하였다. 이에 마한의 왕은 북쪽에서 내려온 유민들에게 마한의 땅을 내주어 살게 하였는데, 백제는 은혜를 모르고 국경을 정하는 목책을 세운다고 책망하고는 목책을 헐어 버리었다.

이때는 마한의 세력이 약화되어 있었고, 경상도 지역의 진한(辰韓), 번한(番韓)의 부족의 일부가 신라에 병합된 상태였다. 따라서 마한이 신라 등 다른 나라에 병합되면 상대적으로 백제에 위협이 될 수 있으므로 서기 8년인 재위 26년에 쇠약해진 마한을 습격하여 국읍(國邑)을 병합하였다. 이로써 백제는 한수 지역에서 일어나 경기, 충청, 호남 지역을 영역으로 삼게 된다.

재위 28년인 서기 10년에 영토 확장을 한 왕은 원자 다루(多婁)를 태자로 세우고 대두산성(大豆山城)을 쌓게 하였다.

서기 13년 왕은 지방행정을 체계화하기 위하여 전국을 남부와 북부로 나누고 또 2년 뒤에는 동부와 서부로 나눠 4부 체제를 확립한다. 이 무렵 나라에는 지진과 우박 등으로 기근이 들어 백성들이 서로 잡아먹는 지경에 이르니 도적들이 들끓었다.

재위 34년인 서기 16년 10월에 마한의 옛 장수 주근(周勤)이 우곡성(牛谷城)에서 반란을 일으켰으나 진압하였다. 이 사건 이후 온조왕은 탕정성(湯井城)을 쌓고 옛 성을 수리하여 국방을 강화하였으며, 백성들의 생활을 위하여 농업과 잠업을 권장하고 부역을 철폐하는 등 민생 안정에 힘을 썼다.

재위 41년인 서기 23년 정월에 우보(右輔) 을음(乙音)이 죽어 북부의 해루(解婁)를 우보로 삼았다.

재위 43년에 서기 25년 10월에 발해만 연안의 남옥저(南沃沮)가 멸망하여 구파해(仇頗解) 등 20여 가구가 배를 타고 의탁을 해와 한산의 서쪽에 살게 하였다.

서기 28년 2월 재위 46년에 백제의 기틀을 마련하는데 모든 힘을 쏟은 왕이 세상을 떠난다.

왕이 죽자 신하들은 온조(溫祚)라는 묘호를 올리었는데, 온(溫)은 '모두', '전부'라는 뜻이며, 조(祚)는 '왕', '왕위'를 의미한다. 온조는 모든 이의 왕으로 추앙된 것이다.

2. 다루왕(多婁王)

▌ ?~77년, 재위 28년 2월~77년 9월

온조왕의 맏아들로서 서기 28년에 온조왕이 세상을 떠나자 백제의 제2대 왕으로 즉위하였다.

당시는 한반도 중남부에서는 마한이 몰락하고 각 지역의 소연합체 부족이 붕괴되는 시기로서 고구려와 신라에 투항하거나 의탁하여 연합전선을 형성하면서 백제, 고구려, 신라의 나라가 형성되는 초기 단계의 시대이다.

이때 북쪽의 말갈족은 남하 정책을 하여 백제를 공격하였으며, 55년에는 도성까지 위협하였다. 왕은 말갈을 막기 위하여 재위 29년인 서기 56년에 우곡성을 쌓고 마한의 잔존 세력을 흡수하면서 동쪽으로 영토를 넓혀 낭자곡성(娘子谷城 : 청주 일대)에 이른다.

이즈음 마한의 장수 맹소(孟召)는 복암성(覆巖城)을 신라에 바치고 몸을 의탁하게 되는데, 이에 대하여 다루왕은 백제가 마한을 병합하였으니 백제에게 옛 마한의 복암성을 돌려줄 것을 요구하며 신라의 왕에게 이에 대하여 논의할 것을 청하였다. 그러나 신라 왕 탈해(脫解)가 이를 거절하였다.

이에 화가 난 다루왕은 64년 신라의 와산성(蛙山城)을 공격하는데, 이때부터 백제와 신라 사이에 전쟁이 시작된다. 이후 와산성 전투는 10여 년간 계속되어 주인이 바뀌기가 여러 번이었다. 다루왕은 와산성 전투에 전력을 쏟았으나 결국 실패하고 신라에 빼앗겼다.

재위 50년인 서기 77년 9월에 왕이 세상을 떠난다.

3. 기루왕(己婁王)

▌ ?~128년, 재위 77년 9월~128년 11월

다루왕의 장자이며 다루왕 6년에 태자로 책봉되어 44년 동안 태자로 있다가 다루왕이 죽어 77년에 왕위에 올랐다.

『삼국사기』에 기루왕 21년에 "두 마리 용이 한강에 나타났다"라는 기록이 있는데, 이 부분을 당시 나라 내부에 정변이 있었던 것으로 해석하는 사람도 있다.

왕의 인품이 온화하고 유화적이어서 재위 29년인 105년 1월에 사신을 신라에 보내 화친을 청하였다.

재위 49년인 125년에는 신라가 말갈의 침략을 받아 국서로 군사를 청하였는데, 이에 백제는 5명의 장군을 보내어 신라를 구원하였다. 이에 양국이 화친의 결실을 보게 된다.

기루왕 시절에는 정치 외교적으로 평화와 안정이 유지되었으나 재위 동안 지진, 홍수, 가뭄으로 흉년이 드는 등 기후와 천재지변으로 시달렸다.

재위 52년인 128년 11월에 백세의 나이로 왕이 세상을 떠난다.

4. 개루왕(蓋婁王)

▮ ?~166년, 재위 128년 11월~166년

기루왕의 아들이다. 128년에 기루왕이 세상을 떠나자 왕위를 계승하였다. 성품이 공순하고 조행(操行)이 있었다고 한다.

재위 5년인 132년에 북한산성을 쌓았다.

재위 28년인 156년 10월에 신라의 아찬(阿飡) 길선(吉宣)이 신라에서 반역을 도모하다가 발각되어 백제로 도망 오는 사건이 일어났다.

이에 신라의 아달라왕(阿達羅王)이 길선을 신라로 돌려 보내 줄 것을 요구하였는데 보내주지 않자, 신라와의 관계가 악화되어 신라가 군사를 거느리고 공격해 왔다. 이로 인해 기루왕 때 만들어진 신라와의 화친 관계는 깨지게 된다.

재위 39년인 166년에 왕이 세상을 떠난다.

5. 초고왕(肖古王)

▮ ?~214년, 재위 166~214년

개루왕의 아들이다. 166년 개루왕이 세상을 떠나 왕위에 올랐다.

개루왕 때에 신라의 길선이 망명한 문제로 신라와의 관계가 크게 나빠졌고, 167년에 초고왕은 신라의 서쪽을 공격하여 남녀 1000명을 사로 잡는다. 이에 신라의 아달라 이사금은 일길찬(一吉飡) 흥선(興宣)으로 하여금 군사 2만을 거느리고 백제를 공격하여 한수에 이르게 된다. 신라군의 위세에 놀란 초고왕은 포로와 빼앗은 성을 돌려주고 물러났다.

이후에도 신라와의 전쟁은 계속되는데 재위 39년인 204년 7월에 백제가 신라의 요거성(腰車城)을 공격하여 성주 설부(薛夫)를 죽이니, 신라가 이벌찬(伊伐飡) 이음(利音)을 장수로 삼아 사현성(沙峴城)을 공격해 왔다.

백제와 신라가 공방전을 벌이는 사이에 말갈이 침공해 왔으며, 이에 재위 49년인 214년 9월에 북부의 진과(眞果)를 시켜 말갈의 석문성(石門城)을 공격하게 하여 빼앗았다.

이 해 214년 10월에 왕이 세상을 떠난다.

6. 구수왕(仇首王)
▎?~234년, 재위 214년 10월~234년

구수왕은 귀수(貴須)라고도 불리며 초고왕의 장자이다. 214년 10월에 초고왕이 세상을 떠나자 왕위에 올랐다. 키가 7척(약 2m)이고 위엄과 용기가 남다르고 풍채가 빼어났다고 한다.

구수왕은 재위 동안에 신라와 말갈과 많은 전쟁을 치르게 되는데, 216년 8월에 말갈이 적현성(赤峴城)을 공격해 왔으나 역공하여 사도성(沙道城) 아래서 격파하였다.

재위 5년인 218년에는 신라의 장산성(獐山城)을 공격하였으나 패하여 물러났다. 이후에도 여러 번 신라와 전쟁을 하였지만 패하였다.

재위 7년인 220년에 왕성 서문에 큰 불이 났으며, 221년에 동쪽에서 큰 홍수로 40여 개의 산이 무너졌다.

재위 14년인 227년에는 심한 가뭄으로 왕이 기우제를 올렸고, 229년 11월에는 괴질이 전국에 크게 유행하면서 자연 재해가 일어나 백성들과 나라 사정이 어려워지게 되어 신라와의 전쟁도 자제하게 된다.

재위 21년인 234년에 왕이 세상을 떠난다.

7. 사반왕(沙伴王)
┃ 생몰 미상, 재위 234~234년

구수왕의 맏아들이다. 구수왕이 죽어 왕위에 올랐는데 어려서 정사를 보지 못하여 폐위되었다. 묘호가 뜻하는 대로 모래 반쪽의 짧은 치세 기간은 모반에 의한 폐위로 추론하기도 한다.

『삼국사기』에는 사반왕의 기록이 없다.

8. 고이왕(古爾王)
┃ ?~286년, 재위 234~286년

『삼국사기』에는 "개루왕의 둘째 아들이다. 구수왕이 죽자 구수왕의 장자 사반(沙伴)이 계승하였으나, 나이가 어려 초고왕의 동복아우 고이가 즉위한다"라고 기록하고 있는 것으로 보아 왕실 내부에 분란이 있었던 것으로 추정 되며, 아마도 왕위를 찬탈한 것이 아닌가 의구심을 갖게 한다. 또한 『삼국사기』에 의하면 '고이왕은 몸소 사슴을 40

여 마리나 사냥을 하는' 등 무예가 출중하고 호방한 성격이었던 것 같다.

재위 7년인 240년에 군사를 보내 신라를 침범하였고, 4월 진충(眞忠)을 등용하여 좌장(左將)을 삼고 내외병마사(內外兵馬使)의 일을 맡겼다.

재위 13년인 246년 8월에 위나라 유주자사(幽州刺史) 관구검(貫丘儉)이 낙랑 태수 유무(劉茂), 대방 태수 궁준(弓遵)을 동원하여 고구려를 치니, 그 틈을 타서 낙랑의 변방을 습격하여 빼앗았다.

247년에 마한 왕 신지(臣智)와 함께 대방의 기리영(崎離營)을 공격하여 대방 태수 궁준을 죽였다.

이로 인하여 백제와 대방과의 관계는 악화되었으나 후에 결혼 동맹으로 화해하고 백제의 대륙 진출(산동성)의 발판을 만들었다. 이 부분에서 많은 학자들은 대방(帶方)이 한반도가 아닌 대륙에 위치하여 있었으며, 이는 백제가 중국 대륙에 진출한 것이라고 설명하고 있다.

재위 22년인 255년 9월에 신라를 침범하여 괴곡(槐谷) 서쪽에서 장수 일벌찬(一伐湌) 익종(翊宗)을 죽이고, 258년에 말갈의 추장 나갈(羅渴)이 좋은 말 10필을 바쳐 오니 사신을 우대하여 보내었다.

이러하듯 고이왕은 신라를 경계하면서도 대방 태수의 딸을 태자비로 맞아 대륙 진출의 발판을 만들었으며, 신라에게 사신을 보내 화친을 청하고 말갈과도 관계를 유지하는 등 대외적으로 강온정책을 편 것으로 보인다.

고이왕의 업적은 재위 27년인 260년에 6좌평(佐平) 제도를 도입하여 신하의 품계와 관장하는 일을 정하였으며, 그에 따른 옷의 색깔을 달리하여 정하였고 조정의 조직과 행정을 개편하여 시행하였다. 경제에도 힘을 써 땅을 개척하여 농토를 넓히었고 흉년에는 나라의 창고를 열어 백성들을 구휼하였다. 그리하여 고이왕은 52년 동안 재위하면서 외교적, 정치적으로 국가의 중앙집권적 운영에 필요한 국가 기강과 제도를 확립한 것으로 보인다.

고이왕은 말년(재위 53년)인 286년 정월에 사신을 신라에 보내어 화친을 청하였는데, 당시 신라도 유례 이사금(儒禮尼師今)이 새로 즉위하였고 왜국의 침입을 받는 상황이었기 때문에 화친의 제의를 거절할 입장이 아니었을 것으로 추정된다.

그 해 11월에 왕이 세상을 떠난다.

9. 책계왕(責稽王)
| ?~298년, 재위 286년 11월~298년 9월

고이왕의 아들로 청계(靑稽)라고도 불리었으며, 286년에 고이왕이 죽어 왕위를 계승하였다. 외모가 장대하고 기품이 걸출하였다고 전해진다.

왕은 즉위하자 장정을 동원하여 위례성을 보수하고 고구려가 대방을 공격하자 대방에서 구원을 청하였다. 앞서 왕이 태자 시절에 대방태수의 딸 보과(寶菓)를 부인으로 삼아 대방과 혼인동맹을 맺었기 때문에 군사를 내어 대방을 구원하였다.

재위 13년인 298년 9월에 한(漢)나라가 맥(貊) 사람들을 이끌고 연합하여 쳐들어 오자, 왕이 나아가 막다가 적병에게 죽었다.

이 사건은 대륙 백제(大陸 百濟)가 형성되어 산동지역에서 일어난 사건으로 대륙 백제의 실체적 증거라고 주장하는 학자들이 많다.

『삼국사기』「백제본기」동성왕(東城王) 때에 "10년(488년), 위(魏)나라가 군사를 보내 우리를 쳐러 왔으나 패하였다"라는 기록이 있다. 같은 사건의 내용이 중국 문헌에도 기록되어 있는데, 중국 『남제서』「백제전』에 "북위(北魏)가 뉘우치지 않고 기병 10만을 이끌고 쳐들어와,

……퇴각하는 적을 추격하여 물리치니 역내가 편안해졌다"라고 기록하고 있다. 백제가 한반도 내에만 있었다면 북위의 기병들이 말을 타고 하늘을 날아 바다를 건너와 한반도에 있는 백제를 쳐들어왔다고 설명할 수 있어야 한다.

『삼국사기』 열전 「최치원전(崔致遠傳)」에는 (고구려), 백제가 전성기에는 백만대군으로 (대륙의 동부 해안가에 있는) 오(吳)나라, 월(越)나라, (연나라), 제(濟)나라, 노(魯)나라를 장악했었다고 분명하게 기록하고 있다.

대륙 백제의 실체의 기록은 중국의 여러 문헌에도 나와 있는데,『구당서(舊唐書)』「백제전」에 "백제의 영토는 서쪽으로 바다를 건너 월주를 포함하고, 북쪽으로 바다를 건너 고구려 국경까지, 남쪽으로 바다를 건너 왜국을 포함하여 다 백제의 땅이며 동, 서 두 곳에 서울을 두고 있다"라고 기록하고 있고, 『북사(北史)』의 「백제전」, 『주사(周史)』 49권 「백제전」에는 "백제가 양자강 어구를 장악하고 있었다"라는 기록과 함께 『만주원류고(滿洲源流考)』에는 "금주, 의주, 애춘을 포함한 지역이 다 백제의 강역이다"라고 기록하고 있다.

『송서(宋書)』「백제전」에는 다음과 같은 기록이 있다.

> 백제 역시 웅거하면서 요서와 진평 2군을 차지하고 백제군을 설치하였다.

백제의 요서 진출 시기는 진(晉)나라(265~420년) 때라고 기록하는데, 북위(北魏 : 386~535년)의 초기 시대를 설정하면 대략 3세기 후반에서 5세기 후반에 해당하는 고이왕(古爾王 : 234~286년) 대에서 동성왕(東城王 : 479~501년) 대로 보는 것이 설득력이 있다.

이같이 여러 문헌에 나타난 기록들로 보아도 대륙 백제의 실체를 확인할 수 있는데도 우리 민족의 역사를 한반도의 틀 안에서만 짜 넣어 해석하려는 사대주의적 역사학자들의 논리가 안타까우며 아직도 그 흐름이 잔재하여 걱정스럽다. 다행스럽게도 근래에 많은 학자들이 이를 새롭게 밝혀 우리의 역사를 다시 일깨워 주는 데 애쓰고 있다는 사실이다.

물론 대륙 백제 즉 백제의 요서 진출설은 아직도 우리나라 사학계에서 논란이 되고 있는데, 과거에는 부정하는 입장이 우세하였으나 최근에는 대륙 백제설을 적극 수용하는 입장이다. 고등학교 역사 교과서에 "백제는 수군을 증강시켜 중국의 요서지방으로 진출하였고, 이어 산동 지방과 일본까지 진출하는 활발한 대외 활동을 벌였다"라고 서술하고 있다.

10. 분서왕(汾西王)

▮ ?~304년, 재위 298년 9월~304년 10월

책계왕의 장자로서 298년 책계왕이 전사하여 왕위에 올랐다. 어려서부터 총명하였고 의표(儀表)가 뛰어나고 풍채가 걸출하였던 것으로 전해진다.

즉위 원년 10월에 대사령을 내렸다.

재위 7년인 304년 2월에 한나라와 낙랑의 통로를 차단하려고 낙랑의 서쪽 현을 습격하여 빼앗았는데, 그 해 10월에 낙랑 태수가 보낸 자객에 의하여 세상을 떠난다.

분서왕도 백제가 대륙에 머물며 활동한 것으로 추정되며, 이는 고이왕이 백제의 대륙 진출의 발판을 마련하고 책계왕에 이어 분서왕도 대륙의 영토 확장에 힘을 쓴 것으로 추론된다.

분서왕의 이름대로 백제 나라가 동과 서로 갈라져 있는 당시 상황의 분서왕으로 대륙의 백제, 즉 한반도 백제의 서쪽의 왕으로 분서왕이라 추론하는 학자들도 있다.

11. 비류왕(比流王)

| ?~344년, 재위 304년 11월~344년 10월

『삼국사기』에는 비류왕은 "구수왕의 둘째 아들이다. 분서왕의 아들이 어려 신민의 추대로 왕에 오르다"라고 기록 되어 있다.

비류왕이 평민으로 지내다가 백성의 신임으로 왕위에 올랐는데, 당시에 나름대로 분서왕에 대항하는 세력이 있었고 분서왕이 죽게 되자 평민으로 있던 비류왕을 왕으로 추대한 것으로 보인다. 이때 해씨(解氏) 세력이 도왔을 것으로 추정된다. 이런 추론의 근거는 비류왕이 재위 9년인 312년에 해구(解仇)를 병관좌평(兵官佐平)에 임명한 것이다.

그리고 재위 18년인 321년 정월에 왕의 이복동생인 우복(優福)을 내신좌평으로 삼았음에도 불구하고, 327년 9월에 "우복이 북한성(北漢城)에서 웅거하며 배반하니 왕이 토벌하다"라는 기록이 있는 것으로 보아 이는 서로의 내부에 갈등이 있었던 것으로 추정된다.

왕의 재위 동안 황충과 가뭄으로 흉년이 들고 궁궐의 화재가 민가까지 번지는 등 재해가 발생하여 재위 28년인 331년에는 사람들이 서로 인육을 먹을 지경에 이르렀다.

재위 34년인 337년 2월에 신라가 사신을 보내와 내빙하여 화친을 하면서 전쟁을 피하였다.

재위 41년인 344년 10월에 왕이 세상을 떠난다.

12. 계왕(契王)

▎ ?~346년, 재위 344년 10월~346년 9월

『삼국사기』에 "분서왕의 장자이나 분서왕이 죽었을 때 나이가 어려 왕위에 오르지 못하고 비류왕이 죽자 즉위한다"고 기록하고 있다.

이를 추론하건대 분서왕이 대륙 백제의 확장에 힘쓰다 죽음으로써 한성 세력의 도움으로 평민으로 지내던 비류왕이 즉위하였고, 비류왕이 죽자 대륙 백제 세력의 힘에 의하여 분서왕의 장자가 왕위를 계승한 것으로 생각된다. 아마도 당시에 조정 내에 많은 갈등이 있었을 것으로 생각되는데 자세한 기록이 없어 알 수가 없다.

346년 9월, 재위 2년 만에 왕이 세상을 떠난다.

13. 근초고왕(近肖古王)

▎ ?~375년, 재위 346년 9월~375년 11월

비류왕의 둘째 아들이며 계왕이 죽자 왕위를 계승하였다. 계왕의 자손이 아닌 비류왕의 둘째 아들 근초고왕이 왕위를 계승한 것도 한성 백제파의 득세로 추정된다.

그러나 재위 초반 20년간의 기록이 없는 것으로 보아, 이는 아마도 대륙 백제에서의 활동 때문이 아닌가 싶다.

재위 21년인 366년 3월에 신라에 사신을 보내었고, 367년에는 왜국의 신공황후(神功皇后)에게 사신을 보내 국교를 맺고 화친을 하였다. 그러나 낙랑군이 없어진 지역에 대하여 백제와 고구려가 직접 맞대게 되면서 고구려와의 관계는 악화된다.

재위 24년인 369년 9월에 고구려 왕 사유(斯由 : 고국원왕)가 보병과 기

칠지도

병 2만의 군사로 치양성(雉壤城)으로 쳐들어왔으나 격파하였고, 그 보복으로 재위 26년인 371년에 백제군은 태자 근구수(近仇首)가 선봉이 되어 고구려의 평양성을 공격하였다. 이때 고구려 고국원왕(故國原王) 사유가 난무하는 화살을 맞고 죽는다.

재위 27년인 372년에 왕은 왜국과 계속적인 외교를 하여 많은 문물을 전하고 칠지도(七支刀)를 보내었다. 이 칠지도는 현재 일본 나라현 이소노카미 신궁(石上神宮)에 보관되어 있다. 칠지도에는 60여 자의 명문(銘文)이 새겨져 있는데, 그 해석과 의견이 학자마다 다르다. 다만 이 칠지도가 상국인 백제의 왕이 신하국인 왜왕에게 하사한 칼이라는 데는 동의하고 있다.

또한 근초고왕은 백제 문화의 발전과 해외 전수에도 중요한 역할을 하여 왕인(王仁) 박사와 아직기(阿直岐)를 일본에 보내 『천자문(千字文)』과 『논어(論語)』를 전하여 일본에 유학사상을 일으켰으며, 왕인은 왜국에서 학문의 시조로 받들어지게 된다(왕인 박사의 기록은 『일본서기』에 나오는데 활동 시기에 혼란이 있다).

근초고왕은 고구려와의 전쟁에서 승리하고 조직을 정비하여 왕권을 확립하였으며, 활발한 대외 교류를 통하여 문화적 부흥을 이루었고 박사 고흥(高興)에게 역사 기록 책인 『서기(書記)』를 편찬하게 하였다.

재위 30년인 375년 7월에 고구려가 쳐들어와 수곡성(水谷城)을 빼앗겼다. 이에 대하여 보복을 하려 하였으나, 이 해에 흉년이 들어 시행하지 못하였다.

그 해 11월에 왕이 세상을 떠난다.

근초고왕 때에 백제로서는 최대의 영토를 확보하는 시기로 경기, 충청, 전라도 전부와 강원도, 황해도의 일부까지 차지하는 큰 영토를 확보하였으며, 중국 대륙의 요서 지역과 서해를 근거로 활발한 해상 활동을 하여 서쪽으로 동진(東晉), 남으로는 왜국과 활발한 교류를 하면서 백제가 해상 무역의 중심에 서게 된다.

14. 근구수왕(近仇首王)
┃ ?~384년, 재위 375년 11월~384년 4월

이름은 수(須)이며 근초고왕과 왕비 진씨(眞氏) 사이의 아들이다. 태자 때 고구려의 치양성 공격을 막아 내었다.

재위 3년인 377년 10월에 평양성을 공격하였는데, 백제 사람 사기(斯紀)가 죄를 짓고 고구려로 도망갔다가 다시 백제로 돌아와 군사기밀을 제보하여 고구려를 크게 무찔렀다.

재위 5년인 380년에 전국에 괴질이 크게 유행하였고, 382년에는 가뭄으로 전국에 흉년이 들었다.

이때 고구려는 북쪽 거란의 침공이 있어 백제와 전쟁을 치를 입장이 아니었다. 왕은 고구려에 대하여 공격과 수비를 적절히 하여 힘의 균형을 유지하였으며, 외척인 진고도(眞高道)를 내신좌평(內臣佐平)으로 하여 나라를 다스렸다. 그러나 진고도가 왕후의 힘을 믿고 마음대로 정사를 처리하여 백성들의 원성이 많았다.

재위 10년인 384년 4월에 왕이 세상을 떠났다. 『삼국사기』에 "대궐에 있는 큰 나무가 저절로 뽑혔다"라는 기록이 있는데, 아마도 평소의 지병으로 돌아가신 것이 아닌가 추정된다.

15. 침류왕(枕流王)

▎ ?~385년, 재위 384년 4월~385년 11월

근구수왕의 원자이며, 어머니는 아이부인(阿爾夫人)이다.

즉위 원년인 384년 9월에 진(晉)나라에서 인도 승려 마라난타(摩羅難陀)가 불법(佛法)을 전해왔다. 왕은 그를 크게 우대하고 공경하였다.

다음해인 385년 2월에 한산(漢山)에 불사(佛寺)를 창건하고 승려 10명을 두었다. 이 해 11월에 왕이 세상을 떠난다.

왕의 재위 기간은 1년 7개월로 짧았는데, 침류왕이 평소 병약하였고 병약한 몸을 불교에 의탁하고자 진나라에 요청하여 승려 마라난타가 온 것으로 추정된다. 침류왕은 백제에서 불교를 처음으로 공인하고 불교를 새로운 통치 이념으로 정비했던 왕이다.

16. 진사왕(辰斯王)

▎ ?~392년, 재위 385년 11월~392년 11월

근구수왕의 둘째 아들이며 침류왕의 동생이다.

『삼국사기』에는 침류왕이 죽자 태자 아신(阿莘)이 어려 숙부인 진

사가 즉위하였는데, 『일본서기(日本書紀)』*에는 진사왕이 왕위를 찬탈한 것으로 기록하고 있다. 당시 조정 내에 내분이 있었던 것으로 생각된다.

재위 2년인 386년에 고구려의 침공에 대비하여 15세 이상 된 자를 징발하여 관방(關防)을 설치하였다.

387년에 130여 년 동안 조용하던 말갈이 쳐들어왔는데, 고구려가 말갈을 압박하여 침공한 것으로 판단된다.

재위 5년인 389년에 고구려의 남쪽을 공격하여 도곤성(都坤城)을 빼앗았다.

이후 왕은 사냥을 즐기며 궁궐을 크게 고치고 호사와 향락에 빠졌고, 고구려에서 담덕(談德)이 왕으로 즉위하면서 진사왕의 비극은 시작된다.

재위 8년인 392년 7월에 고구려 왕 담덕(談德 : 광개토대왕)이 4만의 군사를 동원하여 공격해 왔는데, 이때 북변 10성을 빼앗기고 10월에는 고구려에게 서북 해상 요충지인 관미성(關彌城)을 빼앗긴다.

이후 "왕은 구원(拘原)으로 사냥을 갔다. 10일이 지나도 돌아오지 않았다. 이 해 11월에 왕이 구원의 행궁에서 돌아가시었다"라고 『삼국사기』는 기록하고 있는데, 『일본서기』에는 "진사왕이 백제인들에 의해 살해되고 아신왕이 즉위했다"라고 기록하고 있다.

아무래도 아신왕의 세력에 의해 살해되었다는 설이 설득력이 있는 듯싶다.

---

* 일본 나라(奈良)시대인 서기 720년경에 만들어진 일본에서 가장 오래된 역사책의 하나이다. 일본의 고대 신화로부터 697년까지를 기록하고 있으며, 총 30권으로 되어 있다. 「백제기(百濟紀)」 등 한국 사료와 중국의 사서를 병용하고 있어 각국의 역사 상관관계를 연구하는 데 참고로 활용한다.

17. 아신왕(阿莘王)

| ?~406년, 재위 392년 11월~405년 9월

침류왕의 맏아들이며 진사왕의 조카이다. 진사왕이 호사와 향락에 빠지고 고구려와의 전쟁에서 크게 패하여 관미성을 빼앗기는 등 실정을 빌미로 진사왕을 제거하고 자신에게 돌아왔어야 할 왕위를 찾아온 것이다.

즉위하여 고구려에 빼앗긴 관미성을 되찾고자 관미성을 공격하였지만 실패하였다.

재위 3년인 394년 2월에 왕자 전지(腆支)를 태자로 삼고 대사면령을 내리었다.

395년 8월에 다시 고구려를 공격하였지만 패수(浿水)에서 크게 패하고, 이후에도 잃어버린 옛 성과 영토를 회복하고자 고구려를 계속 침공한다.

396년에 백제가 계속 침공함으로 고구려 광개토왕(廣開土王)은 백제의 심장부인 한성(漢城)을 직접 공격하여 굴복시키니, 아신왕은 "이후 영원히 노객(신하)이 되겠다"고 무릎 꿇고 항복을 하였다.

397년 5월에 굴욕에 복수심이 가득한 아신왕은 왜국과 우호를 맺고 서로 연합하려고 태자 전지를 왜국에 볼모로 보내었다.

399년 8월에 아신왕은 고구려를 공격하고자 대규모로 병마를 징발하니 백제의 백성들이 괴로워 신라로 많이 달아났다.

아신왕은 고구려와 교류하는 신라에 대한 적대감으로 가야(伽倻)와 왜국과 함께 연합하여 신라를 대대적으로 공격하였다. 이런 백제의 연합군에 공격을 받게 된 신라는 급하게 고구려에 구원을 요청하였다.

재위 9년인 400년에 신라의 구원 요청을 받은 고구려 광개토왕은 군사를 보내 물밀듯이 쳐내려가 가야의 종발성(從拔城)을 함락시키고 왜군을 몰아내고 백제연합군을 공격하여 신라를 구원하였다.

이후에도 백제연합군은 고구려를 침공하였으나 고구려의 위세에 눌려 번번이 실패하고, 재위 14년인 405년 9월에 아신왕은 고구려에 대한 복수의 한을 풀지 못하고 세상을 떠난다.

18. 전지왕(腆支王)

▌ ?~420년, 재위 405년 9월~420년 3월

"아신왕의 원자이다. 이름은 영(映)이며, 왜국에 볼모로 가있다가 아신왕이 죽자 귀국길에 올랐는데, 조정에서는 그가 돌아오기를 기다리는 동안 아신왕의 둘째 아우 훈해(訓解)가 섭정을 하며 환국을 기다렸다. 이때 막내아우 설례(碟禮)가 섭정하는 훈해를 죽이고 왕이 되려하자, 나라 사람들이 설례를 죽이고 전지를 왕으로 추대하였다"고 『삼국사기』는 기록하고 있다.

당시 조정에는 외척 세력으로 마한 출신 세력인 진씨와 부여에서 내려온 왕실의 계통의 해씨의 세력이 최대의 파벌이었다. 파벌 싸움에서 진씨 세력이 훈해를 죽이고 설례를 왕으로 하려 하였으나, 결국 해씨 세력이 진씨 세력의 지원을 받는 설례를 몰아내고 진지왕을 왕으로 옹립한 것으로 보인다. 이후에 해구(解丘), 해충(解忠) 등 해씨들이 조정에 중용된 것으로 보아 해씨 가문으로 권력이 집중된 것은 아마도 이 때문으로 추정된다.

전지왕은 왜국에 볼모로 머물 때 왜국의 팔수공주(八須公主 : 왜국의 아버지는 후에 응신천왕이 됨)와 혼인을 하고 함께 귀국하였다.

전지왕은 재위 시절에 전쟁 기록이 없는데, 재위 2년 정월에 고구려의 시조 동명왕의 사당에 제사지내고 대사령을 내리는 등 파벌 간의 다툼으로 흐트러진 민심을 달래고 한편으로는 동진과 왜국과도 수교를 더욱 강화한다.

재위 5년인 409년에 왜국에서 사신이 와서 야명주(夜明珠)를 보내왔다.

재위 16년인 420년 3월에 왕이 세상을 떠난다.

19. 구이신왕(久爾辛王)

▌ 405~427년, 재위 420년 3월~427년 12월

전지왕의 장자로 왜국 공주 팔수왕후의 소생이다. 전지가 왜국에서 돌아올 때 임신한 몸으로 함께 돌아왔다. 전지왕이 세상을 떠나자 즉위하였다.

구이신왕이 16세의 어린 나이에 즉위하자, 모후인 왜국 공주 팔수왕후가 섭정을 하면서 임나가야(任那伽倻)의 권력자인 목만치(木滿致 : 신라 여인과 왜인 아버지 목라근자木羅斤資 사이에 태어남)를 궁으로 불러들이고 음행을 벌리면서 정사를 농락하였다.

재위 8년인 427년 12월에 구이신왕이 세상을 떠난다.

이후 팔수왕후의 섭정으로 조정이 문란해지고 백성들의 원성이 높아지자 전지왕의 둘째 왕후 해씨 세력이 팔수왕후와 목만치를 제거하고 자신의 아들을 새로운 왕으로 옹립한 것으로 추정된다.

20. 비유왕(毗有王)
▍?~455년, 재위 427년 12월~455년 9월

전지왕의 아들로 왕후 해씨 소생이다. 용모가 수려하고 언변이 뛰어나며 인재를 중시하여 백성들의 존경을 받았다고 한다. 외척 해씨 세력의 도움으로 즉위한 비유왕은 목만치와 팔수왕후의 폭정으로 문란해진 조정을 정비하고 전국을 순회하며 흐트러진 민심을 달래었다.

재위 2년인 428년에 왜국에서 응신천황이 50여 명의 대규모 사신단을 보내오는데 백제의 조정 내에서 권력투쟁에서 밀려난 자신의 딸인 팔수왕후를 데려오기 위하였을 것으로 생각된다.

재위 3년인 429년에 송나라에 사신을 보내고 또한 왜국과도 계속 동맹관계를 유지하였다.

고구려는 한반도 남쪽으로 세력을 넓히려는 정책을 펴던 장수왕(長壽王)이 평양으로 도성을 옮겼으며, 신라는 고구려의 간섭에서 벗어나려는 정책을 폈다.

재위 7년인 433년에 백제는 고구려 장수왕의 평양 천도에 위협을 느껴 신라의 눌지왕(訥祗王)에게 사신을 보내 화친을 청하여 동맹을 맺는다. 이때 맺은 나제동맹(羅濟同盟)은 백제와 신라의 두 번째 맺는 동맹으로 고구려의 남진정책을 견제하기 위하여 이루어진 것이다.

이에 반발하여 고구려는 454년에 신라를 공격하였고, 455년에는 백제를 침범하였다.

455년 이 해에 왕이 세상을 떠난다.

『삼국사기』에 "검은 용(黑龍)이 한산에 나타나다"라고 기록하고 있는데, 당시 정변이 일어나 왕이 살해되어 시신이 노지(露地 : 들판)에 방치된 것으로 보인다.

21. 개로왕(蓋鹵王)

▎ ?~475년, 재위 455년 9월~475년 9월

이름은 경사(慶司)이며, 비유왕의 장자이다. 비유왕이 갑자기 세상을 떠나 왕위에 올랐다.

그 당시는 선왕 대에 신라와 동맹을 맺고 고구려의 남진정책을 견제하는 상황이었다.

즉위 원년 12월에 고구려가 쳐들어 왔으나 동맹국 신라에 구원을 청하여 신라의 도움으로 고구려의 침공을 막아냈다.

재위 15년인 469년 10월에 쌍현성(雙峴城)을 수리하고 북한산성을 지켜 고구려의 침공에 대비하였다.

재위 18년인 472년에 외교적으로는 당시 고구려와 중국 위나라는 왕실 사이에 혼인 문제로 사이가 안 좋았는데 위나라에 사신을 보내 자주 침공하는 고구려를 징벌하여 줄 것을 청하였다.

이 사실을 알게 된 고구려 장수왕은 백제를 공격하기로 결정하고 사전 작업으로 승려 도림(道琳)을 첩자로 백제로 보낸다. 도림은 개로왕에게 접근하여 감언이설로 왕을 꼬여 호화스럽고 방탕하게 생활하게 하고 궁궐을 중수하는 등 백제의 국력을 소진하게 한다.

그런 후 475년 9월에 고구려 왕 거련(巨璉 : 장수왕)이 군사 3만으로 백제의 왕도 한성을 일시에 공격하였다.

고구려의 대대적인 침공을 받은 개로왕은 도림에게 속은 것을 알고 후회하며 급히 왕자 문주(文周)를 신라에 보내 구원을 요청하였으나 백제의 한성은 신라의 구원군이 오기 전에 함락된다. 개로왕은 피신하다가 백제를 배반하고 고구려의 앞잡이가 된 재증걸루(再曾桀婁)와 고이만년(古爾萬年)에게 붙잡혀 아차산성 아래에서 죽임을 당한다.

22. 문주왕(文周王)

▌?~477년, 재위 475년 9월~477년 9월

개로왕의 아들이다. 왕자로 있을 때 최고 관직인 상좌평(上佐平)으로 부왕인 개로왕을 도왔다.

고구려가 한성을 공격해 오자 급히 신라 자비왕(慈悲王)에게 구원을 요청하여 군사 1만을 얻어 돌아왔으나, 이미 개로왕이 죽어 아버지를 이어 왕위에 올랐다.

즉위 원년인 475년 10월에 고구려군은 돌아갔지만 한성은 황폐하게 되었고 또다시 고구려가 언제 침공할지 모르기에 국도를 웅진(熊津 : 공주)으로 옮기었다.

백제는 한성이 함락되면서 초토화 되고 한강유역을 빼앗김으로써 큰 타격을 받게 되어 혼란에 빠지게 된다. 본거지를 잃은 왕족 부여씨(夫餘氏), 귀족인 해씨(解氏), 진씨(眞氏)들은 이미 남쪽에 정착하고 있던 연씨(燕氏), 사택씨(沙宅氏) 등의 마한계 세력과 갈등을 보인다.

재위 2년인 476년 2월에 웅진의 대두산성(大豆山城)을 수리하고 한강 이북의 백성들을 옮겨 살게 하였다. 이 해 3월에 남송(南宋)에 사신을 보내려 하였으나 해상을 장악한 고구려의 저지로 이루지 못하였다.

문주왕은 8월에 해씨 세력의 핵심인 해구(解仇)를 병관좌평(兵官佐平)에 임명하였다. 고구려의 침공으로 개로왕이 죽고, 지배층의 내부 갈등을 겪으며 혼란을 수습하지 못하는 상황에서 왕의 권위는 추락하고 외척인 해씨 세력이 왕권을 능가하는 힘을 가지게 된다.

재위 3년인 477년 2월에 비로소 겨우 궁이 마련되어 왕은 궁궐에 머물게 되었고, 이 해 4월에 장자 삼근(三斤)을 태자로 삼고, 문주왕의 아우 곤지(昆支)를 내신좌평(內臣佐平)에 임명하였다.

그리고 두 달 후에 곤지가 죽는데, 왕의 핵심 세력과 해씨 세력 사이에 권력 투쟁이 벌어진 것으로 보인다.

『삼국사기』에 "5월에 웅진에 검은 용이 나타났다"라는 기록이 있다. 이 해 9월에 병관좌평 해구가 사냥터에 자객을 보내 문주왕을 살해하였다.

23. 삼근왕(三斤王)

| 465~479년, 재위 477년 9월~479년 11월

삼근(三斤 : 일명 임걸王乞, 문근文斤이라 한다)은 문주왕의 장자로 13세의 어린 나이에 즉위하였다. 그러나 문주왕을 시해하고 어린 왕을 세운 해구가 나라의 모든 권력을 행사하게 된다. 모든 권력이 해씨 세력에 집중되자 마한계 토착 세력과 다른 귀족들이 반발하였다.

재위 2년인 478년 2월에 왕실 외척의 양대 파벌인 진씨 세력의 거두인 좌평 진남(眞南)이 군사 2천으로 궁궐을 장악하였다. 해씨 세력의 해구는 은솔(恩率) 연신(燕信)과 함께 백강(白江 : 금강) 북쪽 대두성(大豆城 : 공주 사곡면 무성산성)으로 도망갔는데, 삼근왕은 덕솔(德率) 진로(眞老)에게 명하여 대두성을 공격하게 하고 아버지 문주왕을 시해한 해구를 잡아 죽인다. 해구와 함께 있던 은솔 연신은 고구려로 달아났다. 이로서 해씨 세력은 몰락하고 진씨 세력이 권력을 잡게 된다.

재위 3년인 479년 11월에 해씨 세력에 의해 왕이 된 삼근왕이 세상을 떠나는데, 진씨 세력에 의하여 폐위되었을 가능성이 있으나 기록에는 없다.

24. 동성왕(東城王)

> ▌ ?~501년, 재위 479년 11월~501년 11월

이름은 모대(牟大)이며, 문주왕의 아우로 해씨 세력에 의해 살해된 곤지의 아들이다. 462년에 곤지가 왜국에 갈 때 함께 가 머물렀는데, 삼근왕이 죽게 되어 진씨 세력의 조정은 왜국에 있는 모대를 불러들여 왕으로 즉위하게 하였다.

즉위 초기에는 진씨 세력이 권력을 장악하였는데, 사씨(沙氏), 백씨(苩氏), 연씨의 세력이 이후에 등장한다.

동성왕은 백제의 옛 명성을 되찾기 위하여 많은 힘을 썼다.

즉위 6년에 내법좌평(內法佐平) 사약사(沙若思)를 남제(南齊)에 사신으로 보내고, 8년 2월에 백가(苩加)를 위사좌평(衛士佐平)으로 삼고, 7월에는 궁궐을 중수하고 우두성(牛頭城)을 쌓아 외적의 침입에 대비하였다.

재위 10년인 488년에 대륙에서는 북위(北魏)가 대방 땅에서 백제를 몰아내려고 침공해 왔는데, 왕은 저근(姐瑾), 양무(楊茂) 등의 장군을 보내 막아냈다.

재위 12년인 490년에 다시 북위가 쳐들어왔으나, 백제 장수 사법명(沙法名)이 전략으로 막아 대승을 거두었다.

이후 백제의 국력은 강해지게 되고, 자신감을 갖게 된 백제는 고구려의 남진을 효과적으로 저지하기 위하여 동성왕은 재위 15년인 493년 3월에 신라에 사신을 보내 혼인을 청하였다. 이에 신라는 이찬(伊飡) 비지(比智)의 딸을 보내 나라 간에 혼인으로 동맹을 맺게 된다.

재위 16년인 494년 7월에 고구려가 신라를 공격하자, 동성왕은 신라의 견아성(犬牙城)으로 백제 군사를 보내 신라를 돕는다.

495년 8월에 이 때문에 고구려는 보복으로 백제의 치양성(雉壤城)을

공격하였는데, 이번에는 신라가 덕지(德智) 장군을 보내 백제를 구원하였다.

이렇게 백제와 신라 두 나라는 공동전선으로 연합하여 고구려의 남진을 효과적으로 막아낸다. 이로써 백제와 신라는 역사 이래 가장 우호적이고 돈독한 화친관계를 가지게 된다.

재위 19년인 497년에 진씨 세력의 진로가 죽는데, 연돌(燕突)을 병관좌평으로 임명하며 이후 진씨 세력은 기록에 등장하지 않는다.

498년에 도성에 웅진교(熊津橋)를 설치하였다. 이 해 8월에 탐라(耽羅)에서 조공을 보내오지 않자 왕은 직접 군사를 이끌고 탐라를 징벌하러 갔다. 왕이 무진주(武珍州 : 광주)에 이를 때 탐라가 사신을 보내어 사죄하자 군사를 돌려 돌아왔다. 이는 백제의 권위를 내세우고 왕권을 강화하려던 것으로 보인다.

이후 동성왕은 자만하고 사치와 향락에 빠져 든다. 나라에는 흉년과 괴질로 백성이 굶주려 서로 잡아먹을 정도인데, 궁 동쪽에 연못을 파고 임류각(臨流閣)을 세우고 술과 노래로 지내며 신하들이 간하여도 듣지 않았다.

재위 23년인 501년 11월에 위사좌평 백가가 자객을 보내 사냥을 한 후 마포촌(馬浦村)에 머물던 동성왕을 칼로 찔러 시해하여 왕이 세상을 떠나게 된다.

25. 무령왕(武寧王)

▌ 462~523년, 재위 501년 11월~523년 5월

"이름은 사마(斯摩), 동성왕의 둘째 아들이다"라고 『삼국사기』는 기록한다. 그러나 곤지의 아들이며 동성왕의 이복동생으로 생각된다.

서기 462년에 곤지가 왜국에 갔을 때 임신한 부인과 함께 왜국으로 가다가 각라도에서 태어나 왜국에 머물며 이름을 사마(섬)라고 불렸기 때문이다.

무령왕은 신장이 8척이며 눈매가 잘 생기고 인자하고 너그러워 민심이 그를 따랐다는 기록으로 보아 동성왕 때에 왕의 신임을 받았던 것으로 생각된다.

즉위 원년 정월에 동성왕을 죽인 위사좌평 백가를 토벌하여 목을 베어 백강에 던져 버렸다. 그리고 이 해 11월에 고구려와의 전쟁을 벌려 고구려의 수곡성(水谷城)을 공격하였다. 이후 무령왕은 고구려의 남진을 적절하게 막으면서 백제의 중흥을 도모한다.

재위 6년인 506년에 나라에 괴질이 돌고 가뭄으로 흉년이 들었다.

재위 7년인 507년 5월에 고구려 장수 고로(高老)가 한성을 침공해 왔으나 물리쳤다.

재위 12년인 512년 9월에는 고구려의 공격으로 가불성(加弗城)을 빼앗겼는데, 왕이 직접 기병 3천을 거느리고 위천(葦川)에서 고구려군을 공격하여 대승을 거두고 되찾았다. 이에 백제는 사기가 오른다.

이후 자신감을 갖게 된 왕은 고구려와의 전쟁을 자제하면서 민생 안정에 힘을 썼다. 그리고 섬진강 유역에 있던 섭나가야를 병합하여 영토 확장을 하는 등 내실을 기하였다.

재위 21년인 521년 11월에 사신을 중국 양(梁)나라에 보내 고구려를 무찌르고 강국이 되었음을 알리었다.

재위 23년인 523년 2월에 무령왕은 한성에 행차하여 한수 이북의 15세 이상의 백성을 동원하여 쌍현성을 쌓아 고구려와 말갈의 침입에 대비하였다. 개로왕이 죽은 이후 침체되던 백제는 점차 무령왕 대를 거치며 어느 정도 국력을 회복하게 된다.

이 해 5월에 62세의 무령왕이 한성에서 돌아와 세상을 떠난다.

26. 성왕(聖王)

┃ ?~554년, 재위 523년 5월~554년 7월

이름은 명농(明穠)이며 무령왕의 아들이다. 무령왕이 죽게 되자 왕위에 올랐다. 지혜와 식견이 뛰어나고 일을 처리함에 결단성이 있어 백성들이 성왕이라 하였다.

즉위 원년 8월에 고구려가 침공해 오자, 패수에서 물리쳤다.

재위 7년인 529년 10월에 고구려의 안장왕(安藏王)이 침공해 왔는데, 죽은 자가 2천여 명에 이르는 대패를 하였다.

그 당시 가야는 무령왕 때에 백제가 섭나가야를 병합하자 백제와 반목하는 사이였다.

성왕은 백제의 새로운 발전의 계기를 마련하기 위하여 재위 16년인 538년 봄에 왕은 도읍을 사비(泗沘 : 부여)로 옮기고, 잠시 나라 이름을 남부여(南夫餘)라고 바꾸었다. 성왕은 고구려에 패망한 부여의 후손임을 천명하면서 투혼을 불태웠다.

성왕은 비장한 각오로 고구려에 빼앗긴 한강유역을 되찾기 위하여 신라와 연합하여 고구려를 공격하였다. 그 결과 백제는 한강 하류의 6군을 회복하였고, 신라는 한강 상류의 10군을 차지한다.

그런데 신라의 진흥왕(眞興王)은 고구려, 백제, 가야의 역학관계를 이용하여 553년 7월에 고구려와도 모종의 밀약을 맺는다. 이로써 백제와의 동맹을 깨고 백제를 공격한다. 신라는 백제의 한강지역을 점령하였으며 신주(新州)를 설치하고 한성까지 대대적으로 백제를 공격한다.

이에 백제 성왕은 크게 위기를 맞게 되어 할 수 없이 10월에 성왕의 딸을 신라 진흥왕에게 시집을 보내 휴전을 요청하며 공격을 멈추게 하고는 눈물을 머금고 사비성으로 돌아온다.

신라의 배반으로 한강유역을 모두 빼앗기고, 고구려 정벌에 대한 계획도 위기를 맞는다. 이에 신라에 대하여 복수의 칼을 갈던 성왕은 가야 구형왕에게 시집온 신라 왕녀의 시종 문제로 신라와 관계가 나빠진 가야와 왜국의 지원병들과 연합하여 신라를 공격하기로 한다.

재위 32년인 554년 7월에 성왕은 직접 정병 3만을 이끌고 신라를 공격하다가 관산성(管山城 : 옥천 인근)에서 신라의 복병에게 붙잡혀 살해당한다.

27. 위덕왕(威德王)
┃ 525~598년, 재위 554년 7월~598년 12월

이름은 창(昌)이며 성왕의 장남이다. 태자 창은 부왕인 성왕과 함께 관산성 전투에 참여하였는데, 성왕이 태자 창의 진영을 위문하러 오다가 신라의 복병에 잡혀 죽임을 당하였다. 부왕의 죽음이 자신의 책임이라는 죄책감으로 출가하여 승려가 되려 하였으나, 신하들의 만류로 30세의 나이에 왕위에 오른다.

위덕왕이 즉위한 지 석 달 만인 554년 10월에 신라가 북쪽의 길을 열어 주어 고구려가 웅천성(熊川城)까지 공격해 온다. 성왕이 죽은 지 불과 3개월 만으로 위덕왕은 사력을 다해 방어하여 가까스로 고구려군을 물리쳤으나, 고구려와 신라가 연합하여 공격해 오자 크게 위협을 느낀 위덕왕은 왜국과 가야와의 연합의 필요성을 절실하게 느끼게 된다.

재위 2년인 555년 2월에 왕의 아우 계(季 : 훗날 혜왕)를 왜국에 보내 구원을 요청하여, 이듬해 1월에 왜군 1만을 데리고 귀국한다.

재위 9년인 562년에 백제는 가야와 밀약하여 신라의 서변을 침공하고, 가야는 내부를 수습하고 신라의 아래를 치는 양동작전을 벌이지만 신라군의 반격에 백제군은 패퇴한다. 신라 진흥왕은 이를

빌미로 이사부(異斯夫)로 하여금 일시에 가야를 치니, 가야는 멸망하게 된다.

왜국은 가야를 통해 식량과 문물을 교류해 왔는데 가야가 멸망하게 되자, 왜국은 문물 교역 등의 어려움에 처하게 될 것을 염려하여 백제에 군사를 보내 신라를 공격하였다. 그러나 왜군은 신라의 전략에 말려 패하고 백제 진영으로 물러나게 된다. 신라는 왜국과 연합한 백제군을 물리쳤지만, 이후 왜국과 연합한 백제를 감히 공격하지 못하게 된다.

위덕왕은 신라와 고구려에 대하여 강공정책을 펴고, 외교적으로는 고구려를 고립시키는 전략을 꾀하였다.

재위 36년인 589년에 대륙에서는 수(隋)나라가 진(秦)나라를 멸망시키고 대륙을 통일한다.

이때 진나라와 싸웠던 수나라의 배가 탐라까지 표류하여 왔는데, 이들을 구해 주고 돌아갈 때 선물과 함께 후대하여 보내니 수나라의 고조(高祖)가 고마움을 표하였고 백제를 신임하게 된다.

재위 45년인 598년에 수나라와 고구려가 요동에서 전쟁을 치렀는데, 사신을 수나라에 보내 수나라가 고구려를 공격하면 백제가 남쪽에서 공격하겠다고 제의를 하였다. 그러나 4차례나 고구려 공략에 실패한 수나라 문제(文帝)는 재침의 여력이 없어 위덕왕의 제의를 받아들이지 않는다. 이러한 사실을 알게 된 고구려는 백제의 북변을 침략하여 보복하고 돌아간다.

이 해 12월에 위덕왕은 이러한 상황에서 74세의 나이로 세상을 떠난다.

28. 혜왕(惠王)

▌ ?~599년, 재위 598년 12월~599년 12월

이름은 계(季)이며 성왕의 둘째 아들이다. 555년, 위덕왕 때에 왜국에 가서 구원군을 데려오기도 하였다.

성왕이 관산성에서 죽으면서 당시 태자로 전투에 참여하였던 위덕왕에 대한 책임 문제가 조정 내에서 있었다. 이는 왕권은 약해진 반면에 조정 중신들의 권력이 강해진 것을 의미한다.

598년 12월에 위덕왕의 아들 아좌태자(阿佐太子)가 왜국에 나가 있을 때 위덕왕이 죽어 왕위에 올라야 하지만, 아좌태자에게 왕위가 승계 안 된 것으로 보아 왕위 찬탈의 의심이 있다.

599년에 혜왕도 이미 70이 넘은 나이로 즉위하였기에 재위 1년 만에 세상을 떠난다.

29. 법왕(法王)

▌ ?~600년, 재위 599년 12월~600년 5월

이름은 선(宣 : 효순孝順이라고도 함)이며 혜왕의 장자이다. 70세가 넘은 혜왕이 즉위하고 얼마 안 되어 죽으니 혜왕의 장자인 법왕이 즉위하였다.

즉위하면서 살생을 금하는 등 엄격한 불교의 계율을 국법에 도입하였고, 600년 정월에 왕흥사(王興寺)를 창건하고 승려 30명을 두는 등 불교의 중흥에 힘썼다. 이러한 조치는 쇠약한 국력을 불교의 힘을 빌려 호국불교로 승화시키려는 뜻이 담겨져 있을 것이다.

이 해 5월에 즉위 5개월 만에 왕이 세상을 떠나는데 특별한 기록이 없다.

30. 무왕(武王)

▎ ?~641년, 재위 600년 5월~641년 3월

"이름은 장(璋)이며, 법왕의 아들이다"라고 『삼국사기』는 말한다.

600년 5월에 법왕이 죽어 신하들의 추대에 의하여 왕위에 올랐으며 풍채가 훌륭하고 호방하며 기상이 걸출하였다고 한다. 그리고 무왕은 어린 시절에 홀어머니 밑에서 마(薯)를 캐며 어렵게 지내와 서동(薯童) 이라는 별명을 갖게 되었다고 한다.

무왕이 법왕의 아들인데 홀어머니 밑에서 마를 캐며 어렵게 지낸 것은 당시 귀족들 간에 심한 권력 투쟁이 있었고, 조부인 혜왕과 부왕 인 법왕이 재위 2년 만에 죽는 것으로 보아 권력의 뒤편으로 밀려나 있었던 것으로 추정된다.

이러한 와중에 즉위한 무왕은 다양한 외교정책을 펴고 정복정책을 활발히 전개하였으며, 왕권을 강화하여 백제의 중흥을 위하여 많은 노력을 한다.

재위 3년인 602년에 신라의 아모산성(阿莫山城 : 음성 일대)을 공격하 였으나 실패하였다. 이후에도 빈번히 신라의 서쪽 변방을 공격하여 가잠성(椵岑城)을 공격하고 성주 찬덕(讚德)을 죽이기도 한다.

재위 5년인 604년에 대륙에서는 수나라의 양광(楊廣 : 양제)이 아버지 양견(楊堅 : 문제)을 죽이고 황제를 찬탈하는 사건이 일어났다.

재위 8년인 607년에 무왕은 이러한 역학관계를 이용하여 수나라에 고구려를 함께 치자고 제의한다.

재위 13년인 612년에 수나라 양제가 고구려를 침공하였으나, 백제 는 지켜만 볼 뿐이었다.

결국 수나라의 고구려 침공은 실패하게 되고 이로 인하여 국력이 쇠약해진 수나라는 내분이 일어나고 반란으로 몰락하게 되는데, 618

년에 이연(李淵)이 세력을 규합하여 중국에서는 새로운 당(唐)나라가 세워진다. 대륙에서 한바탕 회오리가 몰아치는 동안 백제와 신라의 전쟁은 계속되고 일진일퇴를 거듭한다.

재위 28년인 627년에 무왕은 웅진성에 대군을 집결하여 신라에 대하여 전면전을 선포하고 백제의 빼앗긴 땅을 찾으려 하였다. 이에 겁을 먹은 신라의 진평왕(眞平王)은 당나라에 사신을 보내 도움을 요청하였는데, 백제의 무왕도 복신(福信)을 당나라에 사신으로 보내 백제의 나라 사정을 전하며 당나라의 비위를 맞추었다. 이에 당나라는 신라와 백제가 서로 싸우지 말고 화친하라고 권고한다.

재위 33년인 632년에 장남 의자(義慈)를 태자로 봉하고, 이후에도 몇 차례 신라를 공격하여 승리를 하였다.

이후 백제는 사기가 올랐고 정치적으로도 안정을 하게 되면서 신라와의 전쟁에서 승리한 무왕은 이를 바탕으로 위덕왕 때에 약화된 왕권을 강화할 수 있었고 국제적인 외교관계에서도 능동적으로 대처할 수 있게 된다.

왕권이 강화된 무왕은 익산(益山)에 별도의 도성을 건설하면서 사비성을 수리하고 미륵사(彌勒寺), 왕흥사(王興寺)를 세우고 634년에는 대궐 남쪽에 연못을 파고 연회를 즐기는 등의 여유를 보이었다. 당나라와도 관계가 좋아 사신이 왕래하면서 갑옷과 조각한 도끼 등의 선물을 보내고, 640년에는 왕자들을 당나라 국학에 입학시켜 달라고 청하기도 하였다.

재위 42년인 641년 3월에 추락하던 백제 위상을 높이고 나라를 안정시키었던 무왕은 40여 년의 치세의 생을 마감하고 갑자기 세상을 떠나게 된다.

『삼국유사』의 기록에는 신라 진평왕의 딸 선화공주(善花公主)를 아내로 맞이하였다고 하며 서동요(薯童謠)와 선화공주의 일화를 소개하는데, 주인공 서동이 무왕, 동성왕, 무령왕이라는 각기 상반된 설이 있다.

서동설화는 마를 캐는 서동이 신라의 진평왕의 딸 선화공주가 예쁘
다는 소문을 듣고 신라의 서라벌에 가서 아이들에게 마를 나누어주며
다음과 같은 「서동요」를 부르게 한다.

선화공주님은(善花公主主隱)
남몰래 사귀어 두고(他密只嫁良置古)
서동방을(薯童房乙)
밤에 몰래 안고 간다(夜矣卯乙抱遣去如)

마침내 이 노래가 대궐까지 퍼지게 되고, 진평왕은 행실이 바르지
못하다며 선화공주를 쫓아낸다. 이를 불쌍히 여긴 왕비는 공주에게
황금을 준다.

귀양지 길목에서 기다리던 서동이 공주를 맞아 인연을 맺게 되었고
공주가 황금을 내놓자, 서동은 자신이 마를 캐는 곳에 그러한 것이 많
이 있어 산처럼 싸 놓았다고 한다.

이에 공주와 서동은 돌아와 황금을 캐어 진평왕에게 보내고, 흡족
한 진평왕은 이들의 혼인을 허락한다. 그리고 이를 기회로 서동이 명
성을 얻어 왕이 되었다는 이야기이다.

31. 의자왕(義慈王)
▌ ?~?, 재위 641년 3월~660년 7월

무왕의 맏아들로서, 무왕 재위 33년(632년)에 태자로 책봉되었고,
641년에 무왕이 세상을 떠나자 왕위를 계승하였다. 부모에 효심이 깊

고 형제간에 우애가 남달라 중국의 현인중자와 같다하여 해동증자(海東曾子)로 불리었다고 『삼국사기』는 기록한다.

의자왕은 즉위하여 선왕의 유업을 이어받아 더욱 왕권을 강화하였다. 또한 대외관계에서 고구려와는 화친을 맺으며 신라에 대해서는 더욱 강경하게 대처하였다.

재위 3년인 642년 7월에 왕이 직접 군사를 이끌고 신라를 공격하여 40여 개의 성의 항복을 받았고, 8월에는 장군 윤충(允忠)이 신라 대야성(大耶城)을 공격하여 함락시키고 성주 품석(品釋)과 그 처자를 죽인다.

재위 3년인 643년 11월에 고구려 보장왕에게 사신을 보내 화친하고 신라의 당항성(黨項城)을 공격하였다.

재위 4년인 644년 정월에 왕자 융(隆)을 태자로 세우고 대사면령을 내리었다. 이 해 9월에 신라 장군 김유신(金庾信)이 공격해 왔는데, 7개 성을 빼앗겼다.

재위 5년인 645년 5월에 당나라 태종(太宗)이 고구려를 공격하려고 신라 군사를 징발한다는 말을 듣고 이 틈을 이용하여 신라를 습격함으로써 신라의 7개 성을 빼앗았다.

재위 9년인 649년에 당나라 태종 이세민(李世民)이 죽게 되자, 신라를 다시 공략하여 석토(石吐) 등의 7개 성을 빼앗았다.

재위 11년인 651년에 계속되는 백제의 공격에 신라는 김춘추(金春秋)의 맏아들 법민(法敏)을 당나라에 보내 도움을 요청하였다. 신라의 구원 요청을 받은 당나라 고종(高宗)은 신라와 원한을 풀고 서로 화목하라는 조서를 백제에 보냈다.

재위 12년인 652년에 의자왕은 당나라에 사신을 보내어 백제의 사정을 알려 당나라를 달래고 고구려와도 긴밀한 관계를 유지하였다.

재위 13년인 653년 8월에는 왜국에 사신을 보내 화친을 하는 등 외교적인 노력을 많이 하여 안정적으로 나라를 다스리었다.

재위 15년인 655년 2월에 태자의 궁을 사치스럽게 화려하게 수리하고, 망해정(望海亭)을 세웠다. 8월에는 고구려와 함께 신라의 30여개 성을 공격하여 빼앗으니 백제의 사기는 더욱 올라갔다.

이후 의자왕은 자만하게 되고 향락에 빠져 궁인들과 더불어 음탕하게 지냈는데, 백성들의 원성이 높아졌다. 좌평 성충(成忠)이 충심어린 말로 간하였으나 의자왕은 성충을 옥에 잡아 가두었고, 성충은 옥중에서 식음을 전폐하다가 죽는다.

이때 연이어 신라의 구원 요청을 받은 당나라는 고구려를 정벌하기 위해서는 그 전에 백제를 정벌하고 신라와 함께 남쪽과 북쪽에서 동시에 고구려를 공격하는 것이 유리하다고 판단하고 백제 정벌을 결정한다.

재위 20년인 660년에 당나라 고종이 소정방(蘇定方)에게 군사 13만명을 보내어 배를 이용하여 백강(白江)으로 건너게 하여, 신라의 김유신이 이끄는 군사 5만 명과 황산벌에서 연합하여 백제를 일시에 공격하도록 한다.

백제의 장군 계백(階伯)이 5000여 명의 결사대를 이끌고 황산벌에서 네 번 싸워 신라군을 물리치었으나, 결국 힘이 부족하여 계백은 전사하고 나머지 병력들은 합세하여 대항하였지만 결국 버티지 못하고 패하게 된다.

배로 들어온 당나라 군사들이 사비성을 포위하고 끈질기게 공격을 하자, 의자왕은 버티지 못하고 마침내 항복을 한다.

이때가 의자왕 재위 20년인 660년 7월 18일이었다.

소정방은 의자왕과 태자 효(孝), 왕자 태(泰), 융(隆), 연(演)과 대신 88명과 백제 백성 1만 2807명을 당나라로 잡아갔다. 그리고 당나라는 백제 땅에 웅진(熊津), 마한(馬韓), 동명(東明), 금련(金連), 덕안(德安) 등 다섯개의 도독부를 두고, 좌위낭장(左衛郎將) 왕문도(王文度)를 웅진 도독으로 삼아 백성을 다스리게 하였다. 얼마 후에 왕문도가 죽자 유인궤(劉仁軌)가 웅진 도독을 대직하였다.

그러나 백제는 비록 의자왕이 나당연합군(羅唐聯合軍)에게 항복을 하였지만 뜻있는 장수들에 의하여 부흥운동이 일어나게 된다. 무왕의 조카인 복신(福信)이 승려 도침(道琛)과 더불어 왜국에 볼모로 가있던 옛 왕자 부여풍(扶餘豊)을 왕으로 맞는다. 그런 후 백제의 부흥을 위하여 왜군과 함께 나당연합군을 공격하여 항거하였다. 그리고 유인궤가 이끄는 당나라 수군과 백강 어귀에서 맞서 싸웠으나 백제 부흥군과 왜선 400여 척이 불타고 결국 백제 부흥군은 패하게 된다.

지수신(遲受信) 만이 임존성(任存城 : 예산 인근)에서 끝까지 항전하였고, 흑치상지(黑齒常之)도 흩어진 자들을 모아 항전하였는데, 부흥군의 내부 갈등이 일어나 복신이 도침을 죽이고 또 부여풍이 복신을 죽이니 복신을 따르던 흑치상지도 항복하고 지수신은 고구려로 도망가게 된다.

이로써 백제의 부흥운동도 모두 평정되며 온조왕이 기원전 18년에 위례에 자리를 잡고 나라를 건국한 이래 31명의 왕으로 이어온 678년의 백제는 역사 속으로 사라지고 국계(國系)가 끊기게 된다.

백제 왕 계보도(百濟 王系譜圖)

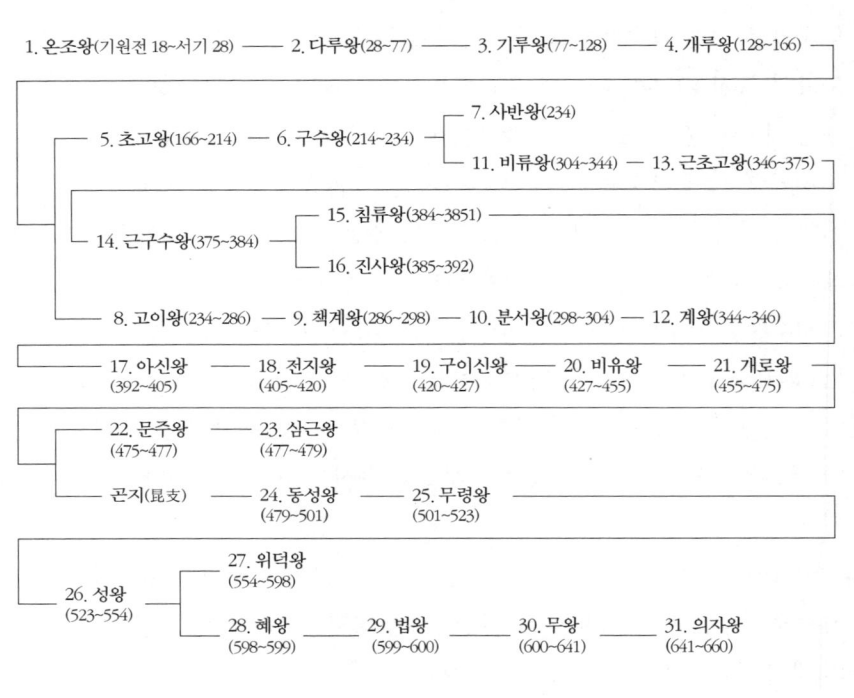

1. 온조왕(기원전 18~서기 28) —— 2. 다루왕(28~77) —— 3. 기루왕(77~128) —— 4. 개루왕(128~166)

5. 초고왕(166~214) — 6. 구수왕(214~234)
- 7. 사반왕(234)
- 11. 비류왕(304~344) — 13. 근초고왕(346~375)

14. 근구수왕(375~384)
- 15. 침류왕(384~3851)
- 16. 진사왕(385~392)

8. 고이왕(234~286) — 9. 책계왕(286~298) — 10. 분서왕(298~304) — 12. 계왕(344~346)

17. 아신왕(392~405) —— 18. 전지왕(405~420) —— 19. 구이신왕(420~427) —— 20. 비유왕(427~455) —— 21. 개로왕(455~475)

22. 문주왕(475~477) —— 23. 삼근왕(477~479)

곤지(昆支) —— 24. 동성왕(479~501) —— 25. 무령왕(501~523)

26. 성왕(523~554)
- 27. 위덕왕(554~598)
- 28. 혜왕(598~599) —— 29. 법왕(599~600) —— 30. 무왕(600~641) —— 31. 의자왕(641~660)

한반도의 남쪽에는 단군조선 이래 토착 세력인 삼한(三韓 : 마한馬韓 54국, 진한辰韓 12국, 변한弁韓 12국)이 존재하고 있었다. 이중에서 마한이 가장 강력한 집단으로 왕은 월지국(月支國)에 있으면서 진한과 변한의 수장을 임명하였다고 한다.

대륙에서는 진시황(秦始皇)이 중원을 통일하고 흉노의 침입을 막기 위하여 만리장성을 축조하였는데, 기원전 220년경 진(秦)나라에 병합된 연(燕)나라 사람들이 노역을 피해 한반도에 들어 왔고, 기원전 190년경에는 위만(衛滿)에 밀려난 번조선(番朝鮮 : 단군조선의 일부)의 준왕(準王)을 따라 유민들이 한반도로 내려와 지금의 충청도와 호남 지역에 목지국(目支國)을 세운다.

이후에도 한(漢)나라에 밀린 고조선 일부 유민이 경상도 지역으로 내려왔는데, 마한의 왕은 이들에게 마한의 동쪽에 땅을 내어주고 살게 하였다.

신라는 사로국(斯盧國)이라는 작은 나라로 진한, 변한 24개의 소국 중의 하나였다. 마한의 지배력이 약해지는 사이에 사로국을 중심으로 조선 유민이 여섯 부락으로 나누어 살았는데, 즉 알천(閼川)의 양산촌(楊山村), 돌산(突山)의 고허촌(高墟村), 취산(嘴山)의 진지촌(珍支村), 무산(茂山)의 대수촌(大樹村), 금산(金山)의 가리촌(加利村), 명활산(明活山)의 고야촌(高耶村)이다. 이를 진한의 6부(六部)라고 하는데 이 여섯 부족이 힘을 모아 서라벌(徐羅伐 : 신라)이 탄생하고 박혁거세(朴赫居世)가 여섯 부족의 촌장들에 의하여 왕으로 추대된다.

이후 변한을 흡수하여 영토 확장을 하면서 국가로 발전하였다.

신라(新羅)라는 국호는 지증왕(智證王) 대(代)에 확정지게 되는데 '덕업일신 망라사방(德業日新 網羅四方)', 즉 "덕(德)이 날로 새로워지고(新) 사방을 망라(羅)한다"라는 의미이다.

불국사

1. 시조 혁거세 거서간(赫居世 居西干)

❙ 기원전 69년~서기 4년, 재위 기원전 57년~서기 4년

"성은 박씨이며 이름은 혁거세로 기원전 57년 정월 15일에 즉위하였고, 칭호는 거서간이고 나이는 13세였으며 국호는 서나벌(徐那伐)이라 하였다.

이에 앞서 단군조선의 유민들이 나뉘어 여섯 촌락을 이루고 살았는데 고허촌장 소벌공(蘇伐公)이 양산(楊山) 아래 나정(蘿井) 우물 옆 숲에서 말이 울어 가보니 말은 보이지 않고 큰 알이 있어 깨뜨리니 어린아이가 나와 거두어 길렀는데, 나이 10여 세가 되자 장대하게 성숙하여 6부 사람들이 그 출생이 신기하므로 추존하여 임금으로 세웠다"라고 『삼국사기』는 기록하고 있다.

또 『삼국사기』에 의하면 재위 5년인 기원전 53년에 "정월 사량리(紗梁里)의 알영(閼英) 우물에서 용이 나타나 오른쪽 갈빗대에서 여자아이가 나와 할멈이 알영이라 이름 짓고 기르니 장성하여 행실이 어질고 덕기가 있어 왕이 비로 맞아들였다"라고 한다. 그리고 "사람들이 왕과 비의 출생이 신기하므로 이성(二聖)이라 하였다"고 한다.

이 설화에서 보듯이 박혁거세의 출신지역 양산과 알영의 사량리 지역이 서로 연합하였던 것으로 보인다.

재위 8년인 기원전 50년에 왜인이 침범하나 왕이 신덕(神德)이 있음을 듣고 이내 돌아갔다.

재위 17년인 기원전 41년에 왕이 왕비 알영과 함께 나라 6부를 순행하면서 농업과 누에치기를 권장하였다.

재위 19년인 기원전 39년 정월에 변한이 나라로써 항복해 왔다. 이로써 신라는 영토가 넓어지게 된다. 또한 이는 마한의 지배력이 약화되었음을 의미한다.

재위 21년인 기원전 37년에 서울(서라벌)에 성을 쌓고 금성(金城)이라 불렀으며, 이 해에 고구려의 시조 동명(東明)이 즉위하였다.

재위 38년인 기원전 20년 2월에 왕은 호공(瓠公 : 왜인으로 바다를 건너와 신하가 됨)을 마한에 사자로 보내었는데, 마한 왕이 원래 진한과 변한은 마한의 속국인데 근래 조공을 하지 않는다고 꾸짖었다. 이에 호공은 서라벌 나라에 두 성인이 출현하여 사회가 안정되고 백성들과 유민들이 따르고 천시가 조화를 이루고 있는데, 마한 왕께서 화를 내고 겁박한다며 힐책하듯 답변을 하였다. 이에 마한 왕이 화가나 호공을 죽이려 하자 신하들이 만류하여 신라로 돌아갔다.

이 기록은 신라가 점점 강력한 집단으로 성장하고 있다는 의미이며, 이 사건 이후 마한의 영향력은 점점 약화되어 가고 신라의 위상은 높아진다.

재위 40년인 기원전 18년에 백제의 시조 온조(溫祚)가 위례성(慰禮城)에서 즉위하였다.

『삼국사기』에 의하면 재위 60년인 서기 3년 9월에 "두 마리의 용이 금성 우물에 나타났다. 우레와 비가 심하고 성의 남문이 벼락을 맞았다"라고 기록하고 있는데, 이때 박혁거세는 72세의 노인이었고 두 마리의 용의 출현은 왕이 둘이 되었고 나라에 변란이 있었다는 것을 은유적으로 표현한 것으로 보인다.

서기 4년 3월에 "나라를 다스린 지 61년 만에 왕이 하늘로 올라갔다. 이레 뒤에 유해가 땅에 떨어졌으며 왕후도 역시 죽었다. 다섯 동강

난 몸뚱어리를 다섯 능에 각각 장사하고 이름을 사릉(蛇陵)이라 하였다"라고 한다.

이러한 『삼국사기』의 기록으로 보아 박혁거세는 정변에 의하여 살해되었고, 다섯 토막 난 시신을 7일 만에 수습하여 장례를 치르고 왕비도 함께 살해된 것으로 추정된다.

박혁거세는 알에서 나왔다고 하여 성은 박(朴 : 알의 크기가 박瓠만하다에서 유래), 혁거세(赫居世)는 "광명으로 세상을 다스리다"라는 뜻으로 해석되며, 거서간(居西干)은 신라 사람들이 마한을 서한이라 하였으므로 서쪽에 머무는 왕이라는 뜻으로 마한식 표기로 생각된다.

2. 남해 차차웅(南解 次次雄)
▌ ?~24년, 재위 4년~24년 9월

남해왕은 혁거세의 맏아들이며 어머니는 알영부인이다. 왕비는 운제부인(雲帝夫人) 또는 아루부인(阿婁夫人)이다. 아버지의 뒤를 이어 즉위하였다. 체격이 장대하고 성품이 깊고 지략이 많았다고 한다.

차차웅(자충慈充이라고도 함)이란 의미는 김대문(金大問)에 의하면 "무당의 방언으로 귀신을 섬기고 제사(祭祀)를 받드는 존장자를 자충(慈充)이다"라고 한다. 따라서 당시의 왕은 부족의 제사 등의 의례를 주관하는 존장자를 의미하였다.

그 당시 비록 남해왕이 왕위에 올랐지만, "두 분(혁거세와 알영)의 성인이 세상을 떠나시고 내가 백성들의 추대로 왕위에 올랐으나, 이는 잘못된 일이다"라고 탄식하는 기록을 보아 당시 나라에 변란이 있었음을 추정한다.

즉위 원년 7월에 낙랑(樂浪) 군사가 금성(金城)을 침공하여 가까스로 막아내니 물러갔다.

재위 5년인 서기 8년 정월에 탈해(脫解)에게 장녀 아효(阿孝)를 시집 보내 사위로 삼았다. 이후 재위 7년에 탈해를 대보(大輔)의 직책을 주 어 군사와 정치에 관한 일을 전담하게 하였다.

재위 11년인 14년에 왜인이 해변의 민가를 침략하니 6부의 병사들 이 막아내었다.

재위 16년인 19년 2월에 북명(北溟 : 강릉) 사람이 밭을 갈다 예왕(濊 王)의 인장(印章)을 주워 바치었다.

재위 19년인 22년에 괴질이 크게 돌아 사람들이 많이 죽었다.

재위 21년인 24년 9월에 왕이 세상을 떠나니 사릉원 안에 장사지내 었다고 『삼국사기』는 기록한다.

남해왕은 재위 내내 정치적 혼란과 재난에 시달렸던 것 같다. 때문 에 석탈해(昔脫解)를 중용하여 국정을 안정시키며 왕위를 유지한 것으 로 보인다.

3. 유리 이사금(儒理 尼師今)
▌ ?~57년, 재위 24년 9월~57년 10월

유리 이사금은 남해왕의 태자이다. 유리는 덕망이 있는 탈해에게 왕 위를 밀었으나 탈해가 신기(神器)와 대보(大寶)는 어질고 성스러운 성지 (聖智)의 인물이 받아야 하는데, 성지의 인물이 이(齒)가 많다고 하니 시 험으로 떡을 씹어 보자고 제의하였다. 유리의 잇금이 많았으므로 좌우 와 함께 받들어 유리를 왕으로 세우고 칭호를 이사금이라 하였다.

재위 2년 2월에 시조의 사당에 제사지내고 대사령(大赦令)을 내리 었다.

재위 5년인 28년에 왕이 나라를 순행하며 백성들을 구휼하고 사회의 빈민층인 환(鰥 : 홀아비)·과(寡 : 과부)·고(孤 : 고아)·독(獨 : 자식이 없는 사람)을 살피니 이웃 나라 사람들이 이를 듣고 오는 자가 많았다. 또한 민속이 즐겁고 편안하여 「도솔가(兜率歌)」를 지으니, 이것이 가악(歌樂)의 시초라고 한다.

재위 9년인 32년에 6부의 명칭을 고치고 성(姓)을 내려주었다. 이로서 중앙집권적 기틀을 마련한다. 또한 유리왕은 관을 설치하여 직급을 17등급(이벌찬伊伐湌에서 조위造位까지)으로 나누었다.

그리고 6부 사람들이 편을 나누어 길쌈 시합을 하였는데 진편이 술과 음식을 장만하고 춤과 노래를 하는 놀이가 있었다. 이때 부르는 소리가 애절하다고 하여 회소곡(會蘇曲)이라 하였으며 이 행사를 가배(嘉俳)라고 한다. 이것이 오늘날의 한가위, 즉 추석의 기원이라고 한다.

재위 14년인 37년에 고구려 왕 무휼(無恤 : 대무신왕)이 낙랑을 무너뜨려 없애니, 그 나라 사람 5000명이 사로국으로 들어와 의탁하여 왕은 사람들을 6부에 나누어 살게 하였다.

재위 17년인 40년에 낙랑의 화려(華麗)와 불내성(不耐城)의 사람이 북쪽을 침범하였는데, 맥국(貊國)의 거수(渠帥 : 추장)가 무찌르니 왕은 기뻐하고 맥국과 우호관계를 맺었다.

재위 33년인 56년 4월에 금성 우물에 용이 나타났다.

재위 34년인 57년 10월에 왕은 탈해에게 왕위를 계승하라는 유언을 남기고 세상을 떠나니 사릉원에 모시었다.

왕의 말년에 우물에 용이 나타났고, 또한 왕자들을 제쳐두고 탈해에게 왕위를 계승하게 하라는 유언은 당시에 변란의 움직임이 있었으며 탈해가 강력한 세력을 가지고 있음을 추정하게 한다.

4. 탈해 이사금(脫解 尼師今)

?~서기 80년, 재위 57년~80년 8월

남해차차웅의 사위이며 성은 석(昔)씨이다. 비는 아효부인(阿孝夫人)이다. 유리가 죽을 때에 아들과 사위를 가리지 말고 어질고 연장자으로 하여금 왕위를 계승하라는 유훈이 있었으며 또한 남해왕도 탈해에게 왕위를 계승하게 하라는 유언에 따라 즉위하였는데, 그때 그의 나이 62세였다.

탈해는 원래 왜국 동북 1000여 리에 있는 다파나국(多婆那國)에서 태어났는데, 그 나라 왕녀가 알을 낳아 상서롭지 못한 일이라 하여 비단으로 알을 싸고 보물과 함께 독에 넣어 바다에 띄워 보냈다. 진한(辰韓)의 아진(阿珍 : 지금의 울산 지역) 포구 해변에 이르러 노모가 독을 건져 열어보니 아이가 있어 거두어 길렀다. 이때가 혁거세 39년이다(이로 보아 그의 출생년도가 확실하지 않음을 알 수 있다).

독이 떠내려 올 때 까치가 울며 따랐다고 하여 성은 작(鵲)의 한쪽을 생략하여 석(昔)이라 하고, 독에서 풀려나왔다고 하여 이름을 탈해(脫解)라고 하였다고 한다.

탈해는 처음에는 고기잡이를 하여 어미를 공양하였다. 그러나 성장하면서 "너는 보통 사람이 아니니 학문으로 공명을 세우라"하는 노모의 말대로 학문을 열심히 하고 지리를 알게 되었으며, 남해왕이 그의 어짊을 듣고 사위로 삼아 조정에 등용하였다.

재위 2년인 58년 정월에 호공(瓠公 : 왜국 출신)을 등용하여 대보(大輔)로 임명하였고, 재위 3년에는 왜국과 우호를 맺고 서로 방문하였다.

재위 7년인 63년 10월에 백제가 사신을 보내 회담할 것을 청하였으나 왕이 가지 않았다. 이 기록은 백제에 병합된 마한 장수 맹소(孟召)가 복암성(覆巖城)을 신라에 바치고 망명하였는데, 백제 다루왕(多婁王)이 마한이 백제에 병합되었으니 마한의 복암성을 돌려달라는 회담 요청이었다. 탈해왕이 이를 회피하자, 이후 신라와 백제는 계속되는 영토전쟁을 벌이게 된다.

재위 8년인 64년 10월에 백제가 구양성(狗壤城)을 공격해 왔는데, 왕은 기병 2000명을 보내 쫓아내었다. 이후 서기 66년, 70년, 74년에 백제가 다시 공격해 오고, 73년에는 왜군이 쳐들어 왔다.

재위 9년인 65년 3월 밤에 금성 서쪽 숲에서 닭 울음소리가 나 호공을 시켜 살펴보니 나무에 금색의 궤짝이 있고, 그 아래 흰 닭이 울고 있어 궤짝을 가져다 열어보니 사내아이가 있었다. 왕은 하늘이 내린 것이라 기뻐하며 거두어 길렀는데, 금 궤짝에서 나왔으므로 성은 김(金), 총명하고 지략이 많으므로 이름은 알지(閼止)라 하고 그 숲을 계림(鷄林)이라 하였다.

탈해왕의 재위 동안에 백제와 왜구의 침입이 많았고 가뭄 등으로 백성들이 굶주렸다. 그러나 한편으로는 외적의 침공은 중앙집권화를 추진하게 하여 국가의 기강을 확립하는 기회가 되었고 철기문화를 발전시키게 하였다.

탈해왕은 재위 11년인 67년에 나라를 주(州)와 군(郡)으로 구분하고, 주주(州主)와 군주(郡主)를 삼아 관리함으로써 중앙조직과 지방조직 그리고 계급체계를 확립하였는데, 이는 탈해왕의 업적으로 평가받고 있다.

재위 24년인 80년 8월에 왕이 세상을 떠나니, 성 북쪽 양정(壤井) 언덕에 장사지냈다.

5. 파사 이사금(婆娑 尼師今)

▌ ?~112년, 재위 80년 8월~112년 10월

파사는 유리왕의 둘째 아들이다. 유리왕의 태자 일성(逸聖)이 위엄과 총명이 파사만 못하다고 하여 신하들이 추대하여 왕으로 즉위하였다. 이는 정상적인 왕위 계승이 아니며 당시 석씨 세력과 모종의 관계를 맺어 즉위한 것으로 추정된다.

왕은 즉위 이듬해인 81년에 주(州), 군(郡)을 순무하고 죄수를 조사하여 사형에 해당하지 않는 자는 용서해 주었고 검소하게 생활을 하고 백성들을 사랑하였으므로 민심을 얻었다.

재위 3년인 82년에는 홍수, 가뭄 등의 재앙에 대비하고 농상(農商)을 권장하면서 국방에도 힘을 써 외부 침입에 대비하였으며, 가소성(加召城 : 거창 지역)과 마두성(馬頭城 : 청도 지역)을 신축하였다.

재위 17년인 96년에 신라의 세력 확장에 위협을 느낀 가야의 수로왕(首露王)이 신라의 남쪽을 침범해 왔는데, 파사왕이 직접 군사 5천으로 가야를 공격하니 가야 왕이 사신을 보내 사죄하여 중지하였다.

재위 22년인 101년에 파사왕은 왕권 강화를 위하여 월성(月城)을 쌓고 궁성을 월성으로 이전하였다.

재위 23년인 102년에 지진, 가뭄 등의 자연 재해가 일어나고 주변 소국들의 기강이 해이해져 음즙벌국(音汁伐國)과 실직곡국(悉直谷國)이 경계 문제로 다툼이 생기자 수로왕을 불러 지혜를 구하여 다투던 땅을 음즙벌국에 돌려주게 하였다. 이때 보답으로 수로왕에게 연회를 베풀었는데 6부 중의 한기부(漢祇部)만이 직급이 낮은 자가 접대하자 수로왕은 화가 나 한기부 우두머리인 보제(保薺)를 죽이고 가야로 돌아가 버린다.

재위 25년인 104년에 실직(悉直 : 삼척 지역)이 배반하여 군사를 일으컸으나 평정하였다.

신라의 세력이 커지고 위상이 높아지자, 105년에 백제의 기루왕(己婁王)이 사신을 보내 화친을 청하였다.

재위 27년인 106년에 파사왕은 연회에서 보제를 죽인 102년 사건으로 수로왕에게 안 좋은 감정을 가지고 있어 마두성주에게 가야를 치게 하였으며, 108년에는 가야를 공격하여 가야의 비지국(比只國), 다벌국(多伐國), 초팔국(草八國)을 치고서 합병하였다. 이후 가야는 위축되어 신라를 함부로 넘보지 못하게 된다.

파사왕은 이렇듯 국가 기강의 확립과 영토 확장에 힘을 쏟다가, 재위 33년인 112년 10월에 세상을 떠나 사릉원에 장사지냈다.

6. 지마 이사금(祇摩 尼師今)
▌?~134년, 재위 112년 10월~134년 8월

파사왕의 적자로 성은 박씨이고 사성부인(史省夫人) 김씨 소생이다. 왕비는 갈문왕(葛文王 : 왕의 근친에게 주던 봉작) 마제(摩帝)의 딸 김씨 애례부인(愛禮夫人)이다.

재위 원년 10월에 파사왕이 죽어 왕위에 오른 지마왕은 이듬해에 대대적으로 조정을 개편하였다.

재위 2년인 113년에 백제의 기루왕이 사신을 보내와 백제와는 화친 관계를 맺었지만, 가야는 108년에 신라에 영토를 빼앗긴 이후 신라가 우박과 홍수 등의 천재지변으로 어려움에 처하자 이를 기회로 삼아 115년에 가야가 신라의 남쪽을 침공하였다. 이에 재위 4년인 115년에 신라 왕이 군사를 이끌고 가야를 공격하려 하였으나 가는 도중에 황산하(黃山河 : 양산 인근 낙동강)에서 가야의 복병에 패하고 돌아온다.

당시 가야와 왜국은 서로 외교를 맺고 있었는데 가야의 사주를 받은 왜국이 자주 신라를 침공하였다.

이에 재위 12년인 123년에 지마왕은 왜국에 사신을 보내어 화친을 청하였다.

재위 14년인 125년에 북쪽의 말갈(靺鞨)이 고구려의 세력 확장에 밀려 남쪽으로 내려오게 되는데, 고구려에 밀려 내려온 말갈은 세력을 유지하기 위하여 신라의 북쪽을 대대적으로 공격해 왔다. 말갈과 대적해 본적이 없던 신라가 많은 피해를 입게 되자 백제에 사신을 보내 구원을 요청하였다. 백제는 말갈과 싸워 본 경험이 있는 장수 다섯을 신라에 보내 왔다. 그러자 말갈군이 스스로 물러가게 된다.

말갈이 물러가고 신라는 다시 안정을 되찾았으나, 홍수, 가뭄, 지진 등의 자연 재해가 계속되었다.

그 와중에 재위 23년인 134년 8월에 왕이 세상을 떠났으나 아들이 없었다.

7. 일성 이사금(逸聖 尼師今)

▌ ?~154년, 재위 134년 8월~154년 2월

유리왕의 장자이며 성은 박씨이다. 비는 지소례왕(支所禮王)의 딸 박씨이다. 유리왕이 죽은 후 고모부인 탈해가 왕위를 계승하였고, 그 후에는 신하들에 의하여 아우 파사가 왕위를 승계하자, 일성은 왜국으로 망명을 가게 되어 왜국에서 지내었다.

40여 년의 망명생활을 하던 중에 지마왕이 아들을 두지 못하고 죽어 여든이 가까운 나이에 귀국하여 134년에 신라의 7대 왕으로 즉위하였다.

즉위하여 죄인을 사면하여 덕을 보이었고, 이듬해에 시조묘에 제를 지내고 장령(長嶺)에 책을 세워 말갈의 침입에 대비하였다.

재위 5년인 138년에 도성에 정사당(政事堂)을 설치하였는데, 이것이 화백회의(和白會議)의 시초로 생각된다.

재위 11년인 144년에 말갈의 침입이 뜸하여 제방을 수리하였고 농토를 개척하게 하여 농사를 크게 장려하였으며, 민간에서 금은주옥(金銀珠玉)의 사용을 못하게 하여 사치를 줄이고 검소한 생활을 하게 하였다.

재위 12년인 145년에 남쪽에 가뭄이 심하게 들어 백성이 굶주리게 되자 나라의 창고를 열어 곡식을 나누어 주었다.

그러나 민심이 흉흉해지고 나빠지게 되자, 146년에 압독(押督 : 경산 지역)이 배반하여 군사를 일으켜 반란을 꾀하였으나 평정하였다.

재위 14년인 147년에는 전국에서 지혜와 용맹이 뛰어나 장수될 만한 자들을 천거하게 하여 대대적으로 군사를 모았다.

이에 국방력은 크게 강화되었으나 괴질, 가뭄 등의 많은 자연 재해에 시달리다가 재위 21년인 154년 2월에 왕이 백세 가까운 나이에 세상을 떠난다.

8. 아달라 이사금(阿達羅 尼師今)
▮ ?~184년, 재위 154년 2월~184년 3월

일성왕의 장자이며 성은 박씨이다. 어머니는 지소례왕(支所禮王)의 딸 박씨 부인이며, 비는 지마왕의 딸 내례부인(內禮夫人) 박씨이다.

즉위 초에는 비교적 정치와 사회가 안정되었고, 156년 재위 3년에 계립령(鷄立嶺 : 경북 풍기와 충북 단양 사이 조령 동쪽) 길을 개통하였으며, 157년에는 감물(甘勿 : 충북 괴산), 마산(馬山 : 충남 보령) 2개 현을 신설하였

고, 말갈과 대치하던 장령진(長嶺鎭)을 순행하여 지키는 군사들을 위로
하였다.

재위 5년인 158년에는 죽령(竹嶺)을 개통하였다.

그러나 재위 7년인 160년에는 큰 홍수가 나 집들이 떠내려가고, 이
듬해에는 황충(蝗蟲 : 메뚜기)으로 흉년이 들어 민심이 흔들렸다.

재위 11년인 164년 2월에 서울(서라벌)에 용이 나타났다는 기록이
『삼국사기』에 보이는데, 이듬해인 165년 10월에 아찬 길선(吉宣)이 모
반하다가 발각되어 백제로 도망가는 사건이 일어났다. 이에 왕이 길
선을 돌려 보내주라고 백제에 요구하였으나 백제 개루왕(蓋婁王)이 보
내주지 않아 외교 관계는 깨지게 되고 왕은 군사를 내어 백제를 공격
한다.

그러나 아달라왕의 백제 공략은 실패하게 되고, 그 보복으로 167년
에 새로 즉위한 백제의 초고왕(肖古王)이 침공하여 신라의 백성 1000여
명을 잡아갔다. 이에 아달라왕은 2만 8천의 대군으로 백제를 공격하
였는데, 백제는 크게 두려워하여 잡아갔던 백성들을 돌려보내고 화친
을 요청하였다. 왕은 이를 받아들이고 철군을 하였다.

재위 17년인 170년에 지진이 나고 우박, 서리로 농사를 망치게 되었
고, 이 해 10월에 백제가 신라의 변경을 약탈하였다.

재위 19년인 172년에 서라벌에 괴질이 돌고, 174년에는 흙비가 내
리고 심한 가뭄으로 재해를 입게 된다.

그 이후 약 10여 년의 기록이 없는데 내부에 심한 갈등과 정권 다툼
과 반란이 있었을 것으로 추정된다.

아달라왕은 31년의 재위 동안에 자식이 없었다(변란 중에 죽었을 가능
성도 있다). 왕비 내례부인은 박씨 아달라왕에 이어 왕으로 즉위하는 석
씨 벌휴왕(伐休王)의 둘째 아들 이매(伊買)와 통정을 하여 아들을 낳게
되는데, 이가 신라의 10대 내해왕(奈解王)이다. 이 같은 사실로 보아도

당시 반란의 변고가 있었을 것으로 추정된다.

재위 31년인 184년 3월에 아달라왕이 세상을 떠난다.

9. 벌휴 이사금(伐休 尼師今)
▮ ?~196년, 재위 184년 3월~196년 4월

성은 석씨이며 탈해왕의 아들 구추(仇鄒)의 아들이다. 어머니는 지
진내례(只珍內禮) 부인 김씨이다. 아달라왕에게 아들이 없어 나라 사람
들이 추대하여 즉위하였다. 왕계가 박씨에서 석씨로 바뀐 것이다. 이
는 어머니가 김씨이며 석씨 세력과 김씨 세력이 연합하여 새로운 지
배 세력으로 나타나고, 박씨 세력은 점차 쇠퇴하게 된 것을 의미한다.

왕은 즉위하여 시조묘에 제를 올리고 전국을 순행하며 주, 군에 명
하여 토목공사를 빌미로 백성들이 농사의 시기를 빼앗지 못하게 하는
등 민생을 살피는데 힘을 썼다.

그러나 재위 5년인 188년에 백제가 모산성(母山城)을 공격해 오면서
전쟁에 휩싸인다.

재위 6년인 189년 7월에 백제는 구양성(狗壤城 : 옥천 지역)을 공격하여
왔고, 190년 8월에는 원산(圓山 : 예천 지역)과 부곡성(缶谷城 : 군위 지역)을
공격해 왔다. 그리고 패퇴하는 척 하던 백제의 반격으로 신라의 파진
찬 구도(仇道)가 가까스로 살아 돌아왔다. 백제도 기병 5백을 잃어 이
후 감히 군사를 동원하지 않아 말년은 전쟁에서 벗어날 수 있었다.

재위 9년인 192년 5월에 큰 물이 나 10여 곳의 산이 무너지고, 193년
6월에 왜인이 큰 기근으로 먹을 것을 구하러 온 자가 1000여 명에 달
하였으며, 재위 13년인 196년에 큰 가뭄이 들어 백성들이 힘들어 하였
다. 이 해 4월에 금성 동문에 벼락이 떨어지는 등 불길한 일들이 생기

었다.

그 해 왕이 세상을 떠난다.

10. 내해 이사금(奈解 尼師今)
▍?~230년, 재위 196년 4월~230년 3월

벌휴왕의 손자이며 성은 석씨이다. 벌휴왕의 태자 골정(骨正)이 죽고, 골정의 아들도 어려 벌휴왕의 둘째 아들 이매(일찍 죽었다)와 아달라왕의 왕비였던 내례부인 박씨 사이에서 불륜으로 태어난 아들을 왕으로 세우니 내해왕이다.

내해왕은 즉위하여 출발은 평탄하였지만 치세 동안 수해, 괴질, 가뭄, 지진 등의 자연 재해에 시달렸으며, 백제, 말갈 그리고 왜국의 침입으로 많은 전쟁을 치르게 된다. 또한 가야의 내란에 개입하여 나라의 위상을 높이기도 한다.

재위 3년인 198년 5월에 나라의 서쪽에 큰 홍수가 일어나 수해를 입은 주, 현에 1년간 조세를 면해주었다.

재위 4년인 199년에 백제가 침범하였다.

재위 6년인 201년 2월에 가야국이 화친을 청하였다.

재위 8년인 203년 10월에 말갈이 국경을 침범하였다.

재위 13년 208년 2월에 왜인이 침범하였으나 군사를 보내어 막았다.

재위 14년인 209년에는 포상(浦上)의 8국(八國 : 낙동강 유역에 있던 8개의 소국)이 가라국(伽羅國)을 침범하여 가라국에서 왕자를 보내와 구원을 요청하였다. 이에 태자 우로에게 명하여 군사를 보내 가라국을 구원하였다. 이 포상 8국의 난은 낙동강을 이용한 무역권을 장악하기 위한 반발로 일어난 것이다.

재위 17년인 212년에 가야에서 왕자를 보내어 볼모로 삼았다.

재위 19년인 214년에 백제가 서쪽 요거성(腰車城 : 보은 지역)을 공격해 성주 설부(薛夫)를 죽이니, 왕은 이음(利音)에게 명하여 백제의 사현성(沙峴城)을 쳐부수었다.

재위 29년인 224년에 백제와 봉산(烽山) 아래에서 싸우고 1000여 명을 살획하고 봉산성을 쌓았다.

재위 35년인 230년 3월에 내해왕이 세상을 떠난다.

11. 조분 이사금(助賁 尼師今)
▌?~247년, 재위 230년 3월~247년 5월

벌휴왕의 장자인 골정의 장남이며 성은 석씨이고, 옥모부인(玉帽夫人) 김씨 소생이다. 내해왕이 유언을 하여 조카이면서 사위인 조분이 왕위에 올랐다. 조분은 키가 크고 외모가 뛰어나고 명석하여 백성들이 존경하였다고 한다.

즉위한 후 이듬해인 231년에 내해왕의 태자였던 이찬 우로(于老)를 대장군으로 삼고 활발하게 주변 소국들을 병합하였는데, 가야의 배후인 감문국(甘文國)을 쳐부수고 그 땅을 신라의 군으로 만들었다.

재위 3년인 232년에 왜인이 금성까지 쳐들어왔으나 왕이 친히 출전하여 1000여 명을 살획하였다.

신라 왕의 위세가 높아지자, 재위 7년인 236년에 골벌국(骨伐國 : 영천 지역)의 왕 아음부(阿音夫)가 많은 사람을 데리고 신라에 항복해오니 집과 농토를 주어 안정시키고 그 땅을 군으로 만들었다.

재위 16년인 245년에 신라는 북진 정책을 펴서 북한강을 건너 칠중하(七重河 : 임진강)에 이른다. 이에 자극받은 고구려 동천왕(東川王)은 군사를 내어 신라의 북변을 침공하고 마두책(馬頭柵 : 포천 지역)에서 대치를 하였다.

재위 18년인 247년 5월 이런 와중에 조분왕이 세상을 떠난다.

12. 첨해 이사금(沾解 尼師今)
▌ ?~261년, 재위 247년 5월~261년 12월

첨해왕은 골정의 둘째 아들이며 조분왕의 친동생으로 성은 석씨이다.

조분왕에게는 아들이 둘이 있었는데, 장남은 14대 왕이 되는 유례(儒禮)이고 차남은 15대 기림왕(基臨王)의 아버지 걸숙(乞淑)이다.

박혁거세왕 이래 아우가 왕이 되는 것은 첨해왕이 처음이다. 왕자가 어리면 맏사위인 우로나 둘째 사위인 미추(味鄒)에게 왕위가 이어져야 하나 첨해왕이 오른 것이다. 또한 첨해왕은 조분왕이 하지 못한 아버지 골정을 추존하여 세신(世神) 갈문왕이라 하였고, 후에 내해왕의 태자였던 우로(于老)가 왜군에게 죽임을 당하는 것을 보고도 방관하는 것으로 미루어 보아 왕위 찬탈의 의심이 있다.

첨해왕은 즉위하여 조분왕과 다른 외교를 펼쳤다. 사신을 보내 고구려와 화친을 하였고 왜국과도 외교를 하였다. 우로는 못마땅하여 왜국 사신에게 희롱삼아 "머지않아 너의 왜왕은 염노(소금 만드는 노예)로 만들고 왕비를 찬부로 만들 것이다"라며 왜왕을 모독하는 발언을 하였다. 왜왕은 이 말을 듣고 크게 화를 내며 군사를 모아 신라로 쳐들어 왔다.

이에 재위 3년인 249년에 첨해왕은 우로를 보내 사과를 하였는데, 왜군은 우로를 불에 태워 죽였다. 그러나 첨해왕은 이를 방관하고 보복 등의 정책을 펴지 않았다.

　재위 9년인 255년 9월에 백제가 쳐들어와 일벌찬 익종(翊宗)이 괴곡(槐谷) 서쪽에서 싸우다가 적에게 살해되었다.

　재위 14년인 260년에는 여름에 큰 비가 내려 40여 곳의 산이 무너졌다.

　재위 15년인 261년에 백제에 사신을 보내 화친을 청하였으나 백제가 사신을 보내와 화편을 청하였으나 이를 거절하였다.

　이 해 12월 28일에 왕이 갑자기 병으로 세상을 떠나게 된다.

13. 미추 이사금(味鄒 尼師今)
> ?~284년, 재위 262년 1월~284년 10월

　성은 김씨이다. 부인은 석씨로 조분왕의 둘째딸 광명부인(光明夫人)이다. 첨해왕이 아들이 없음으로 나라 사람들이 김알지의 5대손인 구도의 아들이며 조분왕의 둘째 사위인 미추를 왕으로 추대하였다고 기록하고 있는데, 이는 왕계가 석씨에서 김씨로 바뀌는 것으로 조정 내부에서 반란이 있었음이 추정된다.

　즉위 원년 3월에 대궐 동쪽에 용이 나타나고, 7월에는 궁궐 서문에 불이 났다는 『삼국사기』의 기록은 왕권 다툼으로 인한 내분이 있었음을 암시한다.

　재위 2년인 263년에 안정을 찾은 왕은 시조묘에 제사를 올리고 아버지 구도를 갈문왕에 봉하였다.

　재위 3년인 264년에는 동쪽으로 순행하여 바다에 망제를 지내고 민생을 살피고 어려운 백성들을 구제하였다.

　재위 11년인 272년에는 노역 등으로 농사에 방해되는 일을 없애라 명하였으며, 276년에는 신하들이 궁궐을 건축할 것을 청하였으나 왕은 백성을 괴롭히는 일이라고 거절하였다.

이렇듯 왕은 백성의 입장에서 정치를 하여 민심이 따르게 되고 정치, 경제, 군사적으로도 안정되었다.

재위 17년인 278년에 백제가 괴곡성(槐谷城 : 괴산 지역)을 공격하고 여러 차례 신라로 쳐들어왔지만 백제는 패퇴하여 물러가게 된다.

재위 23년인 284년 2년에 노쇠한 왕이 변경을 순행하고 돌아온 후 10월에 왕이 세상을 떠나니 대릉(大陵 : 죽장릉)에 장사를 지내었다.

14. 유례 이사금(儒禮 尼師今)
▌ ?~298년, 재위 284년 10월~298년 12월

조분왕의 장남이며 성은 석씨이고 갈문왕 내음(奈音)의 딸 박씨 소생이다. 유례왕의 출생에 대하여 의문점이 많이 있는데, 어머니 박씨가 밤길을 가다가 별빛이 입안으로 들어와 유례를 임신하게 되었다고 한다. 당시 신라는 가야, 백제, 왜국과의 사이에 미묘한 관계에 있었다.

249년 첨해왕 때에 조분왕의 장녀로 왜군에게 죽은 우로의 부인 명원부인(命元夫人)이 왜국 사신을 술에 취하게 하여 똑같이 불에 태워 죽이는 복수를 하였다. 이로 인하여 왜국의 침입이 예상되므로 백제와는 화친할 필요가 있었다.

재위 3년인 286년에 백제가 사신을 보내와 화친을 청함으로 화친을 하였다.

예상대로 287년에 왜인이 침범해 왔는데, 일례부(一禮部)를 습격하여 불을 지르고 1000명을 잡아갔다.

재위 9년인 292년에는 왜인이 사도성(紗道城 : 영일만 일대)을 공격하

여 왔다. 왕은 군사를 보내 성을 탈환하였고, 이후 왕은 백제와 연합하여 바다를 건너 왜국을 토벌하고자 신하들과 논의하였는데 서불한(舒弗邯) 홍권(弘權)이 반대하여 포기하였다.

재위 14년인 297년에 왜국과 밀접한 관계를 유지하던 가야가 거세게 공격을 해와 신라는 수세에 몰리는 상황이었다. 그런데 어디서 갑자기 귀에 대나무 잎을 꽂은 병사들이 나타나 신라군을 구원하여 가야군을 물리쳤다. 그리고 구원하였던 군사들은 사라지고 다음날 귀에 꽂았던 대나무 잎이 죽장릉(竹長陵 : 미추왕의 능)에서 발견되었다고 한다. 이 이야기가 미추왕의 혼령이 구원하였다는 죽엽군(竹葉軍)의 설화이다.

재위 15년인 298년 12월에 왕이 세상을 떠난다.

15. 기림 이사금(基臨 尼師今)
▌ ?~310년, 재위 298년 12월~310년 6월

조분왕의 손자로 조분왕의 차남 걸숙의 아들이니 성은 석씨이다. 왕위 계승 과정에 대하여 언급이 없으며 성격이 관대하여 사람들이 모두 칭송하였다고 한다.

재위 3년인 300년에 왜국과 교빙을 하여 화친을 하였다. 이는 당시 신라의 안정에 중요하였다. 2월에는 비열홀(比列忽 : 함경도 안변지역)을 순행하며 태백산에 망제를 올렸고, 3월에는 낙랑, 대방 두 나라가 항복하여 왔다고 하는데 백제의 한성에 있던 사람들로 추정된다.

재위 10년인 307년에 나라 이름이 사로, 신라 등으로 불리다가 탈해왕 때 계림으로 불리던 국호를 다시 신라(新羅)로 하였다.

재위 13년인 310년 6월에 왕이 병으로 세상을 떠났는데, 장지가 미상으로 출생, 왕의 계승 과정 그리고 그의 치적 등에 대하여 의문이 많이 있다.

16. 흘해 이사금(訖解 尼師今)

▎ ?~356년, 재위 310년 6월~356년 4월

성은 석씨이고 내해왕의 손자이며 아버지는 각간(角干) 우로(于老)이고, 어머니는 조분왕의 딸 명원부인이다. 기림왕이 아들이 없이 세상을 떠나자 신하들이 상의하여 왕으로 추대하였다.

아버지 우로는 249년에 왜군들에 의해 죽었는데, 61년 뒤에 왕위를 이었다는 것이 이상하다.

재위 3년인 312년에 왜국 왕이 사신을 보내어 아들의 청혼을 하자, 아찬 급리(急利)의 딸을 보냈다. 이렇게 결혼동맹을 맺어 왜국과 화친 관계를 유지하였다.

재위 21년인 330년에는 둑의 길이가 1천 8백 보나 되는 벽골제(碧骨提)를 만들어 가뭄에 대비하였다.

재위 28년인 337년에 백제의 비류왕(比流王)에게 사신을 보내 화친을 확인하였다.

재위 35년인 344년에 왜국에서 사신을 보내와 또 다른 청혼을 하였는데, 흘해왕이 이를 거절하였다.

그러자 이듬해에 왜국에서 화친을 파기하고 절교의 편지를 보내왔으며, 346년에 왜병이 갑자기 신라를 침공해 왔다. 이에 성을 닫고 수성전을 펼치다가 왜군이 양식이 다하여 퇴각할 때 뒤를 추격하여 쫓아내었다.

재위 41년인 350년 4월에 큰 비가 열흘이나 내려 관가와 민가가 떠내려가고 산 13곳이 무너졌다. 왕은 재위 동안에 가뭄, 황충 등의 재해로 어려워지면 노역을 중단하고 백성들을 살피고 구제하였다. 그렇듯 왕은 백성을 아끼고 사랑하였다.

재위 47년인 356년 4월에 왕이 세상을 떠난다.

흘해왕을 마지막으로 하여 석씨 왕실은 이후 신라의 왕실 계보에서 사라진다.

17. 내물 이사금(奈勿 尼師今)

▎ ?~402년, 재위 356년 4월~402년 2월

성은 김씨이다. 김알지의 5대손인 구도의 손자다. 아버지는 미추왕의 동생 말구(末仇)이다. 비는 미추왕의 딸 김씨이다. 따라서 왕과 비는 사촌 사이다. 『삼국사기』에서는 이를 예법(禮法)을 들어 크게 꾸짖고 있다.

흘해왕이 아들이 없어 내물이 왕위를 계승하였다.

이때 석씨와 김씨 사이에 왕권 다툼이 있었던 것으로 추정되며 승리한 김씨가 박씨를 외척으로 삼아 석씨 세력을 완전히 제거한 것으로 보이며, 이후 신라 왕실은 김씨가 독차지하게 된다. 그리고 신라는 내물왕의 등장으로 한반도 동남쪽을 지배하는 고대 국가로의 면모를 갖추게 된다.

왕위에 오른 내물왕은 우선 민심을 달래기 위하여, 재위 2년에 환과 고독(鰥寡孤獨 : 홀아비, 과부, 고아, 아들이 없는 늙은이)을 위문하고 곡식을 나누어 주고, 효도와 우애에 남다른 행적이 있는 관리들을 천거하게 하여 관직 일급을 올려주었다.

재위 9년인 364년에 신라의 가장 큰 골칫거리인 왜인이 크게 쳐들

어 왔는데 길목에 허수아비를 세우고 복병을 두어 공격하였다. 왜인
들이 대패하고 달아났지만 이를 추격하여 거의 다 죽였다. 이후 왜국
은 쉽게 다시 침략하지 못하였다고 한다.

그 당시 신라는 백제와 화친관계를 유지하고 있었는데, 373년에 백
제 독산(禿山) 성주가 300명을 거느리고 항복해 와서 6부에 나누어 살
게 하였다. 이에 백제의 근초고왕(近肖古王)은 항의를 하면서 돌려보내
줄 것을 요구를 하였고, 내물왕이 사신을 보내어 이를 거절하자 신라
와 백제 양국 관계는 소원해 진다.

이즈음은 고구려와 백제가 치열하게 전투를 벌이고 있는 상황이었
다. 369년에 고구려가 백제의 치양성을 공격해 왔고, 371년에는 백제
가 평양성을 공격하여 고구려의 고국원왕(故國原王)이 활에 맞아 전사
한 상황으로 고구려가 복수를 벼르고 있어 신라를 공격할 입장이 아
니었다.

백제에 복수를 벼르고 있던 고구려는 신라와의 관계 강화를 위하여
392년에 사신을 신라에 보내었고, 신라는 대서지(大西知) 아들 실성(實
聖)을 고구려에 볼모로 보내 화친을 유지하였다.

재위 38년인 393년 5월에 왜군이 신라로 쳐들어왔는데 내물왕은 성
문을 닫고 수성전으로 버티었다. 그리고 시간이 지나면서 군량도 떨
어지고 지친 왜군이 퇴각을 하자 신라군은 퇴각하는 왜군의 뒤를 공
격하여 왜군은 대패하고 물러갔다. 신라가 왜군의 침입으로 전란을
겪고 수습하는 그 기회를 이용하여 잃었던 영토를 찾으려고 395년에
말갈이 신라의 북쪽을 침범해 왔다. 이에 신라군이 실직(悉直 : 삼척 지
역) 들에서 말갈군을 대파하였다.

재위 42년인 397년에는 전쟁으로 백성들이 고통을 겪고 있는데 북
변의 하슬라(何瑟羅 : 강릉 지역) 지방에 흉년이 들어 죄수를 석방시켜주
고 1년의 조세를 면해주었다.

재위 44년인 399년에는 황충으로 흉년이 들었는데 백제, 가야, 왜군이 연합하여 신라로 대대적으로 침공해 왔다. 신라는 급히 고구려에 사신을 보내 구원을 요청하였다. 이에 400년에 고구려에서 광개토왕(廣開土王)이 5만 대군의 원군을 이끌고 와서 신라를 구원하였고, 왜군은 패퇴하여 물러갔다.

『삼국사기』 신라 편에는 이런 기록이 없는데, 『삼국사기』의 저자인 김부식(金富軾)이 신라의 입장에서 사서를 기록하다 보니 의도적으로 고구려의 활약을 축소한 것으로 생각된다.

이듬해인 401년에 고구려에 볼모로 가있던 실성이 돌아왔다.

재위 47년인 402년 2월에 왕이 세상을 떠난다.

18. 실성 이사금(實聖 尼師今)
▌ ?~417년, 재위 402년 2월~417년 5월

김알지의 후손이며 아버지는 이찬 대서지의 아들이고 어머니는 아간(阿干) 석등보(昔登保)의 딸 이리부인(伊利夫人)이며, 왕비는 미추왕의 딸 아류부인(阿留夫人)이다.

내물왕의 아들이 어리므로 화백회의에서 나라 사람들이 고구려에 볼모로 갔다가 돌아온 실성을 왕으로 즉위시켰다. 그러나 내물왕의 아들들을 제치고 고구려에 볼모로 있던 실성이 왕위를 계승하게 된 것은 선왕 대에 신라를 구원한 고구려의 후원이 있었을 것으로 추정된다.

즉위 원년 3월에 왕은 왜국과 화친을 하고 내물왕의 셋째 아들 미사흔(未斯欣)을 볼모로 왜국에 보냈다.

재위 2년인 403년에 왜국의 군사적 후원을 받은 백제가 신라의 변경을 자주 침범하여 왜국과의 화친은 깨지고 관계도 나빠졌다.

재위 4년인 405년에 왜군이 명활산성(明活山城 : 경주 외곽)을 공격하였으나 왕이 기병을 이끌고 독산의 남쪽에서 요격하여 300여 명을 살획하였다. 이후에도 왜가 자주 침입하였다.

이에 재위 7년인 408년에 왕은 신하들을 불러 왜국의 대마도(對馬島) 진영을 공격하는 것을 논의하였는데, 서불한 미사품(未斯品)이 실패할 경우 피해가 클 수 있다며 반대하였다.

왕은 백제와 왜국의 침입에 의지할 데는 고구려 뿐이라고 생각하여 재위 11년인 412년에 내물왕의 둘째 아들 복호(卜好)를 고구려에 볼모로 보냈다. 그러나 이는 실성왕이 내물왕 대에 자신을 고구려에 볼모로 보낸 것을 원망하며 성장한 그가 그 보복으로 내물왕의 아들들을 제거하기 위하여 왜국과 고구려에 볼모로 보낸 것이다.

재위 16년인 417년에 실성왕이 고구려 사람인 자객을 보내 내물왕의 큰아들인 눌지(訥祗)를 죽이려 하였는데, 자객이 눌지의 사람됨을 보고 눌지에게 실성왕의 살해 지시를 자백하였다. 이에 눌지는 분통해 하며 자신을 죽이러 온 고구려 사람들을 설득하고 함께 들이쳐 역으로 실성왕을 살해하였다.

이 해 5월에 일어난 일이었다.

19. 눌지 마립간(訥祗 麻立干)
▎ ?~458년, 재위 417년 5월~458년 8월

내물왕의 큰아들이며 어머니는 보반부인(保反夫人)으로 미추왕의 딸이다. 왕비는 실성왕의 딸이다.

실성왕은 내물왕 때 고구려에 볼모로 다녀온 것을 원망하여 내물왕의 아들에게 보복하려고 내물왕의 둘째 아들 복호는 고구려, 셋째 아들 미사흔은 왜국에 볼모로 보내었고, 큰아들 눌지는 고구려 사람을 시켜 죽이려 하였다. 이에 눌지가 오히려 상황을 반전시켜 도리어 실성왕을 죽이고 스스로 왕에 올랐다.

눌지왕 때부터 왕의 칭호로 마립간(麻立干)이 사용되었다. 김대문은 "마립이란 말은 방언으로 말뚝을 의미한다. 곧 말뚝표를 말하며 왕말뚝이 임금이 되면 그 아래 신말뚝(신하)을 차리게 된다"라고 설명한다. 즉 마립간은 임금이라는 뜻이다.

눌지왕은 즉위하여 볼모로 가 있는 동생들을 데려오기 위하여 박제상(朴堤上)을 고구려에 보내었다.

재위 2년인 418년에 고구려 장수왕(長壽王)을 설득하여 왕의 아우 복호가 고구려에서 돌아왔다.

그런 후 박제상을 왜국으로 보내었다. 그 해에 볼모로 있던 왕의 아우 미사흔이 왜국에서 무사히 탈출하였으나 박제상은 왜국에서 잡혀 불에 태워져 목이 잘리는 죽임을 당하였다. 이후 볼모가 없게 되자 신라와 고구려, 신라와 왜국의 관계는 소원해지게 된다.

재위 4년인 420년에 심한 가뭄으로 흉년이 들어 죄수들을 석방하고 국고를 풀어 민생을 살피었다.

재위 7년인 423년에 오랜 만에 풍년이 들어 남당(南堂)에서 양로연을 열고 친히 함께 식사하며 곡물과 비단을 나누어 주었다.

재위 8년인 424년에 고구려에 사신을 보내 국교를 재개하였다. 그러나 관계는 예전 같지 않았다.

재위 17년인 433년에 백제에서는 왜국 응신천황의 딸인 모후 팔수태후와 구이신왕을 제거하고 왕위에 오른 백제 비유왕(毘有王)이 사신을 보내 화친을 청하자, 왕이 이를 받아들여 신라는 백제와 동맹을 맺는다. 이에 고구려와 왜국은 충격을 받고 긴장을 하게 된다.

440년 이후 왜군이 여러 차례 쳐들어와 금성을 포위하고 돌아갔다.

재위 34년인 450년에 고구려 변장(邊將)이 실직(悉直)의 들에서 사냥을 하다가 하슬라 성주의 군사에게 죽자 고구려가 쳐들어왔다. 이에 왕이 사과하여 물러갔지만 고구려와의 관계는 이미 악화된 상황이 되었다.

재위 38년인 454년 7월에 고구려가 신라의 북쪽 변경을 침범하고 물러갔고, 이듬해 10월에는 고구려가 백제를 침범하여 백제와 동맹을 맺은 왕은 군사를 보내 백제를 구원하였다. 이로써 신라와 백제의 동맹관계는 굳어지고 고구려와의 관계는 악화된다.

이런 와중에 재위 42년인 458년 8월에 왕이 세상을 떠난다.

20. 자비 마립간(慈悲 麻立干)
▎ ?~479년, 재위 458년 8월~479년 2월

눌지왕의 큰아들이며 성은 김씨이다. 어머니는 아로부인(阿老夫人) 김씨로 실성왕의 딸이다. 왕비는 내물왕의 아들 미사흔의 딸 김씨로 철저한 왕실 가족 안의 혈통이다.

눌지왕이 죽어 왕위에 올랐는데, 눌지왕 때 볼모로 가 있던 미사흔이 왜국을 탈출한 이후부터 왜국의 침입이 자주 있어 왔다.

459년 4월 즉위 8개월 만에 왜인이 병선 100여 척을 이끌고 침범하여 월성을 포위하였으나 성을 지키고 수성으로 버티었다. 그리고 시간이 지나면서 군량이 떨어지고 지친 왜인이 물러가자 추격하여 뒤를 쫓아 바다에 이르니 적의 반수 이상이 물에 빠져 죽었다.

재위 4년인 461년에는 왜국에 적대감을 갖고 있는 미사흔의 딸 김씨를 세 번째 왕비로 맞아들이면서 왜국의 침략에 강력하게 대처하려는 의지를 보이자 왜국 왕 웅략(雄略)은 자극을 받았다.

재위 5년인 462년에 왜인이 서라벌의 외성인 활개성(活開城)을 침범하여 백성 1000여 명을 잡아갔다.

재위 6년인 463년에는 왜인이 삽량성(歃良城 : 양산 지역)을 침범하였으나 잠복하여 들이쳐 대패시켰다. 이후 자주 침범하는 바닷가에 두 성을 쌓아 침입에 대비 하였으며, 이에 왜군도 감히 신라를 넘보지 못하였다.

그러나 이번에는 북쪽의 고구려가 쳐들어왔는데, 재위 11년인 468년에 고구려와 말갈군이 군사 1만으로 북변의 실직성(悉直城 : 삼척지역)을 공격하여 왔다. 왕은 하슬라 주민을 동원하여 니하(泥河) 인근에 성을 쌓고 맞서 공격하였다.

재위 12년인 469년에는 서라벌에 큰 홍수가 나 백성을 위로하고 민심을 수습하였으며, 서울에 방(坊)과 리(里)의 이름을 정하였다.

재위 13년인 470년에 백제와 고구려를 동시에 견제할 수 있는 삼년산성(三年山城 : 충북 보은)을 삼 년에 걸쳐 쌓았고, 475년에는 일모(一牟), 사시(紗尸), 광석(廣石), 답달(畓達), 구례(仇禮), 좌라(坐羅) 등의 성을 쌓아 고구려의 남하에 대비하였다.

이 해 7월에 고구려의 거련(巨連 : 장수왕)이 직접 대군을 이끌고 백제의 한성을 공격하자, 백제의 경(慶 : 개로왕)이 왕자 문주(文周)를 보내 신라에 구원을 요청하였다. 이에 자비왕은 백제에 1만의 구원병을 보내었는데 구원병이 도착하기 전에 한성이 함락되고 백제 개로왕(蓋鹵王)이 이미 살해된 상황이었다.

477년, 478년에 왜국이 공격하여 왔으나 미리 대비한 덕에 물리 칠 수 있었고, 신라군은 많은 전투 경험으로 군사력이 강화되어 개국 이래 최대의 군사력을 과시할 수 있게 된다.

재위 22년인 479년 2월 3일에 자비왕이 생을 마감하고 세상을 떠난다.

21. 소지 마립간(炤知 麻立干)

| ?~500년, 재위 479년 2월~500년 11월

　　자비왕의 장자로 미사흔의 딸 김씨 소생이다. 왕비는 이벌찬 내숙(乃宿)의 딸 선혜부인(善兮夫人)이다. 어릴 때부터 효성스럽고 겸손하며 타인을 공경하여 사람들이 성인이라 불렀다고 한다.

　　즉위 원년인 479년에 대사령을 내리고 모든 관원에게 한 계급을 올려 주었다.

　　재위 2년인 480년에는 가뭄으로 흉년이 들어 백성이 굶주리자 창곡을 내어 나누어 주었다.

　　재위 3년인 481년에 고구려와 말갈이 북변을 침범하여 호명(狐鳴)의 7개 성을 빼앗고 동해안을 따라 남하하여 미질부(彌秩夫 : 영일만 일대)까지 내려왔다. 왕은 백제 동성왕(東城王)에게 구원을 요청하여 백제, 가야의 구원병과 더불어 니하 서쪽에서 쳐부수고 고구려군 1000여 명의 목을 베고 물리쳤다. 그러나 신라가 고구려군을 물리쳤으나 자력이 아닌 백제에 구원을 요청한 신라의 국력과 신뢰성은 약해지게 된다.

　　재위 5년인 483년, 이 와중에 왜국이 침입해 왔으며, 홍수와 전염병 등의 천재지변이 나라 안에 일어났다. 이로 인하여 민심이 더욱 악화되었다.

　　재위 6년인 484년에 고구려가 신라의 북변을 통하여 백제의 모산성(母山城 : 청원 지역)을 침범하였는데 구원병을 보내 신라와 백제의 연합군이 힘을 합쳐 고구려군을 대파하고 격퇴하였다. 이에 백제 동성왕이 사신을 보내 감사해 하니 신라는 위상을 다시 찾게 된다. 이에 자신감이 생긴 신라는 월성을 수리하고 환과고독을 위문하고 곡식을 나누어 주며 민생 안정에 힘을 쓴다.

　　재위 9년인 487년에 각 지방에 우역(郵驛)을 설치하고 관도(官道)를 개척하였다.

재위 12년인 490년에는 도읍인 경주에 처음으로 점포를 열어 각 지방의 화물이 유통하게 하였다.

재위 15년인 493년에 백제 왕 모대(牟大 : 동성왕)가 사신을 보내 청혼을 하자, 이벌찬 비지(比智)의 딸을 보내 혼인동맹을 맺는다. 이로써 신라와 백제의 화친 관계는 역사 이래 최고에 이르게 된다.

재위 16년인 494년에 고구려가 침공하여 견아성(犬牙城)을 포위하였는데 백제가 군사를 보내 구원하였다.

재위 17년인 495년에 고구려가 백제의 치양성을 공격하니 왕이 군사를 보내 구원하였으며, 백제의 왕이 사신을 보내 감사를 표하였다.

재위 19년인 497년 왜인들이 침범해 오고 그해 가뭄과 황충으로 흉년이 들어 민심이 흉흉하였다. 이 해 8월에 고구려군이 우산성(牛山城)을 공격해 와 결국 함락되었다.

재위 22년인 500년 3월에는 왜인이 장봉진(長峯鎭 : 포항 인근)을 공격하여 점령하였다.

당시 소지왕은 날이군(捺己郡)의 백성인 파로(波路)의 딸 벽화(碧花)라는 여인에게 빠져 자주 궁궐 밖에서 머물렀다. 나라 사정은 남쪽과 북쪽으로 공격을 당하고 있었고 전국적인 천재지변으로 흉년이 들고 민심도 어지러워 반란의 조짐도 보이었다.

이해 11월에 벽화를 후궁으로 삼아 입궁시킨 지 두 달 만에 소지왕이 세상을 떠난다.

22. 지증 마립간(智證 麻立干)

▮ 437~514년, 재위 500년 11월~514년 7월

이름은 지대로(智大路)이며 내물왕의 증손자이고 미사흔의 아들 습보(習寶)의 아들이다. 어머니는 김씨 조생부인(鳥生夫人)으로 눌지왕의 딸이며 왕비는 연제부인(延帝夫人) 박씨이다. 소지왕이 아들이 없이 죽어 지대로가 왕위에 오르니, 그때 나이가 64세였다.

지증왕은 즉위하여 몇 가지 중요한 정책을 결정하였는데, 재위 3년인 502년에 영을 내려 순장(殉葬)을 금하였다. 전에는 왕이 죽으면 남녀 각 5명씩을 함께 순장하였는데, 이 제도를 폐지한 것이다. 또한 농사를 권장하였으며, 비로소 소를 이용해 밭을 갈아 농업 생산력을 향상시키는 데 노력하였다.

재위 4년인 503년에는 그동안 방언으로 국호와 제왕을 칭하였는데, 신하의 총의(總意)로 신라국의 왕(王)이란 존호를 사용하게 된다. 국호도 신라(新羅)로 확정하였다.

신라의 의미는 "왕의 덕이 나날이 새로워지고, 사방을 두루 망라한다('新' 者德業日新, '羅' 者網羅四方)"에서 취한 것이다.

재위 5년인 504년에는 상복법(喪服法)을 제정하여 반포하였다.

재위 6년인 505년에 나라에 주, 군, 현을 정하고 수장을 군주(君主)라 하였는데, 명칭을 처음 사용하게 된 군주는 실직주(悉直州 : 삼척 지역) 군주 이사부(異斯夫)였다.

재위 13년인 512년 6월에 이찬 이사부가 하슬라주(何瑟羅州) 군주가 되어 우산국(于山國)을 굴복시켜 항복하게 하였다.

이사부는 내물왕의 4대손으로 우산국 사람들이 처음 저항을 하였으나 나무로 만든 사자를 배에 싣고 가서 속여 보이고는 싸우겠다면 사자를 모두 섬에 풀어 놓겠다고 으름장을 놓았다. 이에 사자를 무서

위하는 우산국 사람들이 모두 항복을 하였다는 설화가 있다.

재위 15년인 514년에는 아시촌(阿尸村 : 함안 지역)에 소경(小京)을 설치하고 6부와 남쪽 지방 사람들을 옮겨 살게 하였다. 아시촌 지역은 원래 아라가야(阿羅伽倻)의 땅으로 백제의 동성왕에 반발하는 가야 세력이 정치적으로 신라에 의존하게 된 의미 있는 변화인 것이다.

이 해 7월에 왕이 78세의 나이로 세상을 떠나니, 시호를 지증(智證)이라 하였다.

이때부터 처음으로 신라에서 시법(諡法 : 죽은 왕에 대한 추존 호칭)이 시작되었고, 지증왕 재위 동안에는 큰 변란이 없었으며 여러 가지 제반 문제를 제도화하였고, 국가 체제를 확립하여 신라를 부강하게 하였다.

23. 법흥왕(法興王)

▌?~540년, 재위 514년 7월~540년 7월

이름은 원종(原宗)이며 지증왕의 맏아들이다. 어머니는 연제부인(延帝夫人) 박씨이며, 비는 박씨 보도부인(保刀夫人)이다. 소지왕이 아들이 없이 죽어 지증왕이 왕위에 오르면서 태자로 책봉되었다. 법흥왕은 즉위하여 국가의 기반을 확립하기 위하여 개혁에 더욱 힘을 썼다.

재위 4년인 517년에 병부를 설치하여 국방 및 병력의 행정 체계를 일원화하였고, 520년에는 법률령(法律令)을 선포하고 관리들의 관복에 주(朱), 자(紫)의 색으로 구분하여 서열을 정하였다. 법흥왕은 내부적으로 개혁을 실시하면서도 영토 확장에도 힘을 썼는데, 당시 가야국은 백제와 갈등이 있었다.

재위 9년인 522년에 가야국 구형왕(仇衡王)이 사신을 보내와 청혼을 구하니, 이찬 비조부(比助夫)의 누이를 보내 혼인동맹을 맺었다.

재위 11년인 524년에는 왕이 개척한 남쪽 가야 땅을 순시하였으며, 이에 가야국 구형왕이 와서 회견하였다.

재위 15년인 528년에 불교를 공인하였는데, 이는 법흥왕 때 일어난 또 하나의 중요한 사건이다.

불교는 처음 눌지왕 때 승려 묵호자(墨胡子)가 고구려에서 들어와 향을 피워 왕녀의 병을 낫게 하였고, 소지왕 때에는 아도(阿道)와 그 시자가 경률을 강독하니 따르는 자가 많았다. 그렇지만 법흥왕이 불교를 중흥시켜 나라의 번영을 도모하려고 할 때 신하들이 크게 반발하였다.

이에 이차돈(異次頓)이 왕에게 자신을 죽여 왕의 뜻을 펼치라 청한다. 그러면서 이차돈은 왕의 밀명을 받고 경주 천경림(天鏡林)에 절을 짓는데 신하들이 왕에게 이 일을 따지자 왕은 모르는 일이라며 당장 이차돈을 잡아들여 처형하라고 한다. 형리가 이차돈의 목을 베자 젖과 같은 흰 피가 솟구치고 갑자기 하늘이 어두워지고 비가 내리며 땅이 요동을 쳤다. 이 사건이 일어난 이후 사람들은 불교를 비방하지 않게 되었고, 마침내 얼마 안 되어 법흥왕이 불법을 공인할 수 있게 된다.

재위 18년인 531년에는 상대등(上大等)이라는 직위를 두어 이찬 철부(哲夫)를 초대 상대등으로 삼아 정사를 총괄하는 이른바 재상정치(宰相政治)를 시행하였다.

재위 19년인 532년에 금관국(金官國)의 구형왕 김구해(金仇亥)가 왕비와 아들들을 데리고 신라에 항복해 왔다.

법흥왕은 예를 다하여 대접하고 김구해를 상등(上等)에 제수하였으며 본국 가양땅을 식읍으로 삼게 하였다. 그리고 셋째 아들 무력(武力)을 각간(角干)의 벼슬을 내려 신라 조정에 들어오게 하였다. 이 김무력이 김유신(金庾信)의 할아버지이다.

재위 23년인 536년에 가야를 병합한 신라는 국력이 신장되어 법흥왕은 스스로 황제라 칭하고 건원(建元)이라는 연호도 처음 정하였다.

재위 27년인 540년 7월에 왕이 세상을 떠나니, 시호를 법흥이라 하고 애공사(哀公寺) 북쪽 봉우리에 장사지냈다.

24. 진흥왕(眞興王)

▮ 534~576년, 재위 540년 7월~576년 8월

이름은 삼맥종(三麥宗)이며 법흥왕의 아우 김입종(金立宗)의 아들이다. 어머니는 법흥왕의 딸 김씨 지소태후(只召太后)이며 비는 박씨 사도부인(思道夫人)이다.

법흥왕은 정비 보도부인에게서는 아들이 없었으나 후비 옥진(玉珍)에게서는 비대(比臺)라는 아들을 두었다. 그러나 법흥왕의 딸인 지소부인이 명분을 내세워 자신의 아들 삼맥종을 왕위에 세웠다. 그리고 왕이 즉위 때 나이 7세로 어렸기 때문에 지소태후가 섭정을 하였다. 진흥왕 시대의 초기 10여 년은 지소태후의 치세라 할 수 있다.

즉위 원년인 540년에 대사면령을 내리고 문무관에게 한 계급씩을 올려 주어 선심을 얻었으며, 인재 양성에 힘을 썼다.

당시 귀족 출신의 자녀를 뽑아 조직을 만들어 인재를 양성하는 사조직인 선화(仙花)와 원화(原花) 제도를 통합하였는데, 이것이 화랑제도(花郎制度)의 시초이다. 화랑의 원래 이름은 풍월(風月)이었고, 우두머리를 풍월주(風月主)라 하였는데, 초대 풍월주의 이름이 위화랑(魏花郎)이어서 그 무리를 화랑도(花郎徒)라 부르게 되었다(『화랑세기』*).

---

* 『화랑세기(花郎世紀)』는 통일신라시대 성덕왕(聖德王 : 702~737년) 대에 진골 귀족 출신인 김대문(金大問)이 전해 내려오는 화랑들의 이야기를 기술한 것으로 오늘날에는 전하지 않는다. 최근 『화랑세기』의 필사본이 발견되었는데 위서라 하기도 하고 내용이 역사 기록이 아니라 소설로 꾸며진 것이라 하여 논란이 많다.

재위 2년인 541년에 지소태후는 화백회의(花柏會議)*와 논의 없이 이사부(異斯夫)를 병부령으로 임명하고 군대에 관한 업무를 맡겼는데, 이는 왕의 권한을 대폭 강화하려는 의도로 보인다.

그 당시 가야 문제 때문에 신라와 백제의 관계는 소원한 관계였는데, 이때 백제의 성왕(聖王)이 사신을 보내와 화친을 청하자 이를 받아들인다. 이 화친을 바탕으로 548년에 고구려가 백제의 독산성(獨山城 : 포천 지역)을 침공해 오자 신라에 구원을 요청하였고, 백제는 신라군의 도움으로 고구려군을 몰아내게 된다.

재위 11년인 550년에 백제가 한성을 되찾고 고구려의 도살성(道薩城)도 함락시킨다. 이즈음 고구려는 돌궐(突厥)의 공격으로 도성이 위협받을 상황이어서 신라와 백제에 적극 대항하지 못하고 퇴각하였다. 그러나 돌궐군이 물러가고 전열을 정비한 고구려가 은밀히 신라와 내통하고 백제를 공격하자, 이 기회를 틈 타 신라도 백제를 공격하여 한강 이북의 백제 땅과 한성을 장악한다.

재위 14년인 553년에 월성 동쪽에 궁궐을 지으려는데 황룡이 나타나 사라졌다. 이를 기이하게 여기고 그곳에 절을 짓게 하고 황룡사(黃龍寺)라는 이름을 내렸다.

재위 15년인 554년에 한강 지역과 한성을 빼앗긴 백제 성왕은 왜국의 군사들과 함께 신라를 공격하였다. 백제가 신라의 관산성(管山城 : 옥천지역)을 공격할 때 백제의 태자 위덕(威德)의 군사들과 합류하러 밤에 이동하다가 왕이 신라의 복병에 잡혀 죽임을 당한다. 이로 인하여 성왕이 죽은 백제군은 크게 사기가 떨어지게 되었고, 신라군은 백제 군

---

* 신라시대 부족 대표들이 모여 왕위 계승, 대외적인 선전포고 등의 국가의 중대한 일을 논의하는 회의기구로 대체로 약 20명의 진골(眞骨) 귀족이 참여하였는데, 의장은 상대등(上大等)이다. 화백회의는 만장일치 합의제로서 각 부족 간의 부정을 견제하고, 단결을 강화하고, 귀족 세력과 왕권 사이의 권력을 조절하는 역할을 하였다.

사 3만여 명을 죽이는 대승을 거둔다.

재위 16년인 555년에 백제와 고구려로부터 빼앗은 영토에 주를 설치하고 관리를 두어 관리하였고, 이 해 10월에 진흥왕이 직접 순행하며 북한산에 순수비를 세우고 국경을 정하였다.

재위 23년인 562년에 신라에 이를 갈던 백제는 가야의 잔존 세력을 부추겨 신라를 협공하며 가야가 내부에서 반란을 일으켰으나 제압당하여 실패하였다.

재위 27년인 566년에 황룡사가 준공한 지 13년 만에 완성되었다.

신라 불교의 발전은 지소태후와 진흥왕의 특별한 관심으로 발전하여 호국불교의 형태로 발전되었고, 진흥왕도 말년에는 몸소 머리를 깎고 법운(法雲)이라는 법명을 사용하기도 하였다.

진흥왕 때에 신라의 영토가 크게 넓어져 가야 땅을 거의 병합하였고, 북쪽으로는 함경북도 마운령(摩雲嶺)에 이르기까지 한반도의 절반 이상을 차지하였다.

재위 37년인 576년 8월에 진흥왕은 정치와 문화, 국력에 힘을 쓰고 불교 중흥에도 많은 업적을 남겼으나 43세의 나이로 세상을 떠난다.

25. 진지왕(眞智王)
┃ ?~579년, 재위 576년 8월~579년 7월

이름은 금륜(金輪) 또는 사륜(舍輪)이며 진흥왕의 둘째 아들이며 어머니는 사도부인이고 비는 지도부인(知道夫人)이다. 형인 태자 동륜(銅輪)이 개에 물려 죽어 태자가 되었다. 진흥왕이 죽자 왕위에 올랐다.

당시 신라 사회에는 색공(色供)의 풍습이 있었는데 태자 동륜은 진흥왕의 색공녀(色供女)인 미실(美室)과도 관계를 하였다. 동륜은 또 다른 진흥왕의 색공녀인 보명(寶明)을 좋아하게 되는데 밤에 몰래 보명의 집에 담을 넘어가다가 개에 물려 죽게 된 것이다. 이처럼 당시 성이 문란하였으며 진흥왕도 색을 너무 탐하여 그것이 원인이 되어 마흔세 살에 중풍으로 죽었다고 한다.

왕이 된 금륜도 미실과도 관계를 하면서 미실을 왕후로 삼기로 약속하였다. 당시 궁궐의 모든 권력은 진흥왕의 애첩이었던 미실과 사도태후(思道太后)가 권력을 장악하고 있었다. 사도태후는 거칠부(居柒夫)를 상대등으로 삼아 내정을 살피고 이사부의 아들 세종(世宗)에게 군사를 맡기어 두 사람의 활약으로 내외의 정사는 비교적 안정되었다.

재위 2년인 577년 10월에 백제가 서쪽 변경을 침공하였으나 이사부의 아들 세종에게 명하여 군사를 내어 격파함으로써 대승을 거두었다.

그러나 진지왕은 정사에는 관심을 두지 않고 매일 색사(色事)에만 열중하였으며, 미모가 출중하다는 여자가 있으면 유부녀라도 궁으로 불러들여 강음을 하였다. 미실을 왕후로 삼겠다는 약속을 지키지 않으면서 도화랑(桃花娘)이라는 유부녀를 궁으로 불러들였다. 그러나 남편이 있다며 그녀가 관계를 거절하자 남편을 죽이고 강음을 하는 등 황음을 일삼았다. 결국 사도태후와 미실의 말을 듣지 않자 이들이 진지왕을 폐위시키고, 동륜의 아들 백정(白淨 : 진평왕)을 왕으로 세운다.

재위 4년인 579년 7월에 진지왕은 별궁에서 유폐생활을 하다가 세상을 떠난다. 시호를 진지라 하였고 영경사(永敬寺) 북쪽에 장사지냈다.

26. 진평왕(眞平王)
▌ 567~632년, 재위 579년 7월~632년 정월

이름은 백정(白淨)이며 개에 물려 죽은 진흥왕의 태자 동륜의 아들

이고 어머니는 만호부인(萬呼夫人)이며 왕비는 김씨 마야부인(摩耶夫人)이다. 사도태후가 진지왕을 폐하여 13세의 나이에 왕위에 올랐다. 사도태후가 왕권을 장악하고 오빠 노리부(弩里夫)를 상대등에 임명하여 행정개편을 하였다.

재위 3년인 581년에 위화부(位和府)를 설치하여 인사에 관한 행정을 맡겼고, 583년에는 선부서(船府署)를 설치하여 대감(大監)과 제감(弟監)을 각 1명씩 두고 선박과 항해에 대한 업무를 보게 하였다.

재위 6년인 584년에 연호를 건복(建福)으로 고치고 조부령(調府令)을 두어 납세와 부역에 관한 일을 맡게 하였다.

재위 9년인 587년에는 두 명의 예부령(禮部令)을 두어 교육, 의례 및 외교에 관한 일을 보게 하여 신라 조정은 병부, 위화부, 선부서, 조부, 승부, 예부를 설치하여 조정 6부의 기반을 만들었다.

이 무렵 중국 대륙에서는 큰 변화가 생기는데, 589년에 양견(楊堅)이 남진(南陣)을 멸망시키고 중원을 통일하고 수(隋)나라를 세웠다.

재위 16년인 594년에 진평왕은 수나라에 사신을 보내 국교를 맺고 '상개부 낙랑군공 신라 왕(上開府 樂浪郡公 新羅 王)'이라는 시호를 받는다.

재위 18년인 596년에는 고승 담육(曇育)을 불법을 구하러 수나라에 보내었다.

진평왕은 고구려를 견제하려는 마음으로 수나라와 적극적인 외교 관계를 맺는다. 선왕 진흥왕 때에 신라는 백제의 한강 유역을 빼앗았고, 고구려의 남변으로도 많은 영토를 확장하였기 때문에 이후 백제와 고구려 두 나라의 빈번한 공격을 받는 상황이었다.

재위 24년인 602년 8월에 백제의 무왕(武王)은 잃어버린 옛 영토를 회복하려고 아막성(阿莫城 : 음성 지역)을 공격해 왔는데, 신라군의 적극적인 저항으로 대항하자 백제군이 물러갔다.

재위 25년인 603년 8월에는 고구려가 북한산성(北漢山城)을 공격하여 오니, 진평왕이 친히 군사 1만을 거느리고 출전하여 막아냈다.

재위 30년인 608년에 고구려가 자주 침공하자, 신라는 수나라에 사신을 보내 글을 올려 군사를 요청하였다. 이 사실을 알게 된 고구려 영양왕(嬰陽王)은 신라를 공격하여 신라의 백성 8천 명을 잡아갔다.

재위 33년인 611년에 다급해진 진평왕은 수나라에 구원을 다시 요청하였다. 이 틈을 이용하여 백제는 신라의 가잠성(椵岑城 : 충북 괴산)을 공격하여 함락시켰다.

재위 34년인 612년 정월에 수나라는 113만 대군으로 고구려를 공격하였지만 패하고 퇴각하였다.

618년 이후 수나라는 망하고 이연(李淵)이 당(唐)나라를 세웠는데, 진평왕이 당나라에 사신을 보내었다.

재위 46년인 624년에 당나라 고조(高祖)는 사신을 보내와 진평왕을 '주국낙랑군공 신라 왕(柱國樂浪郡公 新羅 王)'으로 책봉하였다. 이 해에 백제가 침공해와 속함(速含), 앵잠(櫻岑), 기잠(岐岑), 봉잠(烽岑), 기현(旗懸), 혈책(穴柵)의 6성을 빼앗겼다.

재위 47년인 625년에 진평왕은 당나라에 사신을 보내 고구려를 막아달라고 요청하였다. 이에 당나라 고조는 고구려에 사신을 보내 신라와 화친할 것을 권고하였다. 고구려의 영류왕(營留王)은 당나라의 권고를 받아들여 신라 공격을 자제하였는데, 외교적 성과를 거둔 진평왕은 백제에 빼앗긴 성들을 되찾기 위하여 총력전을 펼쳤다.

재위 50년인 628년에 가잠성을 되찾았고, 그 여세를 몰아 629년에는 김유신이 아버지 김서현(金舒玄)과 함께 고구려의 낭비성(娘臂城)을 공격하여 함락시키었다. 그러나 신라의 국내 사정은 오랜 전쟁으로 인하여 피폐해져 있었다. 굶주린 백성들은 자식까지 팔기도하니 정치적으로도 불안정하게 되고, 조정은 반역의 소용돌이에 휘말리게 된다.

재위 53년인 631년 5월에 이찬 칠숙(柒宿)과 아찬 석품(石品)이 모반을 하였으나 발각되어 죽임을 당하였다.

그럼에도 불구하고 이후 국정은 더욱 어려워졌고, 당나라에 환심을 사기 위하여 미인을 보내는 등 애를 쓰다가, 이듬해인 632년 정월에 66세의 나이로 왕이 세상을 떠난다. 시호를 진평이라 하였고 한지(漢只)에 장사지냈다.

27. 선덕왕(宣德王)
▌?~ 647년, 재위 632년 정월~647년 정월

이름은 덕만(德蔓)이고 진평왕의 둘째 딸이며 어머니는 김씨 마야부인으로 우리 역사에 있어서 최초로 여자가 왕이 된다.

진평왕에게 아들은 없고 딸이 셋이 있었는데, 첫째 딸이 천명(天明)으로 진지왕의 아들 용수(龍樹)에게 시집을 갔다. 셋째 딸은 백제 무왕에게 시집간 선화공주(善花公主)이다.

관례상 진평왕의 큰 사위인 김용수가 왕위를 이어야 하지만, 폐출된 진지왕의 자식이므로 나라 사람들이 화백회의에서 둘째 딸 덕만을 왕으로 세운 것이다. 당시 성골(聖骨)만이 왕위에 오를 수 있었는데 성골 남자가 없었다.

선덕여왕은 미모가 뛰어났던 것으로 보인다. 여왕을 보고 반하여 열병으로 몸에서 불이나 영묘사(靈廟寺) 목탑과 함께 타 죽은 가련한 탑지기 지귀(志鬼) 총각의 이야기가 심화요탑(心火繞塔) 설화로 전해진다.

선덕여왕은 시집을 가지 않은 것으로 알려졌는데, 이는 잘못 알려진 것으로 공주 시절 김용춘(金龍春)과 결혼을 하였으나 선덕여왕은 자식을 잉태하지 못하였다.

당시 신라는 왕녀가 자식을 가지지 못할 때, 남편을 셋까지 두게 하는 삼서제도(三壻制度)가 있었다. 따라서 즉위하여 흠반(欽飯)과 을제(乙祭)를 동시에 여왕의 남편으로 삼았으나 결국 자식을 두지 못하였다.

즉위 원년 12월에 사신을 당나라에 보내 즉위 사실을 알리고 조공하였다. 선덕여왕 때에 신라와 당나라의 관계는 더욱 강화되는데, 당나라의 이세민(李世民)은 여자가 왕위에 오른 것을 못마땅하게 생각하였다. 이때 이세민이 답례로 모란꽃 그림을 보내 왔는데, 선덕여왕은 그림 속에 나비가 없는 것을 지적하며 여자인 자신을 조롱하는 것으로 해석하고 화가 났지만 대꾸할 수 없는 처지였다.

재위 2년인 633년 8월에 백제가 신라의 서쪽 변경을 침입하였고, 636년 5월에는 독산성(獨山城)을 침범하여 왔으나 명장 알천(閼川)의 활약으로 백제군을 격퇴시키었다. 이후 백제는 무왕이 나이가 많아 신라에 대한 공격은 한동안 조용해졌다. 그러나 고구려의 침범이 다시 이어졌다.

재위 7년인 638년 10월과 11월에 고구려가 북쪽 변경과 칠중성(七重城 : 임진강)을 공격해 왔다.

이 무렵 백제에서는 무왕이 죽고 의자왕(義慈王)이 즉위하여 병력을 강화하고 대대적으로 군대를 일으켰다.

재위 11년인 642년 7월에 백제는 신라에 총공세를 퍼부어 신라의 서쪽 40여 개의 성을 함락시켰다. 그 사이 8월에 고구려가 당항성(黨項城)을 공격하여 빼앗아 갔다. 당항성을 빼앗긴 신라의 선덕여왕은 당나라에 사신을 보내 구원을 요청하였는데, 여왕을 좋아하지 않은 당나라 이세민은 마지못해 고구려에 사신을 보내 신라를 공격하지 말 것을 종용한다.

이에 고구려의 연개소문은 신라가 빼앗아간 고구려의 옛 땅을 돌려주기 전에는 신라에 대한 공격을 멈출 수 없다며 당나라의 제의를 거절하고 계속 신라를 압박하였다.

황룡사 9층 대탑

　고구려를 침공하려는 구실을 찾던 당나라 이세민이 이를 빌미로 마침내 고구려를 공격하자, 645년 5월에 신라는 군사 3만을 보내 고구려를 협공하였다. 이 틈을 노려 백제는 신라의 변경을 공격해 7개 성을 점령한다.

　신라는 잦은 전쟁으로 조정은 흔들리고 나라 살림이 어려운 처지였는데, 이 시기에 엄청난 인력과 자금이 드는 황룡사(黃龍寺) 대탑을 건립하는 공사를 벌렸다. 이에 백성들의 원성이 높아지고 선덕여왕이 정치를 잘못하여 나라가 피폐해졌다는 명분을 걸고, 647년 정월에 상대등 비담(毗曇)과 염종(廉宗)의 무리가 명활산성(明活山城 : 경주 인근)을 장악하고 무능한 여왕을 폐출해야 한다며 반란을 일으켰다.

　이 반란은 화백회의를 이끌던 상대등 비담이 왕의 후계자가 없을 때 왕위를 계승할 수 있기 때문에 왕위 찬탈을 위하여 일으킨 권력투쟁이었다.

선덕여왕은 이미 병을 앓고 있었는데 설상가상으로 반정이 일어나자 병이 악화되어 결국 재위 16년인 647년 1월 8일에 세상을 떠난다. 선덕여왕은 자신이 죽을 것을 예견하고 무덤의 위치를 정해 두었다고 하는데, 지금의 경주시 보문동의 선덕왕릉이다.

28. 진덕왕(眞德王)

| ?~654년, 재위 647년 정월~654년 3월

이름은 승만(勝蔓)이며 진평왕의 동생 갈문왕 국반(國飯)의 딸로 어머니는 월명부인(月明副因) 박씨로 선덕여왕과는 사촌형제이다.

647년 비담의 난중에 선덕여왕이 죽어 왕위에 올랐는데 왕위에 오른 사연은 잘 알 길이 없다. 당시 실권자인 김춘추(金春秋)가 난국을 타개하기 위하여 승만을 왕으로 추대하였을 것으로 추정된다.

비담의 난은 진덕왕이 즉위한 지 9일 만에 김유신의 활약으로 종식되고 비담과 그 일당은 붙잡혀 처형되었다.

알찬을 상대등으로 하여 내정을 안정시키고 당나라에 사신을 보내 즉위 사실을 알렸다. 그러나 신라는 반란의 후유증으로 여전히 불안한 상태였다. 따라서 이 틈을 노려 이 해 10월에 백제가 쳐들어왔다. 힘이 약해진 신라군은 김유신 휘하의 비녕자(丕寧子) 부자가 목숨을 버리며 싸웠고, 이에 신라군의 사기가 올라 백제 군사를 물리쳤다.

재위 2년인 648년 3월에는 백제의 장군 의직(義直)이 신라의 서쪽으로 침공해 왔으나 김유신이 나가 물리쳤다.

재위 3년인 649년 8월에는 백제의 장군 은상(殷相)이 공격해 왔는데,

이번에도 김유신이 나가 싸워 대승을 거두었다.

이런 상황에서 겨울에 김춘추는 아들 문왕(文王)과 함께 사신으로 당나라에 건너가 태종(太宗)을 뵙고 나라 사정을 말하고 구원을 요청하여 허락을 받았다.

649년 정월부터 신라 조정의 신료들은 당나라의 의관을 착용하였고, 650년부터는 당나라의 연호를 사용하면서 당나라에 의존하였는데, 김춘추의 저자세 외교는 모두 당나라의 지원을 얻기 위한 몸부림이었으며 후에 나당연합군(羅唐聯合軍)으로 결실을 보게 된다.

재위 8년 만인 654년 3월에 왕이 세상을 떠나니, 시호를 진덕이라 하였고 사량부(紗梁部)에 장사지냈다.

29. 태종 무열왕(太宗 武烈王)
▌603~661년, 재위 654년 3월~661년 6월

진평왕의 큰 사위로 폐출된 진지왕의 장남 용수의 아들로 이름은 춘추(春秋)이다. 어머니는 진평왕의 딸 천명부인인데 용수가 죽어 삼촌 용춘에게 재가를 하였다. 부인은 각찬 서현(舒玄 : 김유신의 아버지)의 딸 문명부인(文明夫人)으로 김유신과는 처남 매부지간이다. 진덕여왕에게 후사가 없어 나라 사람들이 왕으로 추대하였다.

춘추는 24세에 화랑도의 풍월주를 지내었고, 이후 이찬(伊湌)의 벼슬에 올라 진평, 선덕, 진덕왕 대에 정치 및 외교 문제에 중추적인 역할을 하였다.

무열왕이 즉위할 당시 백제는 고구려와 연합하여 신라를 노리고 있었고 왜국마저 연합할 움직임을 보이니, 신라는 오로지 당나라에 의존할 수밖에 없었다.

재위 2년인 655년, 마침내 고구려가 백제와 함께 쳐들어와 33여 개 성을 빼앗으니 당나라에 구원을 요청하였다. 3월에 당나라가 고구려를 공격하므로 고구려는 신라 전선에서 물러나고 백제의 의자왕도 일단 물러선다.

이 무렵 백제는 내분이 생겨 성충(成忠)이 죽고, 승리에 도취한 의자왕이 주색과 향락에 빠지게 된다. 그리고 658년과 659년에 당나라는 고구려를 대대적으로 공격하였으므로 당나라 침공에 방어하기에 바쁜 고구려는 신라를 넘볼 여력이 없었다.

그러나 당나라의 고구려 정벌은 결국 실패한다. 이후 당나라는 고구려를 효과적으로 공격하기 위하여 한반도 남쪽의 백제를 먼저 정복하기로 한다. 그런 후 북쪽과 남쪽에서 동시에 고구려를 칠 생각이었다.

신라의 구원 요청을 받은 당나라 고종(高宗)은 660년 3월에 소정방(蘇定方)을 대총관으로 삼고 당나라에 있던 무열왕의 아들 김인문(金仁問)을 부총관으로 삼아 군사 13만 명을 파견하여 백제를 치게 한다. 7월에 신라는 김유신 등이 군사를 거느리고 백제의 황산벌로 진격하였다. 나당연합군이 백제를 공격한 것이다.

황산벌에는 백제의 계백(階伯) 장군이 지키고 있어 네 번 싸워 패하는 불리한 상황에서 좌장군 품일(品日)의 아들 관창(官昌)이 홀로 적진에 뛰어들어 사로 잡힌다. 계백은 관창이 어리고 용맹하므로 돌려보냈는데, 관창이 다시 돌아와 싸우니 계백은 관창을 잡아 목을 베어 신라 군중으로 보냈다.

관창의 죽음에 신라의 장졸들이 감격하였고, 이에 사기가 올라 총진격함으로써 백제군을 쳐부수니 계백은 전사하고 백제 군사는 대패하였다.

7월 12일에 당나라 군사에 의해 사비성(泗沘城)이 함락되자 의자왕은 웅진성(熊津城)으로 피신하였다. 하지만 나당연합군의 끈질긴 공격에 버티지 못하고, 7월 18일에 백제 의자왕은 태자와 함께 웅진성에서 나와 마침내 항복한다.

무열왕은 마침내 숙원이었던 백제를 병합하는데 성공을 하지만 백제의 잔존 세력을 완전히 제거하지 못하고, 재위 8년인 661년 6월에 59세의 나이로 세상을 떠난다. 시호는 무열, 왕호는 태종이라 하고 영경사 북쪽에 장사지냈다.

30. 문무왕(文武王)

▎ ?~681년, 재위 661년 6월~681년 7월

이름은 법민(法敏)이며 태종 무열왕의 원자이다. 어머니는 김씨 문명왕후(文明王后)로 김유신의 누이이다. 문무왕은 태자 시절에 통일 전쟁에 참여하여 많은 공을 세웠다. 특히 660년 백제정벌 전쟁에서 무열왕을 대신하여 신라군을 직접 지휘하기도 하였다.

즉위 원년에 백제의 잔당이 옹산성(甕山城)을 점거하고 반격을 꾀하자, 이에 공격하여 수천 명을 베어 죽이고 궤멸시켰다.

그리고 김유신에게 명하여 당나라 소정방에게 식량을 지원하고 고구려의 평양성(平壤城)을 공격하게 하였으나 당나라 군사가 고구려에 패하여 돌아갔다. 날씨가 추워 회군할 때, 추격하는 고구려 군사를 과천(임진강)에서 크게 물리쳤다. 또한 백제 부흥군이 왜국과 연합하여 나당연합군을 공격하였으나 백강(白江)에서 크게 무찔렀다.

이 무렵 백제의 부흥군 사이에 내분이 생겨 복신(福信)이 도침(道琛)을 살해하고, 또한 부여풍(扶餘豊)은 복신을 살해한다. 결국 마지막까지 항전하던 백제의 장군 흑치상지(黑齒常之)도 항복을 하면서 백제 부홍군은 완전히 진압된다.

재위 5년인 665년에 백제의 왕자 부여융(扶餘隆)을 웅진도독으로 삼아 옛 땅을 보존하게 하고, 당나라 장군 유인궤(劉人軌)가 금서철권(金書鐵券)의 글을 신라 종묘에 올려 우의와 신의를 맹약하였다.

그리고 665년 백제를 평정한 당나라는 장군 방효태(龐孝泰)를 보내 고구려를 공격하였으나 전멸하였다.

당나라는 고구려에 대한 사무친 원한으로 계속적으로 정복의 야욕을 버리지 못하고 있었는데, 666년에 고구려의 연개소문(淵蓋蘇文)이 죽는다.

이에 당나라는 이적(李勣)을 요동도행군대총관(遼東道行軍大摠管)으로 삼아 고구려를 다시 공격하였다. 연개소문이 죽은 이후에 고구려는 내부에서 권력다툼이 일어나 연개소문의 장남 남생(男生)이 당나라에 항복하였고, 연개소문의 동생 연정토(淵淨土)는 12성 763호 3543명을 데리고 신라에 항복해 왔다.

재위 7년인 667년 9월에는 고구려의 신성(新城)과 주변 16개 성, 이어 부여성(扶餘城)과 주변 40개 성이 함락된다. 당나라 황제가 요동에서의 싸움을 벌리면서 신라에 고구려 정벌에 협조하라는 칙지를 내리자, 김유신 등 30명의 장군이 서라벌을 떠나 평양성으로 향하였다.

재위 8년인 668년 9월 21일에 당나라군과 합세하여 평양을 포위하고 공격하였다. 결국 고구려 보장왕(寶藏王)은 당나라 영공 이적에게 항복하였다. 이로써 고구려도 패망하여 역사 속으로 사라진다.

이후 보장왕의 서자인 안승(安勝)이 검모잠(劍牟岑)과 함께 부흥군을 모아 고구려의 재건을 시도하였으나 이루지 못하고 안승은 검모잠을 죽이고 신라에 투항한다. 당나라 영공 이적은 고구려 왕 보장과 왕자, 대신 등 20여만 명을 데리고 당나라로 돌아갔고, 이 해 10월에 문무왕은 전공을 살펴 직위와 상을 내렸다.

11월 5일에 문무왕은 사로잡은 고구려 사람 7000명을 데리고 서라벌로 들어와, 다음날 6일에 "선조의 사당에 백제와 고구려를 굴복시켜 안정되게 하였다"라고 고하였다.

그러나 고구려가 항복하자 당나라는 고구려와 백제는 물론이고 신라 땅까지 차지하려는 야욕을 보인다. 이에 신라는 강력하게 반발을 하면서 신라와 당나라의 갈등이 심화된다.

옛 백제 땅은 웅진도독부를 두어 부여융을 도독으로 하였으나 실권은 당나라 장수가 관리하고 있었다.

재위 11년인 671년 6월에 옛 백제 땅에서 신라와 당나라 군사 사이에 충돌이 생겨 석성(石城)에서 전투를 벌여 신라군이 5300명의 당나라 군사의 목을 베고 63개의 성을 차지하였다. 이에 당나라 설인귀(薛仁貴)는 신라의 행동을 비난하는 글을 보내오고, 이에 문무왕은 신라군의 정당함을 역설하는 회신을 보낸다.

이후 신라와 당나라의 한반도 안에서 패권을 위한 전쟁은 계속되어 당나라 장수 고간(高侃)이 4만의 군사로 평양성을 공격해 왔으나, 재위 12년인 672년 7월에 신라 군사가 옛 고구려 군사와 함께 당나라 군사를 공격하여 수천 명의 목을 베니 결국 당나라 군대는 철수를 하게 된다.

이에 화가 난 당나라 고종은 신라 문무왕의 작위를 삭탈하고 당나라에 머물고 있던 문무왕의 아우 김인문을 신라 왕으로 임명하여 유인궤의 군대와 함께 신라로 파견하였다. 당나라 장수 유인궤는 칠중성을 공격하다가 진전이 없게 되자 당나라로 돌아갔고, 문무왕은 유화정책으로 9월에 당나라에 사신과 보물을 보내 사죄를 청하였다.

이후에도 당나라는 천성(泉城), 매초성(買肖城) 등을 공격하여 왔으나 신라군에 패하고 물러나 자연스럽게 백제의 영토와 고구려의 대동강 이남의 남쪽 영토는 신라에 귀속된다.

문무왕은 백제 땅과 고구려 땅에 주와 군을 설치하여 기강을 세우고, 한편으로는 당나라에 사신과 조공을 보내 화친하기를 청하였다.

재위 13년인 673년 7월 1일에 김유신이 세상을 떠났다.

재위 16년인 676년에 당나라는 평양에 두었던 안동도호부(安東都護府)를 요동으로 옮겨 간다.

이로써 신라는 대동강 이남의 한반도 땅을 장악하게 되었고, 마침내 삼한 통일의 과업을 이루게 된다.

이렇듯 통일과 영토 확장에 힘을 쓰던 문무왕은 자신이 죽으면 능을 동해에 만들어 장사지내게 하고 또 바다의 용이 되어 왜군의 침입을 막아 내겠다는 유언을 남기고, 재위 21년인 681년 7월 1일에 세상을 떠난다. 이에 시호를 문무라 하였고, 유언에 따라 동해구(東海口)의 대석상(大石上 : 감포 대왕암)에 장사지냈다.

31. 신문왕(神文王)

┃ ?~692년, 재위 681년 7월~692년 7월

이름은 정명(政明)이며 문무대왕의 둘째 아들이다. 어머니는 자의왕후(慈儀王后)이다. 장남 소명(昭明) 태자가 어린 나이에 병으로 일찍 죽어 둘째 아들인 정명이 태자가 되어 문무왕이 죽자 왕위를 이었다. 비는 김씨인데, 그녀의 아버지 흠돌(欽突)은 김유신의 조카이자 사위로 화랑도의 거두였다.

신문왕은 즉위하자 반란에 휘말리는데, 반란의 주모자는 장인인 김흠돌이었다. 신문왕이 자기 딸을 총애하지 않아 흥원(興元), 진공(眞功) 등과 모의하여 야명부인(夜明夫人)의 소생 인명을 왕으로 세우려고 반역을 일으켰으나 실패하여 김흠돌은 죽음을 당하고 왕비 김씨는 폐출된다.

즉위 한 달 만에 일어난 반란은 전화위복이 되어 정적들을 철저히 제거하는 기회가 되었고, 이는 왕권을 강화시키는 결과로 이어지게 된다.

그리고 중앙의 화랑제도를 정리하여 풍월주를 바꾸어 국선(國仙)이 그 자리를 대신하게 하였고, 시위감(侍衛監)을 없애고 장군을 두어 왕이 직접 호위 업무를 지시하고 인사권에 관여하는 체제를 세웠으며, 유교적 정치 이념으로 교육하는 국학(國學)을 세워 국가 주도로 인재를 양성하였다.

재위 2년인 682년에 신문왕은 문무대왕의 능을 위하여 동해 바닷가에 감은사(感恩寺)를 세웠다. 이듬해에 감은사 앞 동해의 작은 산에서 대나무를 얻어 피리를 만들어 나라의 보물로 삼았는데, 이 피리를 불면 천하가 태평해지고 적병도 물러나고 성난 파도도 잔잔해지며, 백성의 병도 낫는 신기한 이 피리를 만파식적(萬波息笛 : 거친 물결을 잦아들게 하는 피리)이라 이름하고 국보로 삼았다는 설화가 전해 온다.

또한 신문왕은 백제와 고구려 유민들과 지방의 반란을 염려하여 고구려 보장왕의 서자 안승을 683년 10월에 도성으로 불러들여 김씨 성을 하사하고 땅과 벼슬을 내려 회유하고 다독였다. 그러나 한편에서는 신문왕의 의도에 반발을 하여 안승의 조카인 장군 대문(大文) 일당이 684년에 반역을 꾀하다가 죽는다.

이 사건 이후 신문왕은 지방조직을 개편하고 정비하여 9주 5소경(小京)을 정착시키고, 도성을 서라벌에서 청주로 옮기려는 계획을 세웠으나 실행하지 못하였다.

이후 신문왕은 최치원(崔致遠), 강수(强首)와 설총(薛聰) 등과 어울리며 학문에도 힘을 썼다.

재위 6년인 686년에 사신을 당나라에 보내 예와 문학에 관한 서적을 청하니, 측천무후(則天武后)가 길흉(吉凶)에 대한 요례(要禮)와 문관(文

館)과 사림(詞林)에서 규계(規誡)가 될 만한 것을 가려 서책 50권을 보내
왔다.

재위 12년인 692년 7월에 왕이 세상을 떠나니, 시호를 신문이라 하
고 낭산(狼山)의 동쪽에 장사지냈다.

32. 효소왕(孝昭王)

| ?~702년, 재위 692년 7월~702년 7월

이름은 이홍(理洪 : 이공理恭이라도 함)이며 신문왕의 장남이다. 어머니
는 신목왕후(神穆王后) 김씨이다.

신문왕이 죽기 일 년 전인 691년에 태자로 책봉되었는데, 10대의 어
린 나이에 왕위에 오른 것으로 추정된다. 그 당시 삼국통일의 후유증
이 거의 해소되고 정국이 안정되어 갔으나 왕이 어린 탓에 공신들에
의하여 정사를 보게 된다.

즉위 원년 692년 8월에 흠돌의 난을 진압한 대아찬 원선(元宣)을 중
시(中侍)로 임명하였는데, 기존의 상대등은 상징적인 존재로 전락하고
행정을 대표하는 집사부(執事部)의 장이 중시가 되어 조정을 장악하게
된다. 이 해 고승 도증(道證)이 당나라에서 별자리를 그린 천문도(天文
圖)를 가져와 왕실의 권위를 높이는데 사용한다.

그러나 원선에 이어 신문왕 때의 공신인 이찬 당원(幢元)과 대아찬
순원(順元)이 중시를 맡게 되니 조정은 공신들이 장악한다.

성인이 된 효소왕은 왕권을 회복하기 위하여 노심초사하였는데, 재
위 9년인 700년 5월에 이찬 경영(慶永)이 모반을 꾀하다 죽는다. 이에
효소왕은 중시 순원을 모반과 연계시켜 쫓아내고 공신 세력을 권력의
핵심에서 몰아낸다.

효소왕과 공신들과의 갈등은 왕이 20대의 나이에 기록도 없이 죽는
것으로 보아 모반에 의하여 죽은 것으로 추정된다.

재위 11년인 702년 7월에 왕이 세상을 떠나니, 시호를 효소라 하였
고 망덕사(望德寺) 동쪽에 장사지냈다.

33. 성덕왕(聖德王)

■ ?~737년, 재위 702년 7월~737년 2월

신문왕의 둘째 아들이고 효소왕의 동복아우이다. 신목왕후의 소생
이며 본명은 융기(隆基)였는데, 이름이 당나라 현종(玄宗)과 같다하여
흥광(興光)으로 고치었다.

효소왕이 아들이 없이 죽게 되어 나라 사람들이 왕으로 추대하였다
고 기록하는데, 효소왕과 신하들 사이에 권력 다툼으로 효소왕이 죽
고 추대된 것으로 보아 왕위 찬탈이 의심된다.

성덕왕은 즉위하여 왕위의 승계 과정에서 흐트러진 관료들과 민심
을 달래려고 대사면령을 내리고 문무관의 관작을 1급씩 올려 주었으
며, 모든 주, 군의 1년간 조세를 면제하여 큰 호응을 얻고 정치적인 안
정을 이룬다.

또한 외교적으로도 안정이 되어 당나라와의 관계도 원만하여 왕실
과 귀족 집안의 자녀를 당나라의 국학에 입학시켜 학문을 배우게 하
고, 견당사(遣唐使)를 보내 당나라의 문물을 받아들였다.

재위 2년인 703년에는 일본국에서 204명의 대규모의 사신단을 보
내와 왕의 즉위를 축하하였다. 고구려 멸망 이후 새로 건국된 발해(渤
海)와의 관계는 당나라 때문에 거리를 두며 정치적, 외교적으로 안정
을 이루었다.

재위 12년인 713년에 전사서(典祀署)를 설치하였고, 714년에 상문사(詳文司)를 통문박사(通文博士)로 고치고 서(書), 표(表)에 관한 사무를 맡게 하였다.

재위 16년인 717년에는 의박사(醫博士)와 산박사(算博士)를 각각 1명씩 두었다.

재위 17년인 718년에 왕이 나라의 서쪽을 순행하며 민생을 살피었다.

당시 왜국은 식량이 부족하여 신라에서 곡식을 가져가야 하는 처지였는데, 교역 문제로 신라와 일본은 갈등을 빚게 된다.

재위 21년인 722년에 왕은 왜적의 침입에 대비하여 모벌군성(毛伐郡城)을 쌓았다. 그리고 왜국과의 무역 마찰은 계속된다.

재위 30년인 731년에 급기야 왜군이 군선 300척을 이끌고 신라로 쳐들어왔는데, 신라는 이미 철저히 대비한 상태여서 왜군은 크게 패하고 물러갔다.

재위 32년인 733년에 북쪽의 발해가 바다를 건너 당나라의 등주(登州)를 공격하는 사건이 일어났다.

이에 당나라 현종은 발해의 남쪽을 치라고 신라에 요청을 하였는데, 성덕왕은 당나라의 요청을 받아들여 군사를 발해로 보내었다. 그러나 중간에 폭설을 만나 그냥 돌아온다. 이에 당나라에는 폭설로 군사의 절반 이상이 죽어 참전하기 어렵다는 과장된 보고를 하고 사죄하며 외교적 갈등을 피하였다.

성덕왕의 이러한 노력으로 당나라와의 관계는 좋아졌고, 734년에 당나라의 현종에게 패강(浿江) 이남의 땅은 신라의 땅이라는 조칙을 받아 낸다.

성덕왕은 재위 동안 정치적, 외교적으로 안정된 상태에서 국정을 이끌었으나 잦은 천재지변과 흉년으로 백성들의 생활은 곤궁하였고, 그로인해 유랑민도 많았다.

재위 36년인 737년 2월에 왕이 세상을 떠나니, 시호를 성덕이라 하고 이거사(移車寺) 남쪽에 장사지냈다.

34. 효성왕(孝成王)
| ?~742년, 재위 737년 2월~742년 5월

이름은 승경(承慶)이며 성덕왕의 둘째 아들이다. 어머니는 소덕왕후(炤德王后)이다. 형인 태자 중경(重慶)이 죽어 성덕왕이 죽자 왕위를 계승하였다.

재위 2년인 738년 2월에 당나라의 현종은 성덕왕이 죽었다는 소식을 듣고 좌찬선대부(左贊善大夫) 형도(邢璹)를 파견하여 조문하게 하였다. 이때 노자의 『도덕경(道德經)』을 가져와 효성왕에게 바쳤다.

효성왕은 5년의 짧은 치세 기간에 뚜렷한 기록은 없는데, 정치적인 사건으로 영종(永宗)의 모반사건이 있었다.

재위 4년인 740년에 효성왕이 파진찬 영종(永宗)의 딸을 후궁으로 맞아들이고 총애하였는데, 왕비인 이찬 순원(順元)의 딸 혜명(惠明)이 질투하여 영종의 딸을 죽인다. 이에 영종파와 순원파가 대립을 하였고, 효성왕의 은밀한 지지를 받은 영종이 친위적인 성격을 띠고 모반하여 순원파를 제거하려 하였으나 실패하고 오히려 영종파가 대거 제거된다. 이로 인하여 효성왕의 입지는 좁아지게 되고 조정의 권력은 순원 일파가 장악하게 된다.

이로부터 2년도 채 안되어 자신의 유골을 동해에 뿌려 달라는 유언을 남기고(자살을 시사함), 재위 6년인 742년 5월에 왕이 세상을 떠난다. 시호를 효성이라 하였고, 유언에 따라 화장을 하여 유골을 동해에 뿌렸다.

35. 경덕왕(景德王)

▌ ?~765년, 재위 742년 5월~765년 6월

이름은 헌영(憲英)이고 성덕왕의 넷째 아들이며 효성왕의 친동생이다. 효성왕이 아들이 없어 효성왕 재위 3년인 739년에 헌영을 태자로 세웠다. 왕위에 오른 경덕왕은 관제를 정비하고 제도개혁을 실시하여 왕권 강화를 위하여 힘을 썼다.

재위 6년인 747년에 중시의 명칭을 시중(侍中)으로 바꾸고, 국학에 박사(博士)와 조교(助敎)들을 두었으며, 749년에는 천문박사(天文博士)와 누각박사(漏刻博士)를 두었다.

경덕왕은 근본적으로 유학사상에 입각한 왕권정치를 펼치려 하였으나 귀족들이 반발을 하였다. 재위 15년인 756년에 상대등 김사인(金思仁)이 당시의 나라에서 일어나는 천재지변을 왕의 부덕 때문이라며 비판하는 상소를 올리기도 하였다. 이에 왕은 한발 물러서게 된다.

재위 16년인 757년에는 김사인이 병으로 사직하자, 왕은 다시 제도개혁을 하여 관리들에게 월봉(月俸 : 월급) 대신 녹읍(祿邑)을 지급하였다. 또한 세수 제도를 정비하였고 전국의 주의 이름을 대대적으로 바꾸고 그 휘하의 현과 군을 대폭 정비하였다.

경덕왕은 외교적으로 당나라와의 친분을 강화하기 위하여 많은 노력을 기울여 친밀한 관계를 유지하였으나, 반대로 왜국과는 상황이 악화되었다. 성덕왕 때에 왜국이 신라를 침략한 것에 대한 분노가 남아있어 왜국 사신이 와도 만나주지 않았으니 왜국과는 국교가 거의 단절된 상태가 된다.

이렇듯 경덕왕은 정치 외교에서 확실한 입장을 취하였고, 왕권이 강화되고 정치가 안정되었다.

이에 재위 19년인 760년에 대궐 안에 연못을 파고 월정교(月淨橋)와

춘양교(春陽橋)를 놓아 향락을 즐겼다. 경덕왕이 총애하였던 옛 신하 이순(李純)이 이런 소문을 듣고 찾아와 왕의 허물을 지적하고 간언하자, 경덕왕은 이순의 충고를 기꺼이 받아들이고 말년까지 조정을 잘 관리하였다.

재위 24년인 765년 6월에 왕이 세상을 떠나니, 시호는 경덕이라 하였다.

36. 혜공왕(惠恭王)

▌ 758~780년, 재위 765년 6월~780년 4월

이름은 건운(乾運)이고 경덕왕의 장남이다. 어머니는 김씨 만월부인 (滿月夫人) 경수왕후(景垂王后)로 서불한 의충(義忠)의 딸이다. 세 살의 나이에 태자로 책봉되고 8세의 어린 나이에 즉위하게 되니, 모후인 경수 태후가 섭정을 하였다.

어린 나이의 혜공왕은 태학에 나가 제왕 수업을 받고, 정사는 경수 태후가 보게 되는데 여러 가지 불길한 일들이 일어난다.

재위 2년인 766년에는 해가 두 개나 나타나 백성들이 두려워하고 암소가 다리 다섯인 새끼를 낳았다. 또한 강주(康州)에서는 땅이 꺼지고 커다란 연못이 생겼는데, 그 물빛이 검푸르게 변하였다. 767년에는 지진이 일어나고 하늘에서 별이 세 개나 대궐 안으로 떨어지는 일이 일어났다. 그러자 이러한 모든 일들이 왕이 부덕하여 일어났다며 이를 반역의 구실로 삼는다.

재위 4년인 768년에 일길찬 대공(大恭)이 아우 대렴(大廉)과 함께 반역을 하여 왕궁을 포위하였는데, 왕의 친위 군사가 반란군을 공격하여 대공의 반란은 실패하고 대공 집안은 구족이 멸문당한다.

재위 5년인 769년에는 황충과 가뭄으로 흉년이 들고, 치악현(雉岳縣)에서는 쥐 8천여 마리가 이동하고, 770년에는 겨울 가뭄과 흙비가 내리고 호랑이가 집사성(執事省) 안으로 들어오는 이변이 생겼다.

이를 기회로 왕이 부덕하다는 구실을 삼아 8월에 대야찬 김융(金融)이 반역을 도모하다가 잡혀 죽는다.

재위 11년인 775년 6월에는 이찬 김은거(金隱居)가 반역을 일으켰는데 실패하여 죽임을 당한다. 이 해 8월에는 이찬 염상(廉相)이 시중 정문(正門)과 함께 모반을 일으켰으나 발각되어 죽임을 당한다.

혜공왕은 계속 이어지는 반란을 겪으면서 성장을 한 후 모후의 섭정에서 벗어나 친정을 하게 되지만, 정사에는 관심이 없고 주색과 향락에 빠져 조정은 문란해지게 된다.

그 당시 조정은 상대등 김양상(金良相)의 양상파와 이찬 김지정(金志貞)의 지정파로 나누어져 세력을 다투고 있었다.

재위 16년인 780년 2월에 이찬 지정이 반란을 일으켜 군사로 대궐을 포위하고 정권을 장악한다.

혜공왕은 지정파를 지지하여 왕위를 유지하였는데, 이 해 4월에 상대등 김양상과 이찬 경신(慶信)이 군대를 동원하여 지정파를 공격하였다.

이에 양상파와 지정파의 공방전 끝에 김양상의 승리로 세력 다툼은 종결되었으나, 나이 스물셋의 혜공왕과 왕비는 세력 다툼의 와중에 난병에 의하여 피살되어 죽으니, 시호를 혜공이라 하였다.

37. 선덕왕(宣德王)

▌ ?~785년, 재위 780년 4월~785년 정월

이름은 양상(良相)이며 내물왕의 10대손으로 성은 김씨이다. 아버지는 해찬 효방(孝芳)이며, 어머니는 김씨 사소부인(四炤夫人) 정의태후(貞懿太后)로 성덕왕의 딸이다.

상대등이었던 김양상은 반란을 일으켜 지정파를 제거한 후 혜공왕을 죽이고 스스로 왕위에 올랐다.

선덕왕은 즉위하여 민심을 수습하고자 대사면령을 내리고 함께 반란을 도모하였던 김경신을 상대등으로 임명하여 국정을 꾸려나갔다.

재위 2년인 781년에는 몸소 패강(浿江) 남쪽까지, 이듬해에는 한산주(漢山州)를 순행하며 백성들을 살피고 이주시켜 살게 하여 북방의 영토를 안정시키고 대규모 군대를 사열하는 등 군의 기강을 세웠다.

재위 5년인 784년에 이미 노쇠한 몸으로 왕위에 오른 선덕왕은 물러나려 하였으나 신하들이 반대하여 왕위에 머물렀다. 이후 병상에서 지내다가 피할 수 없이 왕위에 오른 자신의 처지를 토로하고, 죽으면 불법에 따라 화장하고 뼈는 동해에 뿌려 달라는 유언과 조서를 내린다.

재위 6년인 785년 정월에 왕이 세상을 떠나니, 시호를 선덕이라 하였다.

38. 원성왕(元聖王)

▌ ?~798년, 재위 785년 정월~798년 12월

이름은 경신(敬信)이고 내물왕의 12대손으로 김효양(金孝讓)과 계오부인(繼烏夫人) 박씨 사이에서 태어났다. 혜공왕 말년 김지정을 제거한 공으로 김양상이 선덕왕으로 즉위하자 김경신은 곧 상대등이 되었다.

선덕왕이 아들이 없이 죽자 신하들이 서열이 높은 선덕왕의 족질 김주원(金周元)을 왕으로 추대하였으나 폭우가 내려 주원이 알천(閼川)을 건너지 못하여 궁에 들어오지 못하자, "임금이란 직책은 하늘이 내리는 것인데 하늘이 주원을 왕으로 세우는 것을 원하지 않는다"라며 신하들이 다시 중론을 모아 상대등 김경신을 추대하게 되어 왕위에 오르게 된 것이다.

원성왕은 즉위할 때에 이미 손자가 여럿 있었다. 이는 연로한 나이에 왕위에 오른 것이다.

그러나 폭우 덕택으로 즉위한 원성왕은 재위 기간 내내 천재지변으로 시달리게 된다.

재위 2년인 786년에 우박과 가뭄으로 흉년이 들어 곡식을 풀어 구제하였고, 787년에는 지진과 황충으로 흉년이 들고, 이듬해에도 서부에 가뭄과 황충으로 피해를 본다. 계속되는 천재지변으로 인한 흉년으로 도적 떼까지 극성을 부리니 민심은 동요하게 된다.

재위 7년인 791년 시중을 지낸 이찬 제공(悌恭)이 반역을 모의하다 발각되어 죽게 되고 국정은 혼란스러워진다. 게다가 이 해에 원성왕은 자식 복도 없어 태자로 삼았던 아들 인겸(仁謙)이 죽고 만다.

재위 10년인 794년에는 다시 태자로 세운 둘째 아들 헌평(憲平)도 세상을 떠난다. 또한 신하 복도 없어 시중의 자리가 자주 교체되어 국정을 일관성 있게 이끌지를 못하였다.

원성왕은 이러한 혼란 속에서도 재위 4년인 788년에 독서삼품과(讀書三品科)를 설치한 바 있으며 유교적 학문의 능력에 따라 벼슬을 내리는 획기적인 조치를 취하기도 하였다.

재위 6년인 790년에는 가뭄에 대비하여 전주(全州) 등 7주 사람을 징발하여 벽골제(碧骨堤)를 증축하였고, 이 해 3월에는 일길찬 백어(伯魚)

를 북국(北國 : 발해)에 사신으로 보내었고, 왕은 불교에도 많은 관심을 가지고 있어 재위 10년인 794년 7월에 봉은사(奉恩寺)를 창건하였다.

재위 14년인 798년 12월 29일에 왕이 세상을 떠나니, 시호를 원성이라 하고 유언에 따라 봉덕사(奉德寺) 남쪽에 화장하였다.

39. 소성왕(昭聖王)
┃ ?~800년, 재위 799년 정월~800년 6월

이름은 준옹(俊邕)이며 원성왕의 손자이다. 원성왕은 태자 김인겸이 죽어 그 아들 준옹은 궁중에서 자랐다. 789년에 당나라에 사신으로 다녀왔고, 791년에는 이찬 제공이 반란을 일으켰을 때 이를 제압하고 시중으로 임명되었으며, 795년에 태자로 책봉되었다.

즉위 원년에 국학생들에게 장학금 형태의 녹읍으로 거제도 땅을 내렸고, 크기가 9자나 되는 인삼을 캐어 이를 기이하게 여겨 당나라에 진상하였는데 당나라 덕종(德宗)은 인삼이 아니라고 받지 않았다고 한다.

소성왕은 지병을 앓고 있었던 것으로 추정된다. 원성왕 때에 시중에 임명되었으나 병으로 물러난 경력과 왕위에 오른 지 불과 1년 5개월 만인 800년에 왕이 세상을 떠나니, 시호를 소성이라 지었다.

40. 애장왕(哀莊王)
┃ 788~809년, 재위 800년 6월~809년 7월

소성왕의 장남이며 어머니는 김씨 계화부인(桂花夫人)이다. 이름은

청명(淸明)인데 즉위하여 중희(重熙)로 고쳤다.

즉위 할 때의 나이가 13세로 어려 숙부인 병부령 김언승(金彦昇)이 섭정을 하였다. 김언승은 다시 상대등에 오르니 조정의 권력은 김언승이 장악하게 된다.

재위 3년인 802년 8월에 가야산(加耶山)의 해인사(海印寺)를 창건하였고, 803년에는 왜국과 우호를 맺고 교빙을 하였다.

애장왕이 성장하면서 친정을 하려하자 김언승 일파와 애장왕 세력 사이에 갈등이 일어난다.

재위 6년 나이 18세인 805년에 애장왕은 모후 김씨를 태왕후로 삼고 행정 개혁을 위한 공법(公法 : 법규) 20여 조를 반포하고 12도에 특사를 파견하여 왕권을 세우기 위한 조치를 하였다.

재위 7년인 806년에는 불교의 사치스러운 행사를 금지하게 하고 불사를 새로 짓지 못하게 하고 수리만 하게 하였다. 왜국의 사신도 직접 접견하고 외교도 챙겨 왜국과의 관계도 증진시켰다.

애장왕이 정사를 직접 챙기게 되자 왕권은 빠르게 회복되었고 김언승 일파의 힘은 약화된다.

이에 위기감을 느낀 김언승이 아우 제옹(悌邕)과 조카 제륭(悌隆邕)과 함께 군대를 동원하여 반란을 일으켜 궁궐을 장악하고, 재위 10년인 809년에 숙부인 김언승이 애장왕을 시해하니 추시하여 애장이라 하였다.

41. 헌덕왕(憲德王)
▌ ?~826년, 재위 809년 7월~826년 10월

이름은 언승(彦昇)이며 아버지는 원성왕의 아들 김인겸으로 소성왕의 친동생이다. 원성왕 7년에 이찬 제공의 반역을 진압하여 중책을 맡고 애장왕 때 상대등이 되었다가 애장왕을 시해하고 왕위에 올랐다.

헌덕왕은 반정에 가담한 그의 동생 수종(秀宗 : 흥덕왕)과 조카 제옹 등을 시중과 고위직에 중용하여 조정을 꾸미고 정사를 보아 재위 10년까지는 비교적 안정되었다.

그러나 헌덕왕은 무력으로 왕권을 잡았기 때문에 주변에 친위 세력을 둘 수밖에 없었다. 따라서 인사의 편중이 심하게 되자, 이에 반발하는 불만 세력이 많아진다.

재위 7년인 815년에는 큰 흉년이 들고 지방 여러 곳에서 도둑이 크게 일어나 군사를 내어 평정하였다.

재위 11년인 819년에 중국 대륙의 당나라에서는 운주절도사(鄆州節度使) 이사도(李師道)가 난을 일으키자, 당나라 헌종이 신라에게 구원을 요청하였다. 이에 헌덕왕은 칙지를 받들어 김웅원(金雄元)에게 군사 3만 명을 파병하여 당나라를 돕게 하였다.

이처럼 당나라는 신라에 구원을 요청할 정도로 국정이 문란해졌고 신라 내부에서도 반정의 싹이 트고 있었다.

재위 14년인 822년 3월에 웅천주도독 김헌창(金憲昌)이 아버지 김주원이 왕으로 추대되었으나 폭우로 알천을 건너지 못해 왕이 되지 못한 것을 억울하게 생각하고 주변의 군, 현의 수령을 포섭하고 소속으로 삼아 반란을 일으켰다.

반란 초기에는 그 위세가 대단하여 국호를 장안(長安)이라 하고 연호를 경운(慶雲)이라 하며 스스로 왕임을 자칭하였다. 이에 헌덕왕은 장군 8명을 뽑아 조직적으로 공격하여 웅진성(熊津城)에서 김헌창 일당을 섬멸하였다. 김헌창은 자살하고 도당 239명을 잡아 죽였는데 헌창의 아들 범문(梵文)은 도망하여 잔병을 모아 저항하였다.

재위 17년인 825년 정월에 범문이 한산주(漢山州)를 공격하였으나,

도독 총명(聰明)의 군사에게 패하여 처형되었다.

재위 18년인 826년 10월에 왕이 세상을 떠나니, 시호를 헌덕이라 하고 천림사(泉林寺) 북쪽에 장사지냈다.

42. 흥덕왕(興德王)

> ?~836년, 재위 826년 10월~836년 12월

이름은 수종(秀宗 : 나중에 경휘景徽로 바꿈)이며 헌덕왕의 친동생이다. 형인 김언승(헌덕왕)과 함께 반란을 일으켜 애장왕을 시해하였다.

헌덕왕 때에 상대등을 지냈고, 왕위 계승자인 부군으로 책봉되어 막강한 권력을 행사하였으며 헌덕왕이 죽자 왕으로 즉위하였다. 그러나 그의 치세는 순탄하지 않았다.

즉위하여 두 달 만인 12월에 아끼던 장화부인(章和夫人)이 세상을 떠났다. 이에 정목왕후(定穆王后)로 봉하고 사모하는 마음으로 슬퍼하며 지내었고 새로운 왕비를 맞아들이라는 신하들의 요청도 거절하였다.

재위 3년인 828년에 궁복(弓福 : 장보고)이 당나라의 군중(軍中)의 소장(小將)으로 있다가 귀국하여 왔다. 흥덕왕은 장보고(張保皐)를 청해대사(清海大使)로 임명하여 군사 1만을 주어 청해진(清海津 : 완도)에 터를 잡고 해상을 지키게 하였다. 이로써 장보고가 역사의 무대에 등장하게 된다.

재위 6년인 831년에 왕자 김능유(金能儒)와 승려 9명을 당나라에 보내었는데 조공을 하고 돌아오다가 바다에서 풍랑으로 모두 빠져 죽게 된다. 부인에 이어 아들까지 잃은 왕은 절망에 빠지고 병이 들어 누우니 왕권은 약해지고 조정은 공신들이 서로 왕위 계승을 위한 권력 다툼을 하게 된다.

이후에도 불행한 일들이 나타나 지진과 가뭄으로 흉년이 들고 도적 떼가 나타나, 833년에는 온 나라가 크게 기근이 들고 유행병으로 백성이 많이 죽는다. 흥덕왕은 남쪽으로 순행하여 환과고독을 방문하고 곡식과 베를 나누어 주며 백성을 살피었다.

재위 11년인 836년 12월에 왕이 세상을 떠나니, 시호를 흥덕이라 하고 유언에 따라 장화왕비의 능에 합장을 하였다.

43. 희강왕(僖康王)
▌ ?~838년, 재위 836년 12월~838년 정월

이름은 제륭(悌隆)이며, 원성왕의 손자인 이찬 김헌정(金憲貞)의 아들이고 어머니는 포도부인(包道夫人) 박씨이다. 헌덕왕, 흥덕왕과 함께 애장왕을 시해하는 반정에 참여하였다.

흥덕왕이 후계자를 정하지 못하고 죽어 신라 조정은 피비린내 나는 왕권 쟁탈의 소용돌이에 휘말리게 되는데, 제륭파와 균정(均貞 : 흥덕왕의 사촌동생)파가 대립하여 서로 군사를 동원하여 싸워 제륭파가 승리하고 제륭이 왕으로 즉위한 것이다.

김균정은 살해되었고 균정의 아들 김우징(金祐徵)은 청해진으로 도망가 장보고에게 의탁한다.

재위 3년인 838년 정월에 희강왕에 불만을 가진 균정파의 김명(金明), 이홍(利弘)이 군사를 모아 다시 난을 일으켜 희강왕의 측근들을 대거 죽여 버린다.

희강왕은 이에 겁을 먹고 궁중에서 목을 매어 자결하였다.

44. 민애왕(閔哀王)

▌ ?~839년, 재위 838년 정월~839년 정월

이름은 명(明)이며, 원성왕의 손자 대아찬 충공(忠恭)의 아들이고 귀보부인(貴寶夫人) 박씨 소생이다.

838년에 균정파였던 김명이 이홍과 함께 난을 일으켜 희강왕 제릉을 자결하게 하고 스스로 왕이 되었다.

12월에 청해진에 피신하여 있던 김균정의 아들 김우징은 김명이 왕위를 찬탈하였다는 소식을 듣고 장보고에게 군사 5천을 얻어 김양(金陽)을 평동장군(平東將軍)으로 삼아 서라벌을 공격한다.

839년 정월에 민애왕은 싸움에 패하여 도망가다가 붙잡혀 살해되었다.

45. 신무왕(神武王)

▌ ?~839년, 재위 839년 정월~7월

이름은 우징(祐徵)이다. 원성왕의 손자 균정의 아들이며 어머니는 진교부인(眞矯夫人) 박씨이다.

장보고 군대의 도움을 받아 반란을 일으켜 민애왕을 죽이고 왕위에 오른 신무왕은 즉위하자 아버지 김균정을 성덕대왕(成德大王), 어머니 진교부인을 헌목태후(憲穆太后)에 추존하고, 아들 경응(慶膺)을 태자로 삼고 청해진 대사 장보고를 감의군사(感義軍使)로 봉하였다.

민애왕을 옹립하였던 이홍은 도주하였으나 잡혀 죽었다. 일화로 신무왕이 잠을 자다가 꿈을 꾸는데 신무왕이 꿈속에서 이홍이 나타나 활을 쏘아 등에 맞았는데, 깨어나 보니 신무왕의 등에 종기가 생겼고 이것이 악화되어 즉위 7개월 만에 세상을 떠나게 되었다고 하는데, 이를 두고 이홍이 저주하였다고 한다.

46. 문성왕(文聖王)
| ?~857년, 재위 839년 7월~857년 9월

이름은 경응(慶膺)이며, 신무왕의 장남으로 신무왕이 즉위하면서 태자에 책봉되었다가 신무왕이 죽어 왕위에 올랐다.

문성왕은 즉위하여 대사면령을 내리고 선왕을 도운 청해진 대사 장보고를 진해장군(鎭海將軍)으로 삼고 장복(章服)을 하사하여 공로를 높이 치하하였다. 또한 신무왕의 즉위에 도움을 준 사람들을 중용하여 조정을 개편하였다.

그러나 문성왕의 치세 역시 순탄하지 않았는데, 840년에 가뭄으로 흉년이 들어 백성들이 굶주리게 되고, 841년에는 도성에 전염병이 돌아 많은 사람들이 죽어 나간다.

이 해에 이런 나라의 혼란을 틈 타 일길찬 홍필(弘弼)이 모반하다가 발각되어 섬으로 도망을 간다.

838년에 선왕 신무왕은 반란을 일으켰을 때 장보고의 도움을 받으면서 장보고의 딸을 왕비로 삼겠다는 약속을 하였는데, 신무왕이 갑자기 죽게 되어 딸을 왕비로 맞으려는 약속이 지켜지지 않았다. 이에 장보고는 문성왕에게 약속을 지킬 것을 요구하였다.

전통적으로 신라 왕실의 왕비는 왕족 내부에서 간택해 왔었는데 조정의 신하들이 장보고의 출신 신분이 미천하다고 이를 반대하였다. 이에 장보고가 강력하게 반발을 하자 문성왕은 장보고가 군사를 일으킬까 두려워 하였다.

재위 8년인 846년에 무주(武州) 사람 염장(閻長)으로 하여금 거짓으로 왕을 배반하고 청해진으로 내려가게 하였다. 염장은 장보고의 신임을 얻고 술이 만취되어 잠든 사이에 장보고를 살해한다. 장보고가 죽자 청해진 군영의 군사들은 그대로 무너졌다.

청해진의 와해로 인해 신라, 일본, 당나라를 오가는 해상무역이 큰 혼란을 맞이하게 되고, 장보고의 힘으로 등장한 문성왕의 지지 기반 또한 약화된다. 그리고 장보고를 따르던 불만 세력이 등장하게 된다.

재위 9년인 847년 5월에 장보고의 사람이었던 이찬 양순(良順), 파진찬 홍종(興宗)이 반역을 하다가 죽임을 당하였다.

재위 11년인 849년 9월에는 이찬 김식(金式), 대흔(大昕) 등이 반역을 하다가 진압되어 주모자들이 죽임을 당하였다.

이후 문성왕은 반란의 불씨를 없애기 위하여 청해진을 없애고, 그곳 사람들을 벽골군(碧骨郡)으로 옮겨 살게 하였다.

재위 19년인 857년 9월에 왕이 세상을 떠난다.

우리나라의 도자기 역사를 살펴보면 신라시대 이전에는 거의 토기로 이루어졌다. 장보고는 해상무역을 하면서 유약을 바른 당나라의 도자기를 들여왔으며, 또한 당나라의 도공을 청해진으로 데려오기도 하였다.

장보고가 죽고 청해진이 무너지자 도공들은 주변 지역으로 흩어져 살게 되는데, 특히 청해진에 이웃한 강진(康津)에 모여 다시 도자기를 만들게 된다. 그리고 이것이 이후에 계승되어 강진 지역이 고려청자(高麗靑瓷)의 원류가 된다.

47. 헌안왕(憲安王)

| ?~861년, 재위 857년 9월~861년 정월

이름은 의정(誼靖)이다. 신무왕의 아버지 균정의 아들인데 어머니는 조명부인(照明夫人) 김씨이다. 따라서 신무왕의 이복동생이다.

조명부인은 민애왕과 남매지간인데 민애왕은 남편 균정을 죽였고, 배 다른 아들인 신무왕은 오빠 민애왕을 죽였으니 친정과 시가가 모두 원수가 된 이상한 처지였는데, 이 조명부인의 아들 의정이 문성왕의 유언에 따라 연로한 나이에 왕위에 오른 것이다.

헌안왕은 큰 딸을 김응렴(金膺廉)에게 시집을 보내 사위로 삼았는데, 김응렴은 아버지 균정을 죽인 희강왕의 손자이다. 따라서 원수의 손자를 사위로 맞이한 것이다.

그리고 연로하여 병환이 점점 깊어지게 되어 헌안왕은 사위 김응렴에게 왕위를 계승하게 하고, 재위 5년인 861년 정월에 세상을 떠난다.

이렇게 하여 비로소(모종의 밀약이 있었을 것으로 추정됨) 오랫동안 제륭(희강왕)파와 균정파 간의 왕위 다툼은 종결된다.

48. 경문왕(景文王)

| 846~875년, 재위 861년 정월~875년 7월

이름은 응렴(膺廉)이다. 희강왕의 아들 아찬 계명(啓明)이 아버지이고 어머니는 광화부인(光和夫人)이다.

860년 15세의 나이에 헌안왕의 큰 딸 영화(寧花)와 결혼하여 사위가 되었고, 861년 정월에 헌안왕이 죽어 사위인 응렴이 왕위를 계승한 것이다. 경문왕이 16세의 어린 나이에 즉위 하였으므로 초기에는 다섯 살이나 많은 왕비 영화부인과 헌안왕의 태후가 섭정을 하였던 것으로 보인다.

재위 6년인 866년 정월에서야 경문왕은 아버지와 어머니를 의공대왕(懿恭大王)과 광의왕태후(光懿王太后)로 추존하고 왕자 정(晸)을 태자로 삼는다.

이렇게 경문왕이 비로소 친정을 하게 되는데 이에 대하여 반발하는 세력도 있었다. 이 해 10월에 이찬 윤흥(允興)이 아우 숙흥(叔興), 계흥(季興)과 함께 반역을 일으키는데 평정하여 잡아 죽이고 삼족을 멸하였다.

재위 8년인 868년 정월에는 이찬 김예(金銳), 김현(金鉉)이 반역을 도모하다가 발각되어 죽임을 당하였다.

이 두 번의 반란은 정치적인 이유로 일어난 사건들이었다. 이 해 6월에 황룡사 대탑이 벼락을 맞아 무너지자, 이에 경문왕은 황룡사 대탑을 개축하도록 하였다. 이 시기에 백성들의 생활은 무척 어려웠다.

재위 10년인 870년 4월에 서라벌에 큰 지진이 있었고, 7월에는 홍수와 겨울에는 눈이 오지 않아 가뭄이 들었으며 설상가상으로 전염병이 돌아 백성들이 많이 죽었다. 백성들의 고통을 살피지 않고 어마어마한 황룡사 대탑 공사를 무리하게 추진하다 보니 민심은 극도로 악화된다.

재위 13년인 873년 9월에 황룡사 대탑을 완성하였는데, 9층 탑의 높이가 22장(丈 : 약 66미터)이었다. 황룡사 대탑의 낙성은 백성들의 피와 눈물, 그리고 죽음의 결과였다.

재위 14년인 874년 5월에 극도로 악화된 민심으로 이찬 근종(近宗)이 민중들과 합세하여 도성을 공격하였다. 그러나 관군에 밀려 결국 패하고 근종은 잡혀 거열형(車裂刑)을 받고 죽게 된다.

이 반란은 앞서 일어난 두 번의 반란과는 다른 성격으로 굶주림과 부역으로 노동 착취를 당한 성난 백성들의 분노의 표출이었다. 경문왕의 귀는 당나귀 귀라는 일화가 있는데, 이는 백성들의 소리에 귀를 기울이지 않는 왕을 비꼬아 지어낸 것으로 생각된다.

　재위 15년인 875년 7월에 서른 살의 젊은 나이로 경문왕은 세상을 떠난다.

49. 헌강왕(憲康王)
┃ ?~886년, 재위 875년 9월~886년 7월

　이름은 정(晸)이며 경문왕의 맏아들로 문의왕후(文懿王后) 소생이며 왕비는 의명부인(懿明夫人)이다. 866년에 태자로 책봉되어 경문왕이 죽어 왕위에 올랐다. 헌강왕은 명민하고 글 읽기를 좋아하였다고 한다.

　15세의 어린 나이에 왕위에 올라 숙부 위홍(魏弘)을 상대등으로 예겸(乂謙)을 시중으로 임명하여 조정을 이끌고 사형수를 제외한 죄수들에게 사면령을 내리는 등 민심을 끌어 앉으려 노력하였다.

　그러나 이즈음 당나라에서는 황소(黃巢)의 난으로 혼란에 빠져 신라를 비롯한 주변국들의 민심도 동요하고 있었다.

　재위 3년인 877년 정월에 송악군(松岳郡)에서 왕건(王建)이 태어나고, 879년 6월에 일길찬 신홍(信弘)이 반역을 일으키다가 실패하여 처형을 당하였다.

　이 사건 이후 헌강왕의 치세는 무난했다. 한 번도 천재지변이나 흉년이 들지 않아 백성들이 곤궁한 생활에서 벗어나게 되고 나라가 오랜만에 태평성대를 누리게 된다.

　재위 7년인 881년 3월에 임해전(臨海殿)에서 신하들과 연회를 베풀고 왕이 거문고를 타고 좌우의 신하들이 각기 가사를 지어 올렸다는 기록이 있는데, 이는 조정과 사회가 안정되었음을 시사한다. 그러나 한편으로는 이 당시에 처용(處容)의 설화가 나타나는 것처럼 사회의 타락한 일면을 보여주기도 한다.

아무튼 "헌강대왕 시절에는 서울에서 동해 어구에 이르기까지 집들이 총총한데 단 한 채의 초가집을 볼 수가 없고, 음악 소리가 그치지 않았으며 사시사철의 비바람마저 순조로웠다"라며 『삼국유사』에 왕과 신하들이 월상루(月上樓)에 올라 나눈 이야기가 전해지는 것으로 보아 어느 때보다도 나라가 안정된 것 같다.

재위 8년인 882년에 일본국에서 사신을 보내 황금 300냥과 야명주 열 개를 바치었다.

재위 11년인 885년 3월에 당나라에서 과거에 합격하여 당나라의 관리로 지내던 최치원(崔致遠)이 돌아왔다.

재위 12년인 886년 6월 안정된 치세로 행복한 세월을 지내던 헌강왕은 갑자기 병에 걸려 눕게 되고, 죄수들을 사면하고 황룡사에서 불경을 강의토록 하였으나 회복하지 못하였다.

이 해 7월에 헌강왕이 세상을 떠난다.

50. 정강왕(定康王)
▎ ?~887년, 재위 886년 7월~887년 7월

이름은 황(晃)이며 경문왕의 둘째 아들이고 헌강왕의 동생이다. 어머니는 헌안왕의 맏딸 영화부인(寧花夫人)이다. 헌강왕에게는 아들 요(嶢)가 있었지만 태어난 지 몇 개월 밖에 안 된 갓난아이여서 헌강왕이 죽자 동생인 황이 왕위에 올랐다.

즉위 원년에 이찬 준흥(俊興)을 시중으로 임명하고 조정을 이끌었으나 서쪽 지방에 심한 가뭄으로 흉년이 들었고 설상가상으로 이듬해인 887년 정월에는 한주(漢州)의 이찬 김요(金蕘)가 모반을 하였다.

그러나 이 해 반란은 진압되고 김요가 죽임을 당하였지만 5월에 정강왕이 갑자기 병으로 병상에 눕게 되고 급격히 악화되었다.

이에 7월에 정강왕은 아들이 없으니 누이동생 만(蔓)에게 왕위를 계승하게 하라는 유언을 남기며 재위 일 년 만에 세상을 떠난다. 보리사(菩提寺) 동남쪽에 능을 만들었다.

51. 진성왕(眞聖王)
| ?~897년, 재위 887년 7월~897년 6월

이름은 만(蔓)이며, 경문왕의 딸이고 정강왕의 누이동생이다. 정강왕의 유언에 따라 왕위에 오르게 되어 선덕(善德), 진덕(眞德)과 함께 신라의 세 번째 여왕이다.

헌강왕 때에 신라는 일시적으로 태평성대를 누렸으나, 822년에 일어난 김헌창의 반란 이후 여러 차례의 왕위 다툼으로 왕실의 권위는 떨어진 반면에 지방 호족의 세력은 막강해 진다.

이러한 시기에 여왕 진성왕의 즉위는 상황을 더욱 어렵게 하였는데, 설상가상으로 여왕은 색욕(色慾)을 탐하여 경문왕의 동생이자 여왕의 숙부인 각간 위홍(魏弘)을 궁으로 불러들여 정을 통하면서 정사를 맡기고 국가 대사를 주관하게 하였다.

재위 2년인 888년에 위홍이 죽자, 지도력을 상실한 조정은 혼란에 빠지게 된다. 정부(情夫) 위홍을 잃은 진성여왕은 정사는 돌보지 않고 미소년들을 침실로 불러들이고 음사를 즐기는데 열중하였다.

상황이 이러하니 여왕의 총애를 믿는 자들의 세도가 커지고 뇌물과 매관매직이 난무하게 되어 조정의 기강은 무너지게 된다. 또한 조정이 엉망으로 돌아가고 통제력을 상실한 조정에 지방호족들이 세금을 내지 않자 국고도 바닥나게 된다.

다급한 나머지 진성여왕은 지방에 관리를 보내 납세를 독촉하며 백성들을 압박하자, 민심은 더욱 나빠지고 지방에는 도적들이 설치게 된다.

재위 3년인 889년에 사벌주(紗伐州)에서 아자개(阿玆蓋)가 중심이 되어 난을 일으켜 촌주(村主) 우연(祐連)을 죽이고 사벌성을 장악하였다.

이미 흐트러진 조정은 반란군 진압에 실패하게 되고, 조정의 힘이 약해지자 이 난을 도화선으로 전국 각지에서 지방 호족이 중심이 되어 크고 작은 반란이 잇따라 일어나게 된다.

사태가 이 지경이니 조정은 진압할 엄두를 내지 못하고 도성 주변만 관리할 정도로 쇠퇴하고 지방 군벌들은 자기들끼리 세력을 확충하기 위하여 싸우게 된다.

그 당시 대표적으로 큰 세력은 재위 5년인 891년에 북원(北原 : 원주 지역)의 양길(梁吉)이 궁예(弓裔)를 보내 명주(溟州 : 강릉) 관내 10여 개 군, 현을 습격하고 세력을 키웠으며, 892년에는 서벌주 아자개의 아들 견훤(甄萱)이 완산주(完山州 : 전주)를 점거하고 국호를 후백제(後百濟)라 칭하였다.

견훤의 후백제 창업에 자극 받은 궁예는 양길로부터 독립하여 강원도 북부에서 경기도, 황해도 인근 지역으로 세력을 넓혀간다.

재위 8년인 894년에 최치원이 시국에 관한 상소를 올리자 진성여왕은 그를 아찬으로 삼아 왕실의 기강을 잡고 조정을 일신하려 힘을 썼으나 병마에 시달리고 있던 진성여왕은 재위 10년인 895년에 헌강왕의 서자 요(嶢)를 태자로 세우고, 이 해 2월에 세상을 떠난다.

52. 효공왕(孝恭王)

▌ 886~912년, 재위 897년 6월~912년 4월

이름은 요(嶢)이며 헌강왕의 서자이다. 헌강왕이 사냥하다가 김씨 여인을 만나 낳은 아들인데, 요의 나이 열 살 되던 해인 895년에 진성 여왕이 궁중으로 데려와 태자로 삼고 진성여왕이 죽자 12세의 나이에 왕위에 올랐다.

『삼국사기』에 다음과 같은 기록이 있다.

> 이전에 헌강왕이 사냥을 나갔다가 한 여인과 정을 나누고 사내아 이를 낳았는데 이름을 요라 하였다. 아이가 성장하고 이를 안 진성 왕이 불러들여 등을 만지며 "우리 형제들의 골상이 남과 다른데 등 에 뼈가 솟았으니 헌강왕의 아들이다"라며 태자로 책봉하였다.

즉위하여 준흥(俊興)을 상대등, 계강(繼康)을 시중으로 삼아 조정을 개편하였다.

재위 3년인 899년 3월에 이찬 예겸(乂謙)의 딸을 왕비로 맞았다. 이 찬 예겸은 박씨로 당시 대단한 정치력을 가지고 있던 사람으로 효공 왕이 그의 정치적 배경에 의존하려 그의 딸과 혼인을 한 것이다.

그러나 당시 신라의 사정은 더욱 악화되어 갔는데, 이미 898년 7월 에 궁예가 패서도(浿西道), 한산주(漢山州)의 30여개 성을 빼앗고 송악(松 岳 : 개성)에 도읍을 정하였고, 재위 4년인 900년 북원의 양길, 충주 지 역의 청길(淸吉), 신훤(莘萱) 등을 흡수한 궁예는 신라의 북쪽 지역을 장 악하였다.

서쪽 지역에서는 금성(金城 : 나주)에 자리를 잡고 후백제라고 칭한 견훤이 대야성(大耶城 : 합천)을 공격하였다.

재위 8년인 905년에는 왕이라고 칭한 궁예가 철원(鐵圓)으로 도성을 옮기고 국호를 마진(摩震), 연호를 무태(武泰)라 하였다.

이후 견훤과 궁예가 서로 세력을 넓히기 위하여 싸우게 되는데 궁예의 장수 왕건(王建)이 나주를 점령하고 서남의 해상권을 빼앗아 간다.

과거 신라의 요충지들이 모두 궁예와 견훤 군대의 각축장이 되었지만 신라 조정은 간신히 도성만 지키면서 대책 없이 바라만 볼 뿐이었다.

이에 무기력한 효공왕은 정사는 돌보지 않고 애첩의 치마 속에서 지내게 된다. 그러자 왕비 박씨의 조카 은영(殷影)이 충언으로 정사를 돌볼 것을 효공왕에게 간하였으나 듣지 않자, 재위 15년인 911년에 결국 은영이 그 첩을 잡아 죽인다.

이 사건 이후 효공왕은 왕권을 거의 행사할 수 없게 되고, 재위 16년인 912년 4월에 세상을 떠난다. 아마도 박씨 일파에 의하여 제거된 것으로 추정된다.

53. 신덕왕(神德王)

▎ ?~917년, 재위 912년 4월~917년 7월

성은 박씨이며 이름은 경휘(景暉)이다. 8대 이사금 아달라(阿達羅)의 먼 후손으로 헌강왕의 사위인 아버지 예겸은 대아찬 지위에 있었고 어머니는 정화부인(貞和夫人)이다.

효공왕이 아들이 없어 나라 사람이 추대하여 즉위하였다고 하나 약해진 김씨 왕실에 대한 반란이 있었던 것으로 추정되며, 이로 인해 박씨 왕조가 다시 시작된다.

즉위하여 신덕왕은 아버지 예겸(乂謙 : 선왕인 효공왕의 장인)을 선성대왕(宣聖大王)으로 추존하고 아들 승영(昇英)을 태자로 세운다.

신덕왕의 재위 기간 중에 국토는 궁예와 견훤 세력의 각축장이 되었고 신라 조정에서는 이들을 막을 힘이 없었다. 신라는 겨우 경주 도성 주변만 유지하면서 겨우 명맥을 유지할 뿐이었다.

재위 5년인 916년 8월에 견훤이 대야성을 공격하였는데, 이는 신라의 종말을 알리는 전주곡이었다.

이미 연로한 나이에 즉위한 신덕왕은 건강도 좋지 않아 치세 5년 만인 917년 7월에 세상을 떠난다. 육신은 화장을 하고 죽성(竹城)에 능을 마련하였다.

54. 경명왕(景明王)
▌ ?~924년, 재위 917년 7월~924년 8월

이름은 승영(昇英)이며 성은 박씨이다. 신덕왕의 큰아들이다.

신덕왕이 죽어 왕위에 오른 경명왕은 아우 이찬 위응(魏膺)을 상대등으로 대아찬 유렴(裕廉)을 시중으로 삼아 조정을 꾸려 가는데 정국은 불안한 상태로 지방호족들은 박씨 왕조에 등을 돌리고 곳곳에 역모의 조짐이 보였다.

재위 2년인 918년 2월에 길찬 현승(玄昇)이 모반을 하다가 잡혀 처형되었다.

이 무렵 국호를 태봉(泰封)으로 고친 궁예는 중앙집권화를 위한 개혁을 하면서 스스로를 미륵(彌勒)이라 칭하였다. 그러면서 관심법(觀心法)으로 사람의 마음을 읽는다며 반발하는 많은 호족들과 심지어 왕후까지 죽이는 폭정을 펼쳤다. 이에 백성들의 원성이 높아지게 되고 반란이 일어나 급기야 궁예는 부하들에게 피살당한다.

이 해 6월에 왕건을 추대하여 왕위에 오르니, 국호를 고려(高麗)라 하고 연호를 천수(天授)라 하였다. 이로써 새 왕조 고려가 탄생하게 된 것이다.

9월에 경상도 상주 지역의 지방 호족 아자개가 아들 견훤을 버리고 고려의 왕건에게 투항을 하였고, 신라의 여러 지방 호족들이 왕건에게 호감을 같고 고려에 귀순하였다.

재위 4년인 920년에 경명왕은 새로 일어난 고려 태조(太祖)에게 사신을 보내 교류하면서 우호를 닦는다.

아버지 아자개의 고려 귀순으로 자존심이 상한 후백제 견훤은 신라를 공격하여 대야성을 빼앗고 계속 침략해 오자, 경명왕은 고려 태조 왕건에게 구원을 요청하였다. 이에 왕건이 군사를 보내 신라를 도우니 견훤은 할 수 없이 물러가게 된다.

고려에 의존하여 정치적으로 안정을 꾀하고 후당(後唐)에도 사신을 보내 조공을 하며 쇠락한 신라를 유지하기 위하여 애를 쓰며 몸부림쳤으나 불행하게도 왕은 건강하지 못하여 결국 지병으로 924년 8월에 세상을 떠난다.

55. 경애왕(景哀王)

| ?~927년, 재위 924년 8월~927년 11월

이름은 위응(魏膺)이고 성은 박씨이며 경명왕의 친동생이다. 924년에 경명왕이 후사가 없이 죽어 동생인 위응이 왕위에 올랐다.

경애왕은 즉위하자, 곧 9월에 고려 태조 왕건에게 사신을 보내 예방하였다.

재위 2년인 925년에 신라의 고울부(高鬱府 : 영천)와 매조성(買曹城)이

고려에 계속 투항하였고, 북쪽에서는 거란의 침공을 받은 발해의 왕
족과 유민이 고려에 대거 귀순해 왔다. 신라의 국력은 점차 더욱 위축
되었고, 고려의 세력은 날이 갈수록 더욱 강성하였다.

그 당시 견훤과 왕건은 조물군(曹物郡 : 안동 인근)에서 전투를 벌이다
가 화친을 하면서 볼모를 교환했는데, 고려에 볼모로 가있던 견훤의
조카 진호(眞虎)가 갑자기 병으로 죽는다.

재위 3년인 926년에 견훤은 고려가 진호를 죽인 것으로 오해하고
군사를 일으켜 고려를 공격하였다.

재위 4년인 927년 정월에 고려 태조가 백제를 치니 경애왕은 군사
를 보내 고려를 도왔다.

이에 견훤은 고려를 측면 지원하는 신라를 보복하기 위하여 무섭게
진군하여 고울부를 함락시키고 서라벌로 진격하였다. 이에 경애왕은
급히 사신을 보내 고려의 왕건에게 구원을 요청하였다.

이 해 11월에 경애왕은 포석사(鮑石祠)에 나가 왕족과 신하들과 함께
국가 안녕을 비는 제사를 올리는데 견훤의 군사가 갑자기 들이닥쳤
다. 경애왕은 도망가다가 잡혀 강제로 자결하게 하여 죽임을 당하게
되고 왕비는 견훤에게 궁녀들은 군사들에게 강음을 당하게 된다.

신라를 정복한 견훤은 경애왕의 외종제 김부(金傅 : 경순왕)를 왕으로
세우고 많은 보물을 약탈하였으며, 왕족 효렴(孝廉)을 비롯하여 무기
를 만드는 기술자 등의 인재들을 포로로 잡아 돌아갔다.

56. 경순왕(敬順王)

❚ ?~978년, 재위 927년 11월~935년 11월

김씨 성으로 이름은 부(傅)이다. 46대 문성왕의 후손으로 아버지

는 이찬 효종(孝宗)으로 신라 조정을 이끌었던 인물이다. 어머니는 계아태후(桂娥太后)이며, 견훤이 경애왕을 죽이고 천거하여 즉위하게 되었다.

경순왕은 경애왕의 시신을 수습하여 장례를 치루고 왕위에 오르긴 하였지만 경순왕은 왕권을 완전히 상실한 상태였고, 군대도 없고 병기를 만드는 기술자들도 모두 백제에 잡혀간 상황이었으니 오로지 기댈 곳은 고려의 왕건 뿐이었다.

재위 5년인 931년 2월에 경순왕은 왕건에게 의탁할 생각을 가지고 사신을 보내 만나기를 청하자, 고려 태조 왕건은 50여 명의 기병만 데리고 서라벌에 왔다. 이에 경순왕은 백관과 더불어 왕건을 맞이하고 임해전(臨海殿)에서 잔치를 베풀었다.

왕건은 서라벌에서 약 두 달 정도 머물고 돌아갔는데, 왕건과 그 휘하 군사들이 정숙하여 추호도 민폐를 끼치지 않았다. 서라벌 백성들은 견훤이 왔을 때는 이리 떼를 만난 것 같았는데 왕건은 부모를 뵈는 것 같이 기뻐하였다고 한다.

재위 9년인 935년 3월에 후백제에서는 신검(神劍)이 반란을 일으켜 이복동생인 태자 금강(金剛)을 죽이고 아버지 견훤을 금산사(金山寺)에 유폐시키는 사건이 일어났다.

이해 10월에 경순왕은 신하들과 논의하여 나라가 약해지고 위태로운 형세를 보존할 수 없어 왕건에게 항복하는 편지를 시랑 김봉휴(金封休)에게 가지고 고려로 가게 하였다. 이에 신라의 왕자 마의태자(麻衣太子)가 통곡하고는 왕과 신라 조정에 하직하고 개골산(皆骨山 : 금강산)으로 들어가 생을 마쳤다고 한다.

그리고 이 해 11월에 경순왕은 신하들을 거느리고 개경(開京)으로 가서 마침내 고려 왕건에게 항복한다.

이로써 박혁거세 거서간이 기원전 57년 나라를 일으킨 후, 경순왕이 고려 태조 왕건에게 항복하고 귀부한 935년까지의 천여 년(992년) 동안 56대의 왕계를 이어 내려온 신라는 역사 속으로 사라지게 된다.

그 당시 신라의 왕족 일부는 고려에 귀부하지 않고 북쪽으로 건너가 발해의 지배 아래의 여진족(女眞族)과 합류를 하기도 하였는데, 신라에서 건너간 김함보(金函普)가 송화강 지류 완안부 여진족의 추장이 되었다.

그 6대 손인 아골타(阿骨打)가 1115년에 거란(契丹 : 요나라)를 멸망시키고 금(金)나라를 세운다.

금나라의 국호에 대하여 여러 설이 있으나 금나라를 세운 사람이 신라에서 왔으므로 나라 이름을 금(金)나라라고 한 것은 신라 왕의 성이 김(金)이었기 때문이라고 청나라 때에 씌여진 『만주원류고(滿洲源流考)』* 는 명확히 기록하고 있다.

중국의 마지막 제국 청(淸)나라를 세운 만주족 누루하치(奴兒哈赤)도 여진족의 후손으로서 부족의 성은 아이신기오르(즉 애신각라愛新覺羅인데, 여기에도 신新, 라羅 자가 담겨져 있다. 아이신은 만주어이며 한자로 쓰면 김金이다), 즉 김씨이며(현재 중국 청나라 왕실의 후손들은 자신들의 성이 김씨라고 한다), 처음에 나라 이름을 금나라 후손으로 후금(後金)이라 하였으니 (1636년에 청나라로 나라 이름을 바꿈) 금나라, 청나라의 왕실에는 한민족의 신라의 피가 흐르고 있다고 할 것이다.

---

* 청나라 건륭 42년인 1777년에 청나라 한림원이 기록한 역사책이다. 청나라가 백두산 지역에서 일어난 후금(後金)의 후예들로서 만주지역을 중심으로 역사를 기록하고 있다. 1권에서부터 7권 까지는 각 부족을 다루고 있으며, 8권에서 13권까지는 각국의 강역, 14권부터 20권까지는 각국 의 산천과 풍속을 기술하고 있다.

신라 왕계보도(新羅 王系譜圖)

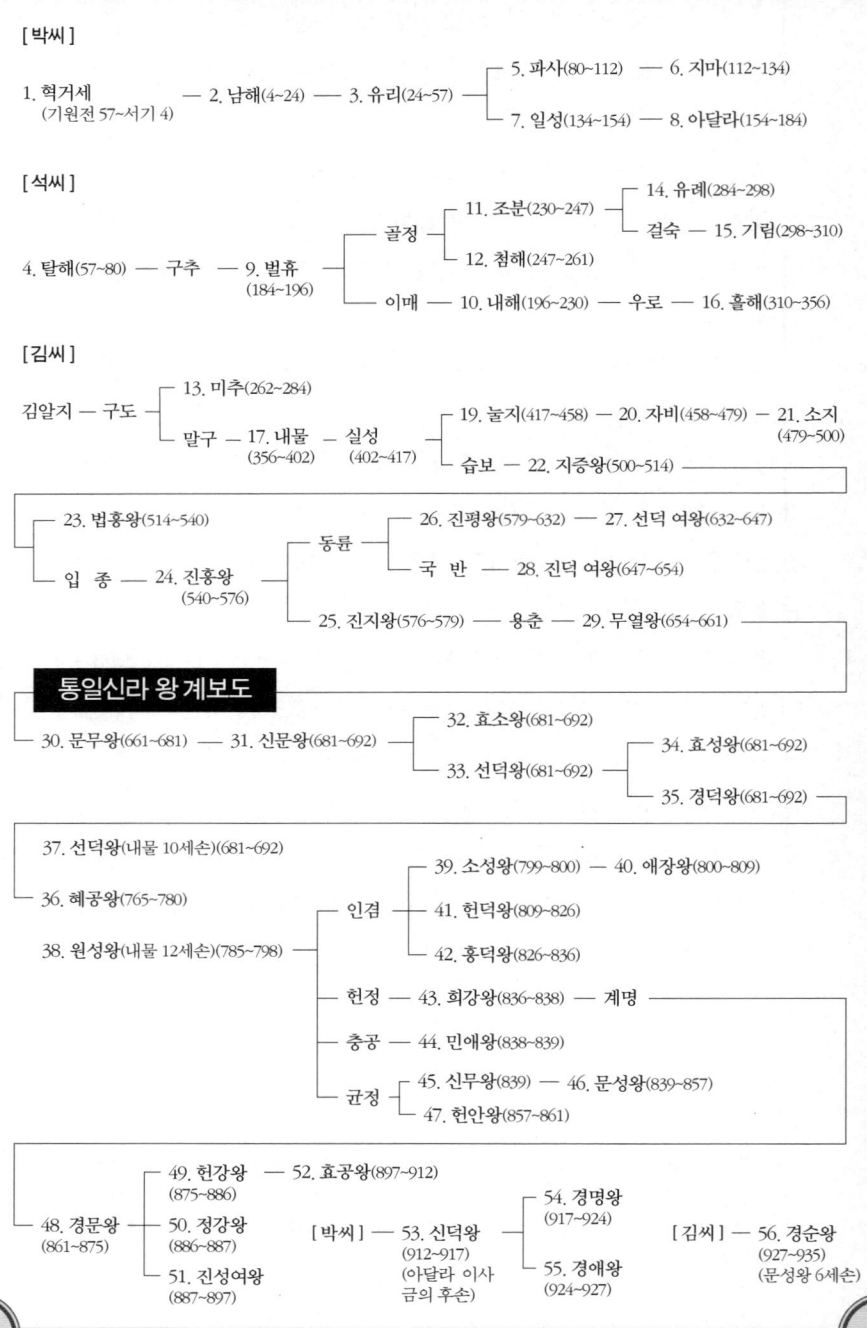

[박씨]

1. 혁거세 — 2. 남해(4~24) — 3. 유리(24~57) ┬ 5. 파사(80~112) — 6. 지마(112~134)
(기원전 57~서기 4)   └ 7. 일성(134~154) — 8. 아달라(154~184)

[석씨]

4. 탈해(57~80) — 구추 — 9. 벌휴 ┬ 골정 ┬ 11. 조분(230~247) ┬ 14. 유례(284~298)
                    (184~196) │   │   └ 걸숙 — 15. 기림(298~310)
                               │   └ 12. 첨해(247~261)
                               └ 이매 — 10. 내해(196~230) — 우로 — 16. 흘해(310~356)

[김씨]

김알지 — 구도 ┬ 13. 미추(262~284)
              └ 말구 — 17. 내물 — 실성 ┬ 19. 눌지(417~458) — 20. 자비(458~479) — 21. 소지
                       (356~402) (402~417)   (479~500)
                                       └ 습보 — 22. 지증왕(500~514) ─────────────

┬ 23. 법흥왕(514~540)
│   ┌ 26. 진평왕(579~632) — 27. 선덕 여왕(632~647)
└ 입 종 — 24. 진흥왕 ┬ 동륜 ┤
            (540~576) │   └ 국 반 — 28. 진덕 여왕(647~654)
                      └ 25. 진지왕(576~579) — 용춘 — 29. 무열왕(654~661)

통일신라 왕계보도

─ 30. 문무왕(661~681) — 31. 신문왕(681~692) ┬ 32. 효소왕(681~692)
                                            └ 33. 선덕왕(681~692) ┬ 34. 효성왕(681~692)
                                                                  └ 35. 경덕왕(681~692) ─

┌ 37. 선덕왕(내물 10세손)(681~692)
├ 36. 혜공왕(765~780)
│   ┌ 인겸 ┬ 39. 소성왕(799~800) — 40. 애장왕(800~809)
└ 38. 원성왕(내물 12세손)(785~798) ┤   ├ 41. 헌덕왕(809~826)
                                   │   └ 42. 흥덕왕(826~836)
                                   ├ 헌정 — 43. 희강왕(836~838) — 계명 ─────
                                   ├ 충공 — 44. 민애왕(838~839)
                                   └ 균정 ┬ 45. 신무왕(839) — 46. 문성왕(839~857)
                                          └ 47. 헌안왕(857~861)

┌ 48. 경문왕 ┬ 49. 헌강왕 — 52. 효공왕(897~912)
│ (861~875) │ (875~886)
│   ├ 50. 정강왕   [박씨] — 53. 신덕왕 ┬ 54. 경명왕   [김씨] — 56. 경순왕
│   │ (886~887)   (912~917) │ (917~924)   (927~935)
│   └ 51. 진성여왕   (아달라 이사 └ 55. 경애왕   (문성왕 6세손)
│   (887~897)   금의 후손)   (924~927)

5장

가야사 伽倻史

가야는 1~6세기에 걸쳐 낙동강 유역에 존재하였던 연맹국가(聯盟國家)이다.

가야(伽倻)라는 명칭의 기원은 여러 가지 설이 있는데 알타이어에서 일족(一族)을 의미하는 가라(xala, kala)가 가야, 겨레로 음운 변화하였다는 설이 설득력을 얻고 있다.

기원을 전후하여 이 지역에 철기문화(鐵器文化)가 보급되자 2세기 이후 변한(弁韓)의 안야국(安耶國 : 함안)을 기반으로 하는 아라가야(阿羅伽倻) 등의 여러 소국들이 나타났고, 이 가운데 수로(首露)가 세우고 491년 동안 지속된 금관가야(金官伽倻)를 중심으로 하여 전기 연맹체가 형성된다.

전기 가야의 영역은 김해(金海), 함안(咸安), 밀양(密陽), 동래(東萊) 등의 낙동강 하류를 중심으로 고령(高靈), 개령(開寧) 등의 낙동강 중상류 지역과 고성(高城), 단성(丹城), 함양(咸陽) 등의 서부 경남지역을 포함한다.

전기 가야연맹체는 이후 신라와 맞설 수 있는 세력으로 등장하였으나, 한반도 내부에 큰 변화가 생겨 백제가 일어나고 4세기 이후에는 고구려의 침공으로 크게 약화된다.

이후 후기 가야연맹체를 이루게 되는데, 5세기 후반에 이르러 옛 가야 지역 내부에서 재통합의 기운이 일어나고 반로국(半路國 : 고령)이라 불리던 정치세력이었던 대가야국(大伽倻國)을 중심으로 섬진강 유역에서 지리산 북쪽 남원의 아영면(阿英面) 아막산성(阿幕山城)까지 세력을 확장하면서 후기 연맹체가 형성된다.

그러나 6세기경 고구려와 신라의 공격으로 큰 타격을 입게 되어 신라의 법흥왕 19년인 532년에 금관가야(남가라국)가 멸망되면서 그 세력이 크게 약화되었고, 신라 진흥왕 때인 562년에 이사부(異斯夫)가 이끄는 신라군의 기습 공격에 마침내 항복하고 신라에 병합된다.

가야는 일찍부터 철기문화와 벼농사가 발달하였으며 해상 교통을 이용하여 활발한 대외무역을 하였다. 특히 풍부한 철은 일본까지 수출을 하였고 일본의 사회문화에도 큰 영향을 주었다.

그러나 가야는 중앙집권국가로 발전하지 못하고 연맹왕국의 단계에 머물러 외부의 침략에 적극적으로 대항하지 못하면서 하나씩 병합되어 역사 속으로 사라지게 된다.

경상북도 고령군 대가야 박물관(대가야 박물관 사진 제공)

1. 수로왕(首露王)

▌재위 42년~199년

42년 3월 어느 날 구지봉(龜旨峰)에서 수상한 소리가 들렸다.

이에 9간(九干 : 아홉 촌장)들과 2, 3백 명의 마을 사람들이 모여 하늘을 바라보니 자주색 끈이 하늘로부터 내려와 땅에 닿아 있었고 줄 끝에 붉은 천으로 싼 금 상자가 있었다.

사람들이 상자를 열어보니 황금알이 여섯 개가 있었는데, 황금알이 깨지면서 사람들이 나왔다. 그중 한 사람이 그달 보름에 왕위에 오르니, 황금알에서 나왔다하여 성은 김씨(金氏)라 하고, 세상에 으뜸으로 처음 알에서 열어 깨어났다고 하여 수로(首露)라 하였다.

그 나라 이름을 대가락(大駕洛) 또는 가야국이라 하였으며 여섯 가야의 하나이며 나머지 다섯 사람들도 다섯 가야의 임금이 되었다.

가야의 동쪽은 황산강(黃山江), 서남쪽은 창해(滄海), 서북쪽은 지리산(地理山), 동북쪽은 가야산(伽倻山)이며 남쪽은 나라의 끝이었다.

재위 2년인 43년 정월에 수로왕이 가궁(假宮)의 남쪽 신답평(新畓坪)에 나가 지세를 살펴보고 둘레 1천 5백 보가 되는 외성과 전당, 관청 건물을 지을 장소를 마련하고 궁으로 돌아왔다.

재위 3년인 44년에 신라의 탈해(脫解)가 바다를 따라 가락국에 와서 수로왕에게 왕의 자리를 빼앗으러 왔다고 말하였다. 그러면서 탈해가 술법을 보이는데 수로왕 역시 술법을 펼쳐 탈해를 제압하였다. 탈해는 수로왕에게 절을 하고 하직하며 신라의 계림으로 돌아갔다.

재위 7년인 48년 7월에 별진포(別津浦)에 붉은 돛을 단 배가 들어왔다. 아유타국(阿踰陀國)의 공주 허씨(許氏)가 배에 탑을 싣고 바다를 건너오니 왕이 장막을 치고 친히 맞아들이고 왕후로 삼았다. 왕후의 이름은 황옥(黃玉)인데, 왕후로 삼은 후 보주태후(普州太后)라고 불렀다.

재위 36년인 77년 8월에 신라 아찬 길문(吉門)이 황산진(黃山津) 어구에서 싸워 가야 군사 1천여 명을 잡아갔다.

재위 61년인 102년 8월에 음즙벌국(音汁伐國)과 실직곡국(悉直谷國)이 국경을 두고 서로 다투었는데, 신라 왕(파사 이사금)이 판결하기가 난처하여 원로인 금관국 수로왕에게 청하여 판결하게 하였다.

수로왕은 다투던 땅을 음즙벌국에 속한다는 판결을 하였다. 판결이 끝나고 신라 왕이 대접을 하였는데 6부 중의 한기부(漢祇部)만이 직급이 낮은 자가 접대하자, 수로왕이 노하여 한기부 우두머리인 보제(保薺)를 죽이고 가야로 돌아가 버렸다.

재위 67년인 108년에 신라가 비지국(比只國 : 창녕), 다벌국(多伐國 : 합천), 초팔국(草八國 : 초계)를 공격하여 병합시키었다.

재위 74년인 115년 2월에 가야가 신라의 남쪽 변경을 공격하였다. 그 보복으로 7월에 신라 왕(지마 이사금)이 친히 군사를 거느리고 공격해 왔는데, 황산하(黃山河 : 낙동강 하류) 수풀 속에 매복한 가야군에게 습격을 당하여 패하고 물러갔다.

재위 75년인 116년 6월에 신라 왕이 정병 1만을 거느리고 다시 공격해 왔는데, 이때 큰비가 오랫동안 내려 신라군이 물러갔다.

재위 148년인 189년 3월 1일에 허왕후가 세상을 떠나니 나이가 157세였다. 이에 온 나라 사람들이 슬퍼하였으며 구지봉 동북쪽 언덕에 장사를 지내었다.

재위 158년인 199년 3월 23일에 수로왕이 세상을 떠나니 나이가

158세였다. 대궐의 동북 평지에 장사를 지내고 수로왕 묘라 하였다.

2. 거등왕(居登王)
┃ 재위 199년~253년

199년에 수로왕이 죽어 그의 일곱 아들 중 장자인 거등(居登)이 즉위하여 39년간 나라를 다스렸다.

재위 3년인 201년 2월에 신라에 화친을 요청하였다.

재위 11년인 209년 7월에 포상팔국(浦上八國)이 낙동강을 이용하여 무역을 하는 이권을 빼앗으려고 가야를 침범하였다. 이에 거등왕은 왕자를 신라로 보내 구원을 요청하였다. 신라 왕(내해 이사금)이 태자 우로(于老)와 이벌찬 이음(利音)을 시켜 군사를 거느리고 가서 포상 8국의 장군을 죽이고 포로로 잡혔던 6천여 명을 데리고 돌아왔다.

재위 14년인 212년 3월에 가야 왕자를 신라에 볼모로 보냈다.

이후 나라를 다스리다가, 253년 9월 17일에 거등왕이 세상을 떠난다.

3. 마품왕(麻品王)
┃ 재위 253년~291년

253년에 거등왕이 죽어 마품왕이 왕위에 올라 39년간 나라를 다스리다가 291년 1월 29일에 세상을 떠난다.

4. 거질미왕(居叱彌王)

| 재위 291년~346년

291년에 마품왕이 죽어 거질미왕(일명 금물今勿)이 왕위에 올라 56년간 나라를 다스렸다.

5. 이시품왕(伊尸品王)

| 재위 346년~407년

346년에 거질미왕이 죽어 이시품왕(일명 이품伊品)이 왕으로 즉위하여 62년간 나라를 다스렸다.

재위 19년인 364년 7월에 백제인이 와서 가야 탁순국(卓淳國)의 왕 말금한기(末錦旱岐)에게 왜국으로 가는 길을 물었다.

재위 37년인 382년에 가라국왕 기본한기(己本旱岐)와 그의 아들 백구지(百久至) 등이 백성을 이끌고 백제로 도망갔다. 이에 백제가 이들을 후하게 맞이하여 대하였다.

재위 45년인 400년에 왜국과 임나가라(任那加羅 : 임나가야)가 신라를 침공하여 신라가 고구려에게 구원을 요청하였다. 이에 신라의 구원 요청을 받은 고구려의 광개토왕은 보병과 기병 5만을 보내 임나가라의 종발성(從拔城)에 이르러 공격하여 항복시키고 복종하게 하였다.

재위 62년인 407년 4월 10일에 이시품왕이 세상을 떠난다.

6. 좌지왕(坐知王)

▌재위 407년~421년

407년에 이시품왕이 죽어 좌지왕(일명 김질金叱)이 왕위에 올랐다. 용녀(龍女)를 부인으로 삼았고 여당(女黨)을 관리로 등용하였는데 외척들로 인해 나라가 소란스러웠다. 이에 용녀를 하산도(荷山島)로 귀양을 보내고 정치를 개혁하여 백성들을 편안하게 다스렸다.

재위 13년인 421년 5월 12일에 좌지왕이 세상을 떠난다.

7. 취희왕(吹希王)

▌재위 421년~451년

421년에 좌지왕이 죽어 취희왕(일명 질가叱嘉)이 즉위하여 31년간 나라를 다스렸다.

8. 질지왕(銍知王)

▌재위 451년~492년

451년에 취희왕이 죽어 질지왕이 즉위하였다.

재위 2년인 452년에 시조 모후인 허왕후의 명복을 빌고자 수로왕과 허왕후가 합혼한 곳에 절을 지어 왕후사(王后寺)라 하였고 근처에 전답 10결(結)을 주어 공양 비용으로 하게 하였다.

재위 14년인 464년에 신라가 고구려의 침공을 두려워하여 가야왕에게 구원을 요청하였다.

재위 42년인 492년 10월 4일에 질지왕이 세상을 떠난다.

9. 겸지왕(鉗知王)
┃ 재위 492년~521년

492년에 질지왕이 죽어 겸지왕(일명 김겸왕金鉗王)이 즉위하여 30년간
나라를 다스렸다.

재위 23년인 514년 1월에 신라가 가야의 아시촌(阿尸村 : 함안)에 소경
(小京)을 설치하여 6부와 남쪽 사람을 이주시켜 살게하였다.

재위 30년인 521년 4월 7일에 겸지왕이 세상을 떠난다.

10. 구형왕(仇衡王)
┃ 재위 521년~562년

521년에 겸지왕이 죽어 구형왕이 왕으로 즉위하였다.

재위 2년인 522년 3월에 가야왕이 신라에 사신을 보내 청혼을 구하
자, 신라 왕(법흥왕)이 이찬 비조부(比助夫)의 누이동생을 보내었다.

재위 12년인 532년에 금관국주(金官國主) 김구해(金仇亥)가 왕비와 세
아들을 데리고 신라에 항복하였다. 이에 신라 왕(법흥왕)이 예로 대접
하여 상등의 벼슬을 주었고, 아들 무력(武力)은 신라 조정에 벼슬을 하
여 각간까지 이르렀다.

재위 31년인 551년 3월에 신라 왕(진흥왕)이 순행을 하다가 낭성(娘
城)에서 우륵(于勒)과 그의 제자 니문(尼文)을 불러 음악을 연주하게 하
였고, 신라인 3명에게 음악을 가르치게 하였다.

이에 앞서 우륵은 대가야 성열현(省熱縣) 출신의 악사로서 대가야국의 가실왕(嘉實王)이 우륵에게 명하여 십이현금을 만들게 하였는데, 이 악기 이름을 가야금(伽倻琴)이라 한다.

우륵은 가야 나라가 어지러워지자 이 악기를 가지고 신라로 망명하여 국원(國原 : 충주)에 머물렀다.

재위 34년인 554년에 가라국과 백제가 연합하여 신라의 관산성(管山城)을 공격하다가 백제 왕(성왕)이 죽고 가야 군사는 크게 패하였다. 이에 신라 진흥왕(眞興王)은 보복으로 이사부(異斯夫)를 시켜 사다함(斯多含)을 보좌역으로 삼아 가야를 치게 하였다.

재위 42년인 562년 9월 신라가 일시에 가야를 침공하니 가야 사람들 모두가 항복하였다.

수로왕이 서기 42년에 금관가야를 일으킨 이후 여러 부족의 소연맹체로 형성된 가야국은 중앙집권적인 국가로 발전하지 못하고 마침내 562년 신라의 진흥왕 때에 521년의 역사를 마감하고 신라에 흡수되면서 역사 속으로 사라지게 된다.

신라에 통합된 가야 사람들(김해 김씨)은 훗날 신라의 삼국 통일을 주도하는 데 큰 공헌을 하게 된 김유신 같은 인물들을 배출하면서 신라 사회로 동화되어 갔다.

가야국 왕계보도(伽倻國 王系譜圖)

1. 수로왕(42~199) ——— 2. 거등왕(199~253) ——— 3. 마품왕(253~291) ——— 4. 거질미왕(291~346) ┐

└ 5. 이시품왕(346~407) ——— 6. 좌지왕(407~421) ——— 7. 취희왕(421~451) ——— 8. 질지왕(451~492) ┐

└ 9. 겸지왕(492~521) ——— 10. 구형왕(521~562)

6장

발해사 渤海史

668년 당나라에 의해 평양성이 함락되고 고구려가 항복하면서 고구려 장수였던 대걸걸중상(大乞乞仲象)과 그 아들 대조영(大祚榮)은 당나라로 끌려가 영주(營州 : 지금의 요령성 조양朝陽) 지역에 머물렀는데, 697년에 거란족 이진충(李盡忠)이 당나라에 반기를 들고 일어나 영주를 함락하고 영주도독 조문해(趙文翽)를 죽인다.

대조영은 당나라의 지배가 약화된 이 틈을 타서 고구려 유민(遺民)들과 걸사비우(乞四比羽)가 이끄는 말갈인들과 함께 영주를 탈출한다.

당나라 측천무후(則天武后)는 거란족 출신인 이해고(李楷固)를 보내 탈출한 유민들을 공격하여 걸사비우는 죽고, 대조영은 추격하는 이해고 군사를 천문령(天門嶺)에서 크게 격파한다. 그리고 동모산(東牟山 : 지금의 길림성 돈화敦化 인근)을 거점으로 나라의 기반을 세운다.

이후 주변에 흩어져 있던 고구려 유민들과 말갈인들이 모여 들며 점차 나라를 이루게 되는데, 국호를 대진(大震 : 진국)이라 하고 연호를 천통(天統)이라 하였다.

진국(震國 : 혹은 振國)이라는 국호는 "세력을 크게 떨친다"라는 의미이고, 발해(渤海)는 "동방의 융성한 나라이다. 즉 해동성국이다"라는 의미이다.

이후 당나라의 입장에서는 주변의 소수 부족들을 다독거릴 필요가 있었고, 실질적으로도 대조영의 지배를 인정할 수밖에 없었다.

한편 발해(渤海) 역시 유민들이 모여 새롭게 세운 나라로 초기의 불안정한 상태에서 주변의 군사적 위협으로부터 벗어나기 위해서도 당나라와 친선을 유지하여야만 하였을 것이다.

당나라 조정은 발해 국왕에게 책봉 조서를 내리고, 또한 발해도 당나라에 사신을 보내어 조공을 하였다. 더 나아가 발해의 왕자들을 당나라에 보내기도 하였으며, 사신을 보내고 당나라의 태학(太學)에 유학생들도 보내어 문물을 습득하게 하기도 하였다.

이후 점차 시간이 지나면서 발해는 내외적으로 국가적 체계를 이루고 안정을 하면서 일본국과 신라에 사신을 보내 교류를 하였으나, 결국 926년에 거란에 멸망하고 만다.

강원도 속초의 발해역사관(속초시립박물관 사진 제공)

1. 고왕(高王)

▎재위 698년~719년

이름은 대조영(大祚榮)이다. 아버지 걸걸중상(乞乞仲象)은 말갈족 출신이며 아버지와 함께 고구려에서 장수로 지냈다.

당나라 영주를 탈출할 때 죽은 아버지 걸걸중상을 진국공(震國公)에 추존하였고, 고구려 유민들과 말갈족 유민(말갈족을 이끌던 걸사비우가 죽어 자연스럽게 대조영에게 합류한다)을 규합하여 동모산에 자리를 잡고 나라를 세웠다.

대조영이 나라를 세웠다는 소문이 퍼지자 주변에 흩어져 있던 고구려, 말갈인들이 모여들게 되었고 점차 세력이 커지게 되면서 나라로서의 체제를 만들어 가게 된다.

이로써 새로운 나라로서 백성들이 안정되게 살 수 있는 생활 터전을 마련하고 나라의 체제를 정비하고 확립해 가면서 사신을 보내 돌궐(突厥)과 외교를 맺는다.

또한 바다 북쪽의 10여 국을 정복하여 동쪽으로는 동해 바다에 이르고, 서쪽으로는 거란, 남쪽으로는 신라의 니하(泥河)와 경계하여 그 땅이 사방 5천 리에 이른다. 호구는 10여만 호였고 정예 병사가 수만 명이었으며, 풍속은 고구려와 거란과 비슷하였다고 한다.

처음 나라 이름을 진(震)이라 하였고, 연호는 천통(天統)이라 하였다.

당나라 중종(中宗)이 시어사(侍御史) 장행급(張行級)을 보내오자, 고왕도 답례로 아들을 당나라에 보내었다.

재위 16년인 713년에 당나라 현종(玄宗)이 사신 최흔(崔炘)을 보내 '좌효위대장군 발해군왕(左驍衛大將軍 渤海郡王)'으로 책봉하는 조서를 보내왔다.

이때부터 나라 이름을 발해(渤海)라고 하였다.

고왕은 부여부에 군대를 주둔시켜 거란의 침공에 방비하였다.

재위 22년인 719년에 대조영이 세상을 떠난다. 시호는 고왕(高王)이고 그의 아들 대무예가 왕위를 계승하게 된다.

2. 무왕(武王)
▌재위 719년~738년

이름이 무예(武藝)이고 고왕의 아들이다. 연호를 인안(仁安)으로 하였다.

무왕은 즉위하여 각 촌락의 책임자로 도독(都督)을 두었고, 그 아래를 자사(刺史), 그 아래를 수령(首領)이라고 하였다. 동북의 오랑캐들이 모두 두려워하여 발해의 신하가 되었고 영토를 확장하였다.

이에 반하여 북쪽의 흑수말갈(黑水靺鞨 : 말갈족의 한 부족)은 당나라에 귀부하여 당나라가 관리를 하게 됨으로써 발해에 위협이 되었다.

무왕은 재위 8년인 726년에 동생 대문예(大門藝)와 외삼촌 임아상(任雅相)에게 북쪽의 흑수말갈을 공격하라 명하였으나 문예가 당나라와의 충돌을 꺼리어 흑수말갈에 대한 공격을 거부하였다.

이로 인하여 형제간에 불화가 생기고 무왕이 자신을 죽이려 하자 문예는 당나라로 망명하였다. 이후 발해가 대문예의 송환을 요구하고 강경하게 대하면서 당나라와의 관계가 악화된다.

재위 9년인 727년에 처음으로 고인의(高仁義)를 일본에 사신으로 보내었다.

무왕은 일본에 보낸 국서에 "……고구려의 옛 터전을 수복하고 부여의 풍속을 소유하였다(復高麗之舊居 有夫餘之遺俗복고려지구거 유부여지유속)"라고 기록하는데 발해가 고구려를 계승한 나라임을 확실하게 천명하였다.

재위 14년인 732년에 무왕은 대문예의 망명사건으로 당나라를 공격하였는데, 대장 장문휴(張文休)를 보내어 바다를 건너 당나라 요동성의 등주(登州)를 공격하였다. 등주가 함락되고 등주자사 위준(韋俊)이 죽임을 당하였다.

이에 당나라 현종이 크게 노하여 갈복순(葛福順)을 보내 발해를 공격하였으며, 733년에는 무왕과 불화로 당나라로 망명하였던 무왕의 동생 문예가 당나라 군사를 이끌고 발해를 공격하여 왔다.

또한 당나라는 신라의 성덕왕(聖德王)에게 요청하여 신라장군 김윤중(金允中 : 김유신 손자)이 발해 남쪽 변방을 공격하게 하였으나 눈이 많이 내려 중도에 철수하였다. 이 같은 당나라의 공격은 등주를 공격한 발해에 대한 보복으로 생각된다.

이후에도 무왕은 영토를 확장하는 정책을 폈으며, 흑수말갈의 땅이 모두 발해에 복속되었다.

도읍을 구국(舊國)에서 현주(顯州)로 옮기었다.

재위 20년인 738년에 무왕이 세상을 떠난다.

3. 문왕(文王)

│ 재위 738년~793년

이름은 흠무(欽茂)이며 무왕의 아들이다. 즉위하여 대흥(大興)으로 연호를 고쳤다.

756년에 당나라에서 일어난 안녹산(安祿山)의 난으로 혼란해진 틈을 기회로 요하까지 영토를 넓히고 현주에서 상경(上京 : 지금의 흑룡강성 영안시寧安市)으로 도읍을 옮겼다.

당나라 현종 연간(712~756년)에 29회에 걸쳐 사신을 당나라에 보내 조공하였다.

재위 25년인 762년에 당나라는 발해군왕에서 발해국왕(渤海國王)으로 올려 책봉하였다.

재위 37년인 774년에는 유신의 일환으로 연호를 대흥에서 보력(寶曆)으로 바꾸었으며, 불교의 전륜성왕(轉輪聖王)의 이념을 채택하였다. 후에 연호를 다시 대흥으로 바꾸었다.

재위 40년인 777년 4월에 둘째 딸 정혜공주(貞惠公主 : 737~777년)가 세상을 떠났고, 792년 6월에 넷째 딸 정효공주(貞孝公主 : 757~792년)가 세상을 떠났다.

상경에서 동경(東京 : 지금의 길림성 훈춘)으로 다시 도읍을 옮기었다.

문왕은 재위 동안 당나라에 많은 조공을 보내 원만한 관계를 유지하였고, 일본에 열 차례에 걸쳐 사신을 보내었고 이에 일본도 사신을 보내왔다.

선왕인 무왕이 이름처럼 영토 확장에 힘을 썼다고 한다면, 문왕은 확장된 영토를 바탕으로 내부를 다스리면서 성장의 기틀을 다졌다. 또 한편으로는 대외적으로 활발한 외교정책을 펼쳐 주변 나라로부터 나라를 안정되게 하였다.

재위 56년인 793년 3월 4일에 문왕이 세상을 떠난다.

문왕의 치세 기간에 융성했던 발해는 문왕이 죽은 후 내분에 휘말린 것으로 생각된다.

4. 폐왕(廢王)
┃ 재위 793년~794년

이름은 원의(元義)이며 문왕의 일가 동생이다. 문왕의 아들 굉림(宏臨)이 일찍 죽어 왕이 되었다.

그러나 즉위 1년 만에 "왕이 의심이 많고 잔인하다고 하여 나라 사람(國人)들이 살해 하였다"고 『발해고(渤海考)』*는 기록하고 있는데, 이름대로 폐출되어 버려진 왕으로 남는다.

당시에 왕이 시해당하는 사건으로 보아 나라 안에 정변이 있었을 것으로 추정된다.

5. 성왕(成王)
┃ 재위 794년~795년

이름은 화여(華璵)이며 문왕의 손자로 굉림의 아들이다. 나라 사람들이 원의를 죽이고 왕으로 추대하였다.

---

* 조선 정조 8년(1784년)에 실학자 유득공(柳得恭)이 중국과 일본의 사서 24종을 참고로 하여 발해의 역사를 정리하여 엮은 책이다. 고구려의 후손임을 자처한 고려가 발해의 역사를 기록하지 않아 발해의 실체를 잃게 되었다고 비판하면서 내용은 군고(君考), 신고(臣考), 지리고(地理考), 국서고(國書考) 등 총 9편으로 나누어져 있다.

연호를 중흥(中興)으로 고치고 도읍을 동경(東京)에서 상경(上京)으로 다시 천도하였다.

6. 강왕(康王)

▌ 재위 795년~809년

이름은 숭린(嵩璘)이며 문왕의 작은 아들이다. 즉위하여 연호를 정력(正曆)으로 고쳤다.

즉위 원년인 795년 2월에 당나라가 내상시(內常侍) 은지첨(殷志瞻)을 보내와 발해왕의 관작을 주었는데, 부왕 때 받은 관작을 들어 따지니 당나라가 '은청광록대부 검교사공(銀青光祿大夫 檢校司空)'의 관작을 추가하여 발해 국왕으로 봉하였다.

재위 11년인 805년에 당나라에 사신을 보내 조공을 하였고, 정원 연간에 네 번 당나라에 조공을 하였다.

강왕은 재위 동안 두 차례 일본에 사신을 보내었고, 일본도 사신을 보내왔다.

재위 15년인 809년에 왕이 세상을 떠나자 정월에 당나라에 사신을 보내 알렸다.

7. 정왕(定王)

▌ 재위 809년~812년

이름은 원유(元瑜)이고 강왕의 아들이다. 즉위하여 연호를 영덕(永德)으로 고치었다.

810년에 두 차례 사신을 당나라에 보내 조공하였다.

812년에 왕이 세상을 떠난다.

8. 희왕(僖王)

┃ 재위 813년~817년

이름은 언의(言義)이며 정왕의 동생이다. 즉위하여 연호를 주작(朱雀)으로 바꾸었다.

813년 정월에 당나라가 내시 이중민(李重旻)을 보내 발해 국왕으로 책봉하였다.

9. 간왕(簡王)

┃ 재위 817년~818년

이름은 명충(明忠)이며 희왕의 동생이다. 즉위하여 연호를 태시(太始)로 바꾸었고, 1년간 왕으로 있다가 세상을 떠난다.

발해는 793년에 문왕이 죽은 이후 선왕이 즉위하는 818년까지 26년의 짧은 기간에 왕이 7명이나 바뀌는 혼란의 치세를 보이었다.

『발해고(渤海考)』에 이에 관한 자세한 기록이 없지만, 그 당시 발해는 심각한 내분에 휘말려 있었던 것으로 생각된다.

10. 선왕(宣王)

| 재위 818년~831년

    이름은 인수(仁秀)이며 간왕의 종부(從夫 : 백부, 숙부)이고, 고왕의 동생 대야발(大野勃)의 4세손이다.

    즉위하여 연호를 건흥(建興)으로 바꾸었다.

    문왕 이후 정치적 불안 상태가 지속되었던 발해는 대인수가 즉위하여 내정을 안정시키고 활발한 대외활동을 벌였다. 왕은 남쪽으로 신라를 평정하고, 북쪽으로 여러 부락을 경략하여 크게 영토를 넓혔다.

    『발해고(渤海考)』의 기록에 의하면 여러 차례 당나라에 사신을 보내 조공을 하였고, 831년에 왕이 세상을 떠난다.

11. 왕 이진(彛震)

| 재위 831년~858년

    선왕의 손자이다. 아버지 대신덕(大新德)이 일찍 사망하여 왕위에 올랐다.

    즉위하여 연호를 함화(咸和)로 바꾸었다.

    재위 동안 여러 번 당나라에 사신을 보내 조공을 하였다.

    858년에 왕이 세상을 떠나니 당나라에 사신을 보내 알리었다.

12. 왕 건황(虔晃)
| 재위 858년~871년

  이진의 동생이다. 대중(大中) 12년(858년) 2월 계미일에 당나라에서 조서를 내려 왕위를 잇게 하였다.

13. 왕 현석(玄錫)
| 871년~894년

  건황의 아들이다. 당나라 의종(懿宗) 함통(咸通) 연간(860~873년)에 세 번 사신을 보내 당나라에 조공하였다.

14. 왕 위해(瑋瑎)
| 재위 894년~906년

  유득공(柳得恭)의 『발해고(渤海考)』에는 언급이 없으나, 당나라에서 칙서를 내린 사실 있다고 한다.

  10대 선왕에서 14대 대위해(大瑋瑎)에 이르는 기간에 발해의 국력은 중흥기에 이르러 5경, 15부, 62주의 지방제도가 완비되었고, 해동성국 (海東盛國)이라는 칭호를 얻게 된다.

15. 왕 인선(諲譔)

▌재위 906년~926년

역사 기록에 계보가 나와 있지 않아 인선에 대하여 상세히 알 수 없다.

10세기에 접어들면서 당나라가 망하고 거란이 크게 일어나 요동으로 진출해 왔는데, 발해의 안위에 커다란 위협이 되었다. 발해는 이런 거란의 위협에 대처하기 위하여 신라와 연대를 도모하였으나 당시 신라도 간신히 명맥만 유지하고 있는 상태였다.

재위 13년인 918년에 한반도에서는 왕건이 고려(高麗)를 세웠고, 7년 후에는 신라 경순왕(敬順王)이 고려에 항복한다.

요나라(遼 : 거란족이 세운 나라) 태조 야율아보기(耶律阿保機)가 요양(遼陽)의 옛 성을 수리하고 나라를 일으키면서 세력 확장을 하기 위하여 주변 나라들을 공격하였다.

재위 14년인 919년에 거란은 발해를 침공하여 발해의 호구(戶口 : 백성)들을 잡아갔다.

재위 19년인 924년에 그 보복으로 왕이 군대를 보내 요나라 요주자사 장수실(張秀實)을 죽이고 백성을 데려 오자, 요나라가 대노하며 발해 정벌을 결정하게 된다.

이후 발해 백성들이 고려로의 망명이 계속 이어지게 되는데, 이즈음 발해의 조정 내부에서는 크게 내분이 일어나 혼란에 빠지는 것으로 생각된다.

재위 20년인 925년 9월에 장군 신덕(申德)이 휘하의 500명과 함께 고려로 도망갔다.

그리고 이 해 12월 21일에 요나라 임금이 태자와 왕후까지 데리고 대대적으로 발해를 침공해 왔는데, 상경의 홀한성(忽汗城)이 함락되었다.

재위 21년인 926년 정월 신미일(14일)에 발해 왕이 소복을 입고 새끼 줄로 몸을 묶고 성 밖으로 나와 요나라 임금에게 항복하였다.

요사(遼史)는 거란이 "발해의 내분을 틈 타 싸우지 않고 이겼다"라고 기록하고 있다.

발해가 공식적으로 멸망한 것은 926년 정월 상경 홀한성이 함락되고서이다. 대조영이 나라를 세운 이래 229년의 역사이다.

이후에도 발해가 역사에 이름이 가끔 나오는데, 이는 요나라가 발해를 완전히 멸망시키지 않고, 신하 관계를 유지하고 조공을 하면서 명맥을 유지하여 왔던 것으로 생각된다.

요나라에 저항하는 발해의 부흥세력도 있었는데, 압록강 중류 지역에 발해 유민이 안정국(安定國)을 세웠으나 얼마지 되지 않아 요나라의 공격으로 없어지고, 많은 수의 발해 유민들이 고려로 넘어가게 된다.

이후 대조영의 7대손인 대연림(大延琳)이 요나라에서 벼슬을 하였는데, 1029년에 한소훈(韓紹勳)과 왕가를 죽이고 반란을 일으켰다. 나라 이름을 홍료국(興遼國), 연호를 천흥(天興)이라 하였다. 그러나 1030년 8월에 부하 장수인 양상세(楊祥世)가 배반을 하여 밤에 성문을 열어 요나라 군사가 쳐들어와 대연림은 사로잡히고 홍료국은 없어진다.

발해는 당나라의 영향을 많이 받고 있었지만 무왕이 일본국(日本國) 성무천황(聖武天皇)에게 보낸 국서(國書)에 보이는 것과 같이, "고구려의 옛 터전을 수복하고 부여의 풍속을 가지고 있음(復高麗之舊居, 有扶餘之遺俗복고려지구거, 유부여지유속)"을 천명하였고, 일본국에서는 한때 발해를 고려라 칭하기도 하였다.

따라서 발해는 고구려 유민들이 세운 나라로 단군의 후예인 한민족 역사의 일부인 것이다.

발해의 영토는 발전기, 융성기에는 그 영역이 확장되고, 내분기, 멸망기에는 축소되었을 터인데, 『신당서(新唐書)』에 의하면 남으로는 이하(泥河)를 경계로 신라와 접경하였으며, 동쪽은 바다에 이르렀고, 서쪽으로는 거란과 접하였다고 한다. 또한 북쪽으로는 송화강과 흑룡강 이북에 흑수말갈족과 경계를 하였다고 한다.

이런 발해의 영역을 현재의 지명으로 살펴보면 남으로는 한반도의 대동강에서 강원도 강릉(江陵) 지역(강릉 지역에 대공산성大公山城이 존재하는데, 이는 대씨가 만든 산성이다), 서쪽으로는 요녕성의 요하(遼河), 동으로는 러시아 연해주(연해주의 우수리스크 등지에 가면 발해 유적을 볼 수 있다)에 이르니, 『신당서(新唐書)』에 사방 오천 리에 이른다는 기록으로 보아 대략 고구려보다 2배 정도 넓었던 것으로 추정된다.

발해국 왕계보도(渤海國 王系譜圖)

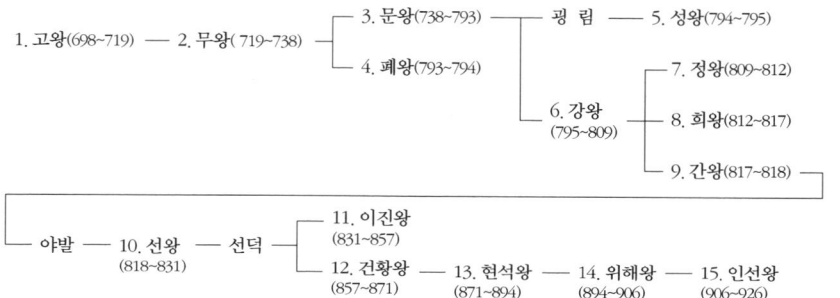

1. 고왕(698~719) ── 2. 무왕(719~738) ┬── 3. 문왕(738~793) ┬── 굉 림 ── 5. 성왕(794~795)

└── 4. 폐왕(793~794)

6. 강왕 ┬── 7. 정왕(809~812)
(795~809)

├── 8. 희왕(812~817)

└── 9. 간왕(817~818) ──

┌──

└ 야발 ── 10. 선왕 ── 선덕 ┬── 11. 이진왕
(818~831)   (831~857)

└── 12. 건황왕 ── 13. 현석왕 ── 14. 위해왕 ── 15. 인선왕
(857~871)   (871~894)   (894~906)   (906~926)

고려를 창건한 태조 왕건(王建)은 신라 헌강왕(憲康王) 3년(877년) 정월 14일에 송악(松岳 : 개경)에서 태어났다.

아버지는 송악 지방 호족으로 이름은 용건(龍建 : 나중에 왕융王隆으로 개명 함)이며, 어머니는 융이 꿈속에서 만난 여인이라 하여 몽부인(夢夫人)이라 불렀다. 훗날 왕건이 나라를 통일하여 삼한의 어머니가 되었기에 성을 한(韓)씨로 하였다.

당나라에서 풍수지리 등을 배워 돌아온 조사 도선(道詵)이 융을 만나 새로 지을 집터를 보고 아들을 낳으면 이름을 왕건이라 지으라고 권유하였고, 그 후 한씨가 태기가 있어 왕건을 낳았다.

이후 왕건이 나이 17세 되었을 때에 도선이 다시 와서 진법(陣法), 천시(天時)를 보는 법, 감통보우(感通寶愚)하는 이치 등을 왕건에게 가르쳐 주었다고 한다.

신라의 국력이 크게 약화된 이 무렵 궁예(弓裔)는 마진(摩震)이라는 국호를 태봉(泰封)으로 바꾸고 철원(鐵原)에 도읍을 정하였으며 강원도와 한강 일대에서 세력을 펼치고 있었다. 그 당시 왕융도 다른 호족들과 같이 궁예의 세력 밑으로 들어가 의탁하게 된다.

궁예는 이를 크게 반기며 왕건에게는 발어참성(勃禦塹城)을 쌓게 하고 그곳 성주로 삼았다. 궁예의 부장이 된 왕건은 광주(廣州), 충주(忠州), 당성(唐城) 등을 평정하고, 후백제의 영산강 지역의 금성(錦城 : 나주)을 수군을 이끌고 기습 점거하여 후백제의 견훤(甄萱)의 세력을 저지하는 등의 혁혁한 공을 세우고 궁예의 심복으로 크게 성장하게 된다.

그러나 그 무렵 궁예는 스스로 미륵이라 칭하고 관심법(觀心法)을 체득하여 사람의 마음을 읽을 수 있다고 하면서 배반이 의심되는 신하를 무자비하게 죽이고 왕비까지 죽이는 등 포악한 공포 정치를 펼쳤으니 백성들의 공포와 원망이 하늘을 찔렀다.

이에 918년 6월에 홍유(洪儒), 배현경(裵玄慶), 신숭겸(申崇謙), 복지겸(卜知謙)이 왕건을 추대하고 반란을 일으켰다. 이때 궁예는 부하들에게 살해된다.

그리고 다음날인 918년 6월 15일에 왕위에 오른 왕건이 국호를 고려(高麗), 연호를 천수(天壽)라 하고 도읍을 철원에서 자신의 근거지인 송악으로 옮겼다.

이로써 궁예가 세운 태봉국(泰封國 : 마진)은 사라지고 고려가 역사에 나타나게 되는데, 국호를 고려로 정한 것은 고구려를 계승한다는 의식이 있었기 때문이다.

고려 청자

1. 태조 왕건(太祖 王建)

▎ 877~943년, 재위 918년~943년

아버지는 왕융(王隆), 어머니는 한씨로 송악에서 태어났다.

왕건은 홍유, 배현경 등과 함께 반란을 일으켜 민심을 잃은 궁예를 살해하고 새로운 나라 고려를 세웠다. 당시에 한반도에서 고려는 저물어 가는 신라를 놓고 견훤(甄萱)의 후백제(後百濟)와 한창 다툼을 벌이고 있었다. 고려 태조 왕건은 궁예를 제거하고 고려 개국 초기의 상황으로서 나라를 안정시킬 필요가 있었다.

이에 태조 8년인 925년에 후백제 견훤과 휴전하고 견훤의 조카 진호(眞虎), 태조의 종제 왕신(王信)을 인질로 서로 보내 화친을 하였으며 나라의 안팎을 어우르며 안정을 꾀하였다. 그런데 백제에서 볼모로 왔던 진호가 병으로 갑자기 죽는다.

이에 견훤은 고려가 일부러 죽인 것으로 오해하고 볼모로 왔던 왕신을 죽이고 웅진(熊津) 방면으로 침공을 하자 화친은 깨지고 만다. 이후 고려와 후백제 간의 전쟁은 계속되게 된다.

그리고 고려의 침공에 대하여 신라가 뒤에서 충동질한다고 생각한 견훤은 신라를 기습하였다.

이에 927년에 포석정에서 경애왕(景哀王)을 잡아 자진하게 하였고 왕비를 강음하였으며, 신라의 많은 재물을 약탈하고 경순왕(敬順王)을 새로운 신라의 왕으로 세우고 돌아간다.

태조 13년인 930년에 고려군은 고창군 병산(甁山)에서 후백제 견훤과의 전투에서 크게 승리하였는데, 이후 세력 판도에 크게 영향을 가져오게 된다. 그리고 후백제 내부에서는 권력 투쟁의 갈등이 나타나, 태조 15년인 932년에 견훤의 심복이던 장군 공직(龔直)이 고려로 귀순해 왔다.

태조 18년인 935년에는 마침내 후백제에 큰 정변이 일어난다.

견훤의 큰아들 신검은 견훤이 이복동생인 넷째 아들 금강(金剛)에게 왕위를 물려주려 하자, 아들 신검(神劍), 양검(良劍), 용검(龍劍)이 금강을 죽이고, 아버지 견훤을 금산사(金山寺)에 가두고 맏아들 신검이 왕위에 오른 것이다.

이후에 견훤은 탈출하여 고려의 속령인 나주로 몸을 피해 태조 왕건에게 망명하게 된다.

이 해 11월에는 신라의 경순왕이 태조 왕건에게 항복하고 개성(開城 : 송악)으로 귀부해 왔다.

마침내 태조 19년인 936년에 고려 왕건은 10만 대군을 이끌고 후백제의 일선군(一善郡 : 선산)으로 진격하였다.

9월에 신검도 군대를 거느리고 대치하며 겨루었으나, 고려군의 선봉장은 다름 아닌 견훤이었다. 견훤을 본 후백제의 4명의 장군이 그대로 항복하였고, 신검, 양검, 용검은 싸울 엄두도 못내고 고려에 항복하게 된다. 이로써 후백제는 견훤이 거병한 지 45년 만에 패망하고 역사속으로 사라지게 된다.

삼한(三韓)을 평정하여 통일 국가를 세운 태조 왕건은 개성으로 돌아와 위봉루(威鳳樓)에서 문무백관의 조하(朝賀)를 받고 고려의 왕으로 등극한다.

태조 왕건은 재위 동안에 혼인 정책을 펼쳐 각 지방 호족의 딸과 혼인하여 그들과의 결속을 굳게 하였으며 왕권을 강화하고 국력을 모으는데 애를 썼다(태조는 일생 동안 29명의 부인을 두었고 25명의 왕자와 9명의 공주를 두었다).

또한 사심관제도(使審官制度)를 시행하여 김부(金傅)를 비롯한 공신들을 그 출신 지방의 사심관에 임명하여 호족세력을 무마하고 통제하는 정책을 폈다.

한편으로는 기인제도(其人制度)를 시행하여 각 지방의 향리의 자제를 뽑아 도성에 머물게 하였는데, 이는 일종의 볼모로 삼아 지방 호족들을 견제하는 정책으로 반란을 사전에 방지하면서 나라의 안정을 꾀하였다.

고려를 세우고 많은 업적을 이룬 태조 왕건은 나라를 다스림에 있어 교훈이 되는 훈요십조(訓要十條)를 유훈으로 남기고, 943년에 67세의 나이로 세상을 떠난다.

2. 혜종(惠宗)

┃ 912~945년, 재위 943년~945년

이름은 무(武)이며 자는 승건(承乾)이다. 태조의 장남으로 장화왕후(莊和王后) 오씨(吳氏 : 나주 향호 오다련吳多憐의 딸) 사이에서 태어났다.

혜종은 얼굴에 주름이 많았는데, 나주에서 왕건은 오씨와 잠자리를 하면서 돗자리에 사정하였는데 오씨가 얼른 주어 몸 안에 넣어 임신을 하여 이후 태어난 아이(혜종)의 얼굴에 주름이 생겼다고 하는 일화가 있다.

왕조의 창업 이후 왕위 쟁탈전이 심하였는데 고려도 예외가 아니었다. 태조는 박술희(朴述熙)에게 혜종을 보필하도록 부탁을 하였다. 태조의 장인이며 혜종의 장인이기도 했던 왕규(王規)가 외손자 광주원군

(廣州院君)을 왕위에 앉히고자 두 차례나 혜종을 시해하기 위해 시도하였으나 실패하였다. 그러나 왕은 왕규를 처벌하지 않았다.

시해 사건과 왕위를 노리는 세력에 편할 날이 없던 왕은 병이 들어 재위 2년인 945년 9월에 34세의 나이로 세상을 떠난다.

3. 정종(定宗)
▌ 923~949년, 재위 945년~949년

이름은 요(堯)이며 태조의 둘째 아들이다. 혜종과는 이복형제이고 어머니는 유씨(劉氏 : 충주 호족 유긍달劉兢達의 딸)이다. 즉위 때의 나이는 22세이며, 혜종보다는 12세 아래이다.

치열한 왕위 쟁탈에서 혜종이 죽으면서 후계자를 지명하지 못했으므로, 이에 정종은 태조의 종친인 왕식렴(王式廉)을 끌어 들여 기습적으로 왕위에 오른다. 외손주 광주원군을 왕위에 오르게 하려고 혜종을 시해하려 했던 왕규는 반란을 일으켰으나 잡혀 강화로 귀양가고 곧 죽임을 당한다. 그리고 그의 일파 300여 명도 참살을 당한다.

즉위 초의 유혈사태는 민심 이반으로 나타나고, 왕도 마음이 평온하지 못해 불사를 일으켰다. 그럼에도 불구하고 왕은 불안하여 왕식렴이 장악한 서경(西京 : 평양)으로 천도를 결심하고 백성들을 강제로 이주시키니 백성들의 불만이 컸다.

정종 4년인 949년 1월에 의지하던 왕식렴이 세상을 떠난다. 이 해 3월에 정종도 병이 들어 아우 소(昭)를 불러 선양하고 제석원(帝釋院)에서 세상을 떠난다. 그의 나이 27세였다.

4. 광종(光宗)

┃ 925~975년, 재위 949년~975년

이름은 소(昭)이며 태조의 셋째 아들이고, 어머니는 유(劉)씨로 정종의 친아우이다. 즉위 당시 나이 25세로 정종보다 2살 아래였다.

즉위 원년에 광덕(光德)이란 연호를 후주(後周)의 연호인 광순(廣順)으로 바꾸었다.

광종 7년인 956년에 후주에서 장작감 설문우(薛文遇)를 따라 쌍기(雙冀)가 함께 들어왔는데, 이때 쌍기를 등용하였다. 이에 따라 중국의 제도를 정책에 반영하여 개혁을 하였으며 노비안검법(奴婢按檢法)*을 실시하였다.

광종 9년인 958년에는 광종은 쌍기의 건의에 따라 과거제도(科擧制度)를 시행하였다. 과거제도를 실시한 2년 후인 960년에는 당시 통일되지 않았던 군신들의 복식을 정하여 등급에 따라 복식을 정하였다.

이렇듯 노비안검법, 과거제도 등의 개혁정책을 시행하자 기득권층인 훈구 세력의 반발이 커지게 된다. 대상 준홍(俊弘), 좌승 왕동(王同)이 반기를 들자, 이들을 귀양 보내고 대대적인 숙청을 하였다. 이때 이런 공포 정치 속에서 살육당하는 자가 많았다고 한다.

975년에 광종이 세상을 떠난다.

---

* 고려 광종 7년(956년)에 광종이 호족세력을 견제하기 위하여 노비가 된 사람을 다시 조사하여 양민이 되게 한 일종의 노비 해방법이다.

5. 경종(景宗)

▌965~981년, 재위 975년~981년

이름은 유(伷)이며 광종의 태자이다. 정윤(正胤 : 태자) 시절에 광종의 의심을 받아 어려움에 처하여 목숨이 위협받기도 하였으나 즉위하여 부왕 때 탄압받던 세력에게 사면령을 내리었다.

976년에 다시 득세한 훈구 세력의 왕선(王詵)은 태조의 아들 천안부원군(天安府院君)과 원녕태자(元寧太子)를 죽이는 등 피의 복수를 하였는데 왕은 더 이상 복수를 빙자한 살인을 금하였다.

훈구 세력의 왕승(王承)이 반란을 일으켰으나 최지몽(崔知夢)의 도움으로 위기를 넘긴다. 그러나 왕은 거듭되는 훈구와 개혁의 파벌 싸움에 정치에는 흥미를 잃고 주색과 향락에 빠져 지내다가 몸이 상하여 병석에 드러눕게 된다.

981년 6월에 경종은 아들 송(誦 : 뒤의 목종)이 어려(당시 2살) 종제 개령군(開寧君) 치(治)에게 선위하고 재위 6년 만에 세상을 떠나니, 그의 나이 27세였다.

6. 성종(成宗)

▌960~997년, 재위 981년~997년

이름은 치(誦)이며 아버지는 대종(戴宗) 욱(旭 : 태조와 4비 황보씨 소생)이고, 어머니는 유씨(柳氏 : 태조와 6비 유씨 소생)이다. 부인은 문덕왕후(文德王后) 유씨(劉氏)인데, 유씨는 광종의 딸이며 경종과는 남매간이다. 즉 왕은 광종의 사위이며, 경종과는 처남 매부 지간으로 왕위를 계승한 것이다.

왕은 유학에 밝고 인품이 뛰어나 유교적 정치이념을 실현하고자 하였다. 즉위하여 팔관회(八關會)를 폐지하는 등 숭유억불(崇儒抑佛) 정책과, 3성 6부제를 중심으로 중앙의 조직을 개편하였다.

983년(성종 2년)에는 지나친 믿음으로 인한 불교의 폐단을 지적하고 지방관을 파견하여 백성들을 보호하는 제도 등을 건의하는 최승로(崔承老)의 시무 28조(時務二十八條)를 채택하고 개혁을 시도하였다.

이즈음 고려는 발해의 유민들을 받아들이고 송나라와 외교관계를 펴면서 북진정책을 꾀하였다. 발해의 유민이 압록강 유역에 세운 정안국(定安國)이 있었는데, 거란이 정안국을 정복하였다.

993년(성종 12년)에 거란이 침공해 왔다(거란의 1차 침입). 조정 안에서는 주전과 화친론이 다투었는데, 서희(徐熙)가 거란의 장수 소손녕(蕭遜寧)과 담판을 지어 물러가게 하였다.

거란은 고려가 신라의 땅에서 일어나 송나라와 화친을 하고, 고구려의 영토와 발해를 차지하고 있으니 고구려의 옛 땅을 바치라고 협박을 하였다. 이에 대하여 서희(徐熙)는 고려는 고구려의 후손으로 거란이 차지한 거란의 수도 요양(遼陽)도 옛 고구려의 땅이었으므로 오히려 고려에게 돌려주어야 한다고 주장하였다. 결국 강동 6주(江東六州)를 돌려받고 거란과 국교를 맺음으로써 거란군은 철수를 하였다(서희의 외교 담판).

이후 조정에서는 표면상 거란과 화친하면서, 한편으로는 비밀리에 거란을 치기 위하여 송나라에 지원을 요청하였는데 송나라가 이를 거절하자 송나라와의 외교관계를 끊게 된다.

서희는 여진(女眞)을 몰아내고 강동 6주의 기초가 되는 성을 쌓는다. 건국 초기에 고려의 북쪽 경계는 청천강 이남이었는데 비로소 압록강 유역까지 확장되었다.

997년에 성종은 죽기 전 경종의 장자인 개령군 송에게 왕위를 물려주고 세상을 떠난다. 재위 16년 만인 그의 나이 38세였다.

7. 목종(穆宗)

| 980~1009년, 재위 997년~1009년

이름은 송(誦)이고 경종의 장자이며, 어머니는 성종의 친동생 헌애
왕후(獻哀王后)이다. 성종이 경종에 이어 즉위할 때에 송의 나이는 2살
이었으며, 성종에게 아들이 없어 궁에 데려와 개령군에 봉하고 친아
들처럼 길렀다.

즉위 때의 나이가 18세로 어려 헌애왕후(경종 비, 천추태후)가 섭정하
였다. 과부였던 천추태후(千秋太后)는 신라 출신 김치양(金致陽)과 정을
통하고 있었는데, 정권을 잡게 되자 김치양을 궁으로 불러들였다. 이
에 그가 정사를 주무르게 된다.

김치양은 천추태후가 아들을 낳자 자신의 씨인 아들로 왕으로 세우
고자, 대량원군(大良院君)을 중으로 만들어 절로 쫓아내고 목종마저 살
해하려 하자 심약한 목종은 병들어 눕게 된다.

목종은 후계자로 대량원군을 지목하고 채충순(蔡忠順), 강조(康兆) 등
에게 보호를 부탁한다. 서경의 서북면도순검사(西北面都巡檢使) 강조가
개경으로 군사를 이끌고 오는 도중에 왕이 이미 죽은 줄 알고 돌아가
는데, 강조 아버지의 편지를 받고 5000여 명의 군사로 궁궐로 쳐들어
가 목종을 폐위하고 대량원군을 왕으로 세우니 현종이다(1009년).

강조는 김치양 부자를 잡아 죽이고, 목종은 충주로 유배를 가는 도
중에 사약을 받으나 거부하여 살해당하였다. 대량원군에게 왕위는 계
승되나 목종은 재위 12년 만에 나이 30세에 객지에서 대량원군의 왕
위 계승에도 불구하고 자신은 도리어 강조에 의해 죽임을 당하게 된
것이다.

천추태후는 황주(黃州)로 피신해 살다가 현종 20년(1029년)에 세상을
떠난다.

8. 현종(顯宗)

▎991~1031년, 재위 1009년~1031년

이름은 순(詢)이며 어머니는 경종의 4비 헌정왕후(獻貞王后 : 효숙왕태후孝肅王太后) 황보씨(皇甫氏)이다. 헌종은 경종의 비로 경종이 죽자 과부가 된 황보씨가 태조의 아들 안종(安宗) 욱(郁 : 태조 5비. 신라 출신 김씨 소생)과의 불륜 사이에 태어난 아들이다.

어머니 황보씨가 산고로 죽어 성종이 궁에서 키웠으며, 목종과 가까워 대량원군에 책봉되었고 천추태후에게 강제로 쫓겨나 중이 되었으며, 살해 위험도 겪다가 강조의 정변으로 1009년에 왕위에 오르니 그의 나이 18세였다. 왕위에 오른 현종은 개혁에 착수하여 목종 대(代)의 퇴폐적인 분위기를 쇄신하였다.

1010년 10월에 목종의 폐위사건을 핑계로 거란이 40만 대군으로 침공해 왔다(거란의 2차 침입). 거란군은 강조를 잡아 살해하고 개경으로 물밀듯이 공격하여 내려왔는데, 왕은 하는 수없이 도성 개경을 떠나 남쪽으로 피신하였다. 왕이 남쪽 나주까지 피신하던 도중에 과거 목종을 따르던 반란 세력에게 여러 차례 살해 위협을 당하기도 한다.

그리고 왕은 하공진(河拱辰)을 거란 진영으로 보내어 침입의 이유인 목종의 폐립사건의 주동자 강조가 죽었으니 철군을 요청하였다. 거란의 군사들은 고려 왕이 남쪽 먼 곳으로 이미 피신한 줄 알고 추격을 포기하였으나, 많은 재물을 약탈하고 개경의 궁궐을 불태우니 사초 등의 많은 문화재를 잃게 된다.

1012년 2월 23일에 거란군이 철수하자, 나주까지 피난갔던 현종은 왕도 개경으로 돌아온다. 개경으로 돌아온 현종은 1013년 거란군의 침공으로 사초 등이 불에 소실되어 없어진 태조에서 목종까지의 실록(『칠대실록七大實錄』)을 편찬하도록 하였다. 또한 왕은 불교에 대한 애정이 많아 재위 동안에 많은 불사를 일으켰고, 거란의 침공 이후 북방의 요충지에 성을 쌓고 보수하여 재침공에 대비하였다.

1014년 9월 이후에도 거란은 강동 6주의 반환을 요구하면서 파상적으로 고려를 침공한다. 이에 고려는 거란과 국교를 끊고 송나라와 외교를 회복하면서 거란과 정면 대결을 결정한다.

1018년 12월에 거란의 장군 소배압(蕭排押 : 1차 침입 때 소손녕의 형)이 10만 대군으로 침입하였다(거란의 3차 침입).

홍화진(興化鎭)에서 거란군을 격파하였고, 사잇길을 통하여 개경으로 진격해 오는 거란군을 청야(淸野) 작전으로 싸우고 물러나는 전술을 펼치다가 귀주(龜州)에 이를 때 강감찬(姜邯贊) 장군의 활약으로 거란군을 거의 몰살시켜 돌아간 자가 겨우 수천 명에 지나지 않았다고 한다. 이를 강감찬 장군의 '귀주대첩(龜州大捷)'이라고 한다.

1029년 9월에 거란에서 발해의 후손 대연림(大延琳)이 반란을 일으켜 홍료국(興遼國)을 세우고 고려에 도움을 청하였다. 그러나 왕은 거란과 관계가 나빠질 것을 우려하여 지원 요청을 거절하였다.

1030년에 홍료국은 거란에 의하여 결국 멸망하고 발해 유민 다수가 고려로 건너오게 된다.

재위 22년인 1031년에 왕의 나이 40세에 세상을 떠난다.

9. 덕종(德宗)

▌ 1016~1034년, 재위 1031년~1034년

이름은 흠(欽)이며 현종의 장남으로 어머니는 제3비 원성왕후(元成王后) 김(金)씨이다. 15세의 나이에 즉위하였다.

즉위하자 사면령을 내리고 중신을 기용하여 조정의 안정을 꾀하였다.

거란에게는 유화책을 보이면서도 지난 침공 때 잡아간 고려의 포로들을 송환해 줄 것을 요구하였는데 거란이 이를 거절하자, 거란 연호의 사용을 중지하고 국교를 단절하면서 한편으로는 침략에 대비하여 삭주(朔州)와 영인진(寧仁鎭)에 성을 쌓았다.

덕종은 정치, 외교에도 역량을 발휘하여 국자감(國子監)을 제일의 교육기관으로 삼았으며, 여진과도 협조 관계를 맺으면서 형벌 경량주의에 입각하여 사형에 처한 자들을 감형해 주고 민생을 다독이며 나라를 안정되게 다스렸다.

그러나 안정의 기반을 다진 왕이었지만 병약하여 재위 3년 만인 1034년 9월에 급작스럽게 세상을 떠난다.

10. 정종(靖宗)

▌ 1018~1046년, 재위 1034년~1046년

이름은 형(亨)이며 현종의 차남이다. 덕종이 아들이 없이 죽어 동복 아우인 정종이 17세에 즉위하였다.

즉위하여 대사면령을 내려 나라 안에 화합을 도모하였고, 원로 중신을 등용하여 정치적 안정을 꾀하였다.

정종 2년(1036년)에 집안에 아들이 넷 있을 경우 한 명은 출가 할 수 있도록 하였고, 1039년에는 노비종모법(奴婢從母法)*, 1040년에는 도량형 규격을 정하여 세금 착취의 폐단을 막도록 하였다.

───────────

* 노비에게서 태어난 자녀의 신분 결정에 있어 어머니인 모계(母系)를 따르게 한 법. 노비의 혼인은 노비끼리만 하였으나 이후 노비와 양민 사이에서도 이루어져 양민의 수가 줄어들면서 세금 징수, 군역 등의 문제가 생기자 양민의 수를 늘릴 필요가 있게 된다. 조선시대에는 신분 상승의 수단이 되기도 한다.

국방에도 힘을 써 덕종 때에 시작한 압록강에서 동해까지 높이 25척, 길이 천여 리에 이르는 천리장성(千里長城)을 쌓는 작업도 계속함으로써 정종 10년(1044년)에 완공하였다.

거란과도 적절한 외교를 하여 국교를 정상화 하고 거란 연호를 다시 사용하였다.

1046년 5월 정종은 정사에 몰두하다 중병을 얻어 이복동생 낙랑군 휘(徽 : 문종)에게 선위하고 재위 11년 8개 월에 세상을 떠나니, 그의 나이 29세였다.

11. 문종(文宗)
┃ 1019~1083년, 재위 1046년~1083년

이름은 휘(徽)이며 현종의 3남이며 원혜태후(元惠太后) 김씨 소생으로 정종의 한 살 아래 이복동생이다.

즉위하여 금은 장식의 용상을 동으로 바꾸는 등 근면하고 검소하게 생활하였고, 재상 최충(崔沖)을 등용하여 정사를 돌보았다.

1049년에 공음전시법(功蔭田柴法), 재면법(災免法), 답험손실법(踏驗損實法) 등을 제정하였고, 1062년에는 억울한 형벌을 막기 위한 삼복제(三覆制 : 삼심제)를 실시하였다.

1065년에 넷째 왕자를 출가시키니 대각국사(大覺國師) 의천(義天)이다. 왕자가 중이 된 것은 이때부터이며 당시 승려는 최고 인기여서 명문가에서도 아들을 출가시키려 하였다고 한다.

1076년에 양반전시과(田柴科)를 개정하여 토지법과 녹봉제를 확립하였고 송나라와 외교를 재개하였으며, 불교와 유학을 함께 발전시켰다.

1080년에는 군사 3만의 병력을 동원하여 여진을 정벌하였다.

1083년 7월에 문종이 세상을 떠나니, 재위 37년 만인 그의 나이 64세였다.

12. 순종(順宗)

| 1047~1083년, 재위 1083년

이름은 훈(勳)이고 문종의 장남이며 인예왕후(仁睿王后) 인주 이(李)씨 소생으로 37세의 나이로 1083년 7월에 즉위하였다. 효자로서 부왕의 죽음에 슬퍼하여 여막에서 지내는 등 심약하여 이내 병석에 눕게 된다.

이 해 10월에 아우 운(運)에게 선위하고 세상을 떠나니, 고려 왕 중에서 4개월의 가장 짧은 치세 기간을 기록한다.

13. 선종(宣宗)

| 1049~1094년, 재위 1083년~1094년

이름은 운(運)이며 순종의 동복아우이고 문종의 차남이다. 34세의 나이에 즉위하였다.

즉위하여 부왕의 유지를 받들어 불교와 국학을 발전시켰으며, 거란, 송나라, 일본과도 교역을 하여 내외의 안정을 이끌었다.

1094년 5월에 과로로 쓰러져 병마와 싸우다가 향년 46세에 세상을 떠난다.

14. 헌종(獻宗)

| 1084~1097년, 재위 1094년~1095년

이름은 욱(昱)이고 선종의 장남이며 2비 사숙왕후(思肅王后)의 소생으로 11세의 어린 나이에 즉위하여 모후가 수렴청정을 하였다.

1095년 7월에 득세하던 인주 이씨 이자의(李資義)와 형제 왕위 계승을 기대하였던 문종의 3남인 계림공(鷄林公)이 서로 간에 왕권 다툼을 벌렸다. 이 암투 중에 이자의 일파를 죽이고 계림공이 권력을 장악한다(이자의의 난).

1095년 10월에 즉위 1년 반도 안 되어 왕은 숙부 계림공에게 양위하고 후궁으로 물러났는데, 1097년 2월에 홍성궁(興盛宮)에서 14세의 어린 나이로 요절한다.

15. 숙종(肅宗)

| 1054~1105년, 재위 1095년~1105년

어린 조카를 밀어 내고 42세에 왕위에 오른 계림공 숙종은 측근을 중심으로 조정을 개편하고, 왕권을 강화하면서 회한(悔恨)의 정치로 치세 동안에 안정되게 정치를 펼치었다.

1099년에 왕의 동생 부여후(扶餘侯) 왕수(王邃)가 역모를 일으켰고, 1101년에는 남경(南京 : 한양)을 건설하는 사업을 착수하였다.

1103년에 대장군 고문개(高文蓋) 등이 역모를 일으키는 사건이 있었고, 1102년에 주전도감(鑄錢都監)을 설치하고 고주법(鼓鑄法 : 돈 만드는 법)을 제정하여 주화를 만들어 사용하였다. 이때 우리나라 최초의 화폐 '해동통보(海東通寶)'가 주조되었다.

이 외에도 여진 정벌을 위한 별무반(別武班)을 설치하였으며, 6촌 이내 금혼령을 내리는 등의 개혁을 하였다.

1105년에 고구려 시조 동명왕의 묘에 제사하고 돌아오다가 수레 안에서 세상을 떠나니, 숙종의 나이 52세였다.

16. 예종(睿宗)

▌ 1079~1122년, 재위 1105년~1122년

이름은 우(俁)이고 자는 세민(世民)이다. 숙종의 장자이며 어머니는 명의태후(明懿太后) 유(柳)씨이다. 1105년에 숙종이 죽으니 27세의 나이로 왕위에 올랐다.

즉위하여 대사면령을 내려 민심을 수습하고 윤관(尹瓘)을 중용하여 여진 정벌에 나섰다.

1107년 11월에 윤관과 오연총(吳延寵)이 20만 대군으로 여진을 공격하여 대승을 거두었다.

1108년에 1백여 개의 여진족의 촌락을 평정한 윤관은 고려 주민을 이주시키고 성을 쌓았다. 이것이 유명한 윤관의 '동북 9성(東北九城)'이다.

1109년에 여진은 계속하여 고려를 침공하면서 동북 9성의 반환 조건으로 화친을 청하였다. 이에 전쟁에 시달린 조정에서는 동북 9성을 여진에게 돌려주었다. 그리고 윤관은 탄핵당하여 퇴진하게 된다.

1115년에 북쪽의 여진족 아골타(阿骨打)가 거란(契丹 : 요나라)을 멸망시키고 금(金)나라를 세웠다.

신라가 패망할 때 고려에 항복하지 않고 일부 신라 왕족들이 북쪽의 여진족과 합류하였는데, 그들 가운데 신라 왕족 김함보(金函普)가 여진족의 여러 부족 중에 완안부(完顏部) 부족의 족장이 되었으며, 이

함보의 6대 손이 아골타이다.

나라 이름을 금(金)이라고 한 것은 여러 설이 있는데 신라 왕족의 성인 김씨가 나라를 세웠기 때문에 그 성을 따서 금나라라고 하였다고 중국의 『만주원류고(滿洲源流考)』는 기록하고 있다.

따라서 금나라는 신라 왕실의 후손이며 뒤에 일어나는 중국의 마지막 왕조인 후금(後金)(1636년 청나라로 국호를 바꿈)도 여진족의 후손으로서 청나라는 우리 신라의 후손이 세운 것이다.

1116년에 예종이 청연각(淸讌閣)과 보문각(普文閣)을 두어 선비를 길러 학문 진흥에 힘을 썼는데, 윤관 등 무장을 쫓아내고 문(文)을 숭상하면서 무(武)를 천시하는 분위기는 나중에 무신(武臣)의 난(亂)을 초래하는 단초가 된다.

1122년 4월에 예종이 등창이 악화되어 갑자기 세상을 떠나니, 그의 나이 44세였다.

17. 인종(仁宗)
▎ 1109~1146년, 재위 1122년~1146년

이름은 해(楷)이다. 예종의 장자이며 어머니는 순덕왕후(順德王后) 이씨 소생으로 14세의 어린 나이에 즉위하였다.

그러나 왕의 외척인 이자겸(李資謙)이 어린 왕을 마음대로 조종하여 권력을 독식하고 예종의 아우를 비롯한 반대파를 숙청하여 귀양 보냈다. 이자겸은 십팔자(十八子 : 즉 '李'씨를 말함)가 왕이 된다는 비기(秘記)를 믿고 자신의 딸인 왕비를 시켜 인종을 독살하려 하였으나, 왕비는 독이 든 떡을 까마귀에게 던져주고 버린다.

1126년 2월에 인종은 이자겸의 횡포에 대항하여 그를 제거하려다가 실패하고 오히려 연금 상태가 된다(이자겸의 난). 이 해 5월에 이자겸이 왕을 죽이려 하자 척준경(拓俊京)을 회유하여 이자겸 일당을 잡아들이고 이자겸을 영광으로 귀양을 보냈다. 이자겸은 12월에 유배지에서 죽었다.

1128년에는 왕실의 고문 역할을 한 승려 묘청(妙淸)의 제안으로 서경(西京 : 평양) 천도를 위하여 서경에 대화궁(大花宮)을 지으니 기득권 세력인 개경파와 개혁을 원하는 서경파가 서로 반목하게 된다. 이에 인종이 서경 천도를 취소하였다.

그러자 서경 천도를 바라던 묘청이 1135년에 '칭제건원(稱帝建元)', '금국정벌(金國征伐)'을 내세우며 서경을 중심으로 하여 반란을 일으켰는데(묘청의 난), 김부식(金富軾)이 진압군 사령관이 되어 이 묘청의 난은 1년 만에 평정된다. 이후 개경의 문신 귀족이 권력을 잡게 된다.

인종은 1145년에 당시에 최고의 유학자, 문장가, 정치가로 활약하던 김부식에게 명하여 『삼국사기(三國史記)』 50권을 편찬하게 하였다.

1146년에 왕이 세상을 떠나니, 그의 나이 38세였다.

18. 의종(毅宗)

| 1127~1173년, 재위 1146년~1170년

이름은 현(晛)이고 자는 일승(日升)으로 인종의 장남이며 어머니는 공예왕후(恭睿王后) 임(任)씨 소생이다. 즉위 때 나이 20세였다.

왕은 사치와 연회와 놀이에 탐닉하고 풍류를 좋아하였으며, 문신을 더욱 가까이하며 국사를 보게 된다. 이에 조정 내에서도 문관이 무관을 무시하는 분위가 더욱 심해진다. 그러던 중 의종 24년(1170년)에 왕실의 사찰인 홍왕사(興王寺)에서 연회가 열렸는데, 연회 중에 한뢰(韓

頼)가 대장군 이소응(李紹膺)의 뺨을 때리는 일이 벌어진다.

이에 화가 난 무신들은 인종 때에 나이 어린 김돈중(金敦中 : 김부식의 아들)에게 수염을 불태우는 모욕을 당한 정중부(鄭仲夫)와 그 일파인 이고(李高), 이의방(李義方) 등의 무신들이 들고 일어나 그 자리에서 한뢰를 죽이고 문신과 환관들을 닥치는 대로 죽였다. 또한 의종을 폐하여 거제도로 태자는 진도에 각각 유배시키고 조정을 장악하고 권력을 잡는다.

이를 '정중부의 난'이라 하며, 고려 역사에서 기록하는 약 100여 년간의 무인시대(武人時代)가 시작된다.

19. 명종(明宗)
┃ 1131~1202년, 재위 1170년~1197년

이름은 호(皓)이며 의종의 아우이다. 무인 천하 시대를 맞은 정중부 일파에 의하여 의종이 폐위되고, 아우인 익양공(翼陽公) 호를 새 왕으로 앉히니 바로 명종이다. 그러나 명색만 왕이고 실권은 무신들이 장악하게 된다.

1172년에 무신정변(武臣政變) 3인방(정중부, 이고, 이의방) 중에서 이고가 반기를 들어 이의방에게 살해된다.

1173년에 무신정권에 반기를 들어 의종을 복위시킨다는 명분으로 동북면병마사(東北面兵馬使)였던 김보당(金甫當)이 이경직(李敬直), 장순석(張純錫) 등과 함께 문신들이 중심이 되어 반란을 일으켰으나(김보당의 난) 진압당하고 관련된 많은 이가 살육당하였다. 그리고 거제도에 유배 중인 의종은 경주에서 항거하다가 이의민(李義旼)에 의해 살해당한다.

1174년에 서경유수(西京留守) 조위총(趙位寵)이 난(조위총의 난)을 일으키면서 금나라에 지원을 요청하였으나 실패하여 관군의 공격으로 진압되어 죽임을 당하였다.

이 해 12월에 정변 3인방인 이의방을 정중부의 아들 정균(鄭筠)이 살해하여 조정의 모든 권력은 정중부 일파의 손으로 들어가게 되고 권력의 횡포와 착취로 인하여 백성들의 생활은 힘들고 피폐해져 난이 일어나게 된다.

고려 시대의 소(所)는 나라에 수공업 제품을 만들어 바치는 마을인데, 1176년에 공주 명학소(鳴鶴所)에서 천민들인 망이(亡伊), 망소이(亡所伊)가 난을 일으켰다(망이, 망소이의 난). 난은 진압되었지만, '망이, 망소이의 난'은 그동안의 권력 투쟁으로 일어난 반란이 아닌 억압받는 농민들이 들고 일어난 민란으로서 당시의 백성들의 고통이 얼마나 심했는지 알 수 있다. 이후에도 크고 작은 민란들이 계속하여 일어나게 되어, 이 해 가을에는 손청(孫淸) 일파가 가야산(伽倻山 : 충남 서산) 일대에서 난을 일으킨다.

정중부 일파는 장군의 집회소인 중방(中房)을 중심으로 정치적인 문제를 논의하고 결정하는 중방정치를 하였는데, 중방은 국가의 최고 권력기관이 되었으며 조정의 모든 권력은 정중부 일파가 독식하면서 왕실을 넘보는 지경에 이른다.

그러나 권력투쟁은 내면적으로 계속되어 조정 안팎으로 정중부 일파에 대한 반대 세력도 만만치 않았으며, 1179년에 20대의 청년 장군 경대승(慶大升)이 정중부와 그 아들 정균을 살해하고 정권의 실세로 떠오르게 된다.

무신정권의 실력자가 된 경대승은 호위 결사조직인 도방(都房)을 두고 도방정치를 하였으나 암살 등의 우려로 병을 얻어 4년 만에 죽게 된다. 그러자 선왕 의종을 시해한 이의민이 권력을 잡는다.

이후에도 군부간의 갈등과 권력투쟁은 계속되고, 마침내 1196년에 상장군 최충헌(崔忠獻) 일파가 이의민과 그 일당을 잡아 죽이고 권력을 잡으며 무신정권은 절정에 이른다.

최충헌은 왕에게 집권의 정당성을 보이려고 토지 개혁과 조세 개혁 등 개혁 조치를 담은 「봉사 10조(封事十條)」을 올리었다.

1197년 9월에 최충헌 일파는 왕을 폐위시켜 창락궁(昌樂宮)에 유폐시키고 왕의 동생인 평양공(平凉侯) 민(旼)을 왕으로 옹립한다.

20. 신종(神宗)
┃ 1144~1204년, 재위 1197년~1204년

이름은 민(旼)이며 명종의 친아우로 최충헌이 옹립하여 왕으로 즉위하였다. 즉위 때 나이가 50세가 넘었고, 이름뿐인 왕위에 앉게 되어 나라의 모든 권력은 최충헌 일파가 행사를 하게 된다.

1197년 10월에 최충수(崔忠粹 : 최충헌의 아우)가 태자비를 내쫓고 자신의 딸을 태자비로 삼게 하려 하였다. 이로인해 최충헌과 최충수는 형제 간에 다툼이 생겨 서로 군사를 동원해 싸우다가 최충수가 죽게 된다.

1198년 5월에는 최충헌의 노비였던 만적(萬積)이 1170년 경인년(庚寅年 : 정중부의 무신정변) 거병 이래 천민, 노예 출신들 중에서도 고관대작이 된 사람들이 많이 나왔는데 자신들도 신분상승을 할 수 있다고 선동하며 천민과 노예를 규합하여 난을 일으켰다(만적의 난). 그러나 난을 모의하다 밀고로 사전에 발각되어 100여 명이 죽임을 당하고는 노비의 시체는 땅에 묻을 수 없다고 하여 강물에 던져진다.

1204년에 왕이 즉위한 지 얼마 안 되어 병으로 세상을 떠난다.

21. 희종(熙宗)

┃ 1181~1237년, 재위 1204년~1211년

이름은 영(韺)이며 신종의 맏아들이다.

1204년에 즉위하여 7년간 최충헌의 횡포를 묵묵히 지켜보던 희종은 왕실의 권위를 회복하고자 최충헌과 그 일당을 제거하려고 군사를 일으키나 실패하게 된다.

1211년에 이로 인하여 최충헌은 관련자를 모두 처단하고 왕을 폐위시켜 강화도로 유배 보냈다.

희종은 유배 생활을 하다가 57세의 나이로 세상을 떠난다.

22. 강종(康宗)

┃ 1152~1213년, 재위 1211년~1213년

이름은 정(貞)이다. 최충헌이 희종을 폐위시키고 명종의 맏아들 한남공(漢南公) 정을 왕위에 앉히었다.

명종이 최충헌에게 쫓겨날 때, 명종의 태자였던 정은 강화도로 유배를 갔었는데 나이 환갑에 왕위에 오르게 되어 강종은 고령인 탓에 왕의 행세도 제대로 못해보고 재위 2년도 못되어 1213년에 세상을 떠난다.

23. 고종(高宗)

▎ 1192~1259년, 재위 1213년~1259년

강종의 맏아들로 유배되어 있다가 강종이 즉위하자 개경으로 돌아와 22세의 나이에 태자가 되었고, 왕이 임종하자 최충헌에 의해 왕위에 올랐다.

최충헌은 왕보다 더 나은 권세를 누리면서 권력을 잡은 17년 동안왕을 4명이나 갈아 치웠는데 고종 6년(1219년)에 최충헌이 사망하자 권력은 그의 아들 최이(崔怡 : 최우崔瑀)에게로 넘어가게 된다.

이즈음 대륙에서는 몽골의 칭기즈칸이 크게 세력을 키워 대륙을 거의 장악하고 있었다. 몽골은 거란의 잔당을 친다며 고려에 들어왔고, 고려도 몽골과 형제맹약을 맺는다.

그러나 고종 12년(1225년) 1월에 몽골 사신 저도여(箸告輿)가 돌아가다가 압록강 변에서 도적들에게 피살되는 사건이 발생하였다. 이 사건으로 몽골과 외교관계가 끊어지게 되고 몽골은 그 책임을 물어 침략해 온다.

1231년 8월에 몽골의 살리타이가 고려를 침공해 왔다(몽골의 1차 침공). 이에 박서(朴犀) 장군이 귀주성에서 몽골군도 감탄할 정도로 끝까지 항전하였으나 개경 인근을 제외한 전 국토가 몽골의 침입으로 지배를 받게 된다.

결국 1232년에 고려 조정은 몽골과 강화조약을 맺게되고 이에 몽골군이 철수를 한다. 그러나 몽골은 서북지방을 점령한 각 지역에 다루가치(達魯花赤)라는 행정관을 두어 고려 조정을 사사건건 간섭하고 괴롭혔다. 이에 무신정권의 최고 권력자 최우는 고종과 조정 신하들의 반대에도 강화도로 천도를 하여 후일을 도모하고자 하였다. 이 해(1232년) 도읍을 강화도로 옮겼다는 소식을 들은 몽골은 대병력을 이끌고 다시 침공해 왔다(몽골의 2차 침공).

고종 22년(1235년)에는 몽골이 3차 침공을 하였다. 이때 전국적으로 막심한 피해를 보게 되는데, 경주의 황룡사탑도 불에 타 소실된다. 강화도로 천도한 최우와 귀족 등 조정은 육지에서 몽골군에 도륙당하는 백성들은 아랑곳없이 호화스럽고 방탕한 생활을 계속하였다. 그러던 중 고종 26년(1239년)에 전장을 살피던 몽골의 총사령관 살리타이가 매복한 고려의 승병들에게 잡혀 죽게 되자 몽골군이 철수를 한다.

1247년에 몽골이 4차 침공을 하였다. 강화도에서 호사를 누리던 최우가 병으로 1249년 11월에 죽자, 권력은 최우가 기생인 첩 사이에서 낳은 최항(崔沆 : 승려 때 이름은 만전萬全)에게로 넘어 가게 된다. 몽골에서 몽골의 황제 정종이 죽어 몽골군이 철수함으로써 몽골의 4차 침공이 종식된다.

고종 40년(1253년)에 몽골은 고려왕의 출륙친조(出陸親朝)를 요구하면서 다시 침공하니 몽골의 5차 침공이다. 결국 왕은 강화도 밖 육지로 나가 몽골 군대를 맞이하여 항복하고 왕자를 볼모로 몽골에 보내었다.

그러나 조정은 강경파의 반대로 개경 천도를 하지 못하였는데, 고종 41년(1254년)에 몽골은 개경 환도와 고려왕에게 몽골에 들어와 친조할 것을 요구하고 다시 침공해오니 몽골의 6차 침공이다. 이때가 가장 참혹하여 몽골군이 휩쓸고 지나간 곳은 모두 잿더미로 변하였고, 들판은 죽은 자의 해골로 뒤덮히고 잡혀간 사람이 남녀 20만 6천 8백 명에 이른다고 기록하고 있다.

고종 44년(1257년)에 최항이 병으로 죽자 최항과 기생 사이에서 낳은 서자인 최의(崔誼)가 권력을 승계하게 된다.

고종 45년(1258년) 3월에 대사상 유경(柳璥)과 별장 최우의 노비 출신인 김준(金俊 : 김인준)이 야별초(夜別抄)를 동원하여 최의와 그 일파를 죽이는데, 이로써 최충헌으로부터 시작한 최씨 정권 4대 60여 년의 막이 내리게 된다.

다음해인 1259년에 왕이 세상을 떠난다.

24. 원종(元宗)

┃ 1219~1274년, 재위 1259년~1274년

이름은 전(倎)이다. 1258년 고종의 원자로 왕이 죽자 몽골에 볼모로 가있다가 1259년에 돌아와 왕위에 올랐다.

즉위하여 최의를 제거하고 실제 권력을 잡은 김준이 몽골에 대하여 강경책으로 대응하자, 친 몽골주의자인 원종은 임연(林衍)을 시켜 항몽파 김준을 제거하여 죽인다. 김준을 제거한 임연이 권력을 잡은 후 원종을 폐하고 왕의 동생인 안경공(安慶公) 창(淐)을 옹립하였지만 몽골의 반발로 6개월 만에 다시 원종을 복위시키었다.

1264년에 몽골의 덕택으로 왕위를 다시 찾은 왕은 몽골에 들어가 감사드리고 몽골에 반대하여 대항하는 고려 조정의 권신들을 제거하기 위하여 몽골군의 원조를 청하고 돌아왔다. 임연은 등창으로 죽고 임연의 둘째 아들 임유무(林惟茂)가 교정별감(敎定別監)에 올라 권세를 잡고 있었으나 곧바로 원종에게 제거되고, 그 일당들이 모두 잡혀 몽골로 끌려가게 된다. 이로써 1170년 정중부로부터 시작하여 1백 년간 지속되어온 무신정권은 완전한 종말을 맞게 되지만, 고려 조정은 몽골(원나라)의 직접적인 간섭을 받게 된다.

1270년 5월에 원종은 삼별초(三別抄 : 야별초, 좌별초, 우별초로 원래는 무신정권의 사병 조직이었으나 몽골과의 전쟁에서는 끝까지 맞서 항쟁하였다)의 반대에도 불구하고 강화도에서 개경으로 천도를 하였다.

그러나 이 해 6월 1일에 몽골에 적극적으로 항거하였던 삼별초는 몽골군의 지시를 받는 개경 조정으로부터 처형당할 것을 염려하여 장군 배중손(裵仲孫), 지유(指諭), 노영희(盧永禧)가 난을 일으켰다. 배중손이 강화도를 봉쇄하고 방비하면서 왕손 승화후(承化侯) 온(溫)을 왕으로 옹립하고 개경 조정과 대립한다(삼별초의 난).

원종의 개경 조정이 몽골과 화친하고자 하는 강화파(講和派)라면, 강화도의 배중손의 삼별초는 무신을 중심으로 한 항몽파(抗蒙派)인 셈이다. 배중손은 육지와 가까운 강화도가 전략상 불리하다고 판단하여 강화도를 떠나 8월 19일 진도에 도착한다. 삼별초는 진도 인근 주변 30여 개 섬을 휘하에 두고 해상 왕국을 이루면서 고려 조정과 몽골군에 대항하였다.

원종 12년(1271년) 5월 15일에 김방경(金方慶)의 고려군과 홍다구가 이끄는 몽골군이 연합하여 총공격을 하여 진도를 함락시키고 승화후 온과 그 아들 환(桓)을 잡아 죽이고 배중손 일당을 진압한다. 삼별초의 나머지 군사들은 김통정(金通精)의 인솔로 탐라(耽羅 : 제주도)로 내려가 제2의 대몽 항전을 한다.

1273년 4월에 김통정이 자결함으로써 대몽항전의 막이 내린다.

1274년 5월 14일에 왕이 갑자기 세상을 떠난다.

25. 충렬왕(忠烈王)

┃ 1236~1308년, 재위 1274년~1308년

원종의 맏아들로 원나라(元 : 몽골의 쿠빌라이가 중국을 평정한 후 나라 이름을 원이라 하였다)에 볼모로 가 있던 세자가 돌아와 즉위하니 충렬왕이다.

왕은 태자로 책봉된 후 원나라에 입조하고 원나라 세조 쿠빌라이의 딸 제국대장공주(濟國大長公主)와 혼인을 하였고, 원나라 왕실에 충성을 한다는 의미로 왕의 호칭에 충(忠) 자를 사용하였다고 한다. 이후에 고려왕의 칭호에 충자가 계속 이어지게 된다.

충렬왕은 원나라에서 혼례를 치르고 두 달 후 고려로 돌아와 즉위하였으므로 원나라 황제의 사위이므로 몽골 사신도 고려왕을 가볍게 보지 못하였다. 왕은 고려로 돌아올 때 변발에 호복차림을 하였고 사냥과 여색 등 향락에 빠지게 되는데, 특히 무비(無比)라는 궁인을 총애하였다.

원나라에서 시집온 제국대장공주도 오만하여 원성이 많았으나 충렬왕의 여색 때문에 마음고생을 많이 하다가 39세의 나이에 죽게 되는데, 원나라에서 사신이 와서 공주의 사인을 조사하였다. 세자는 모후의 사망 원인이 궁인 무비 때문에 모후가 마음의 병을 앓아 죽은 것이라고 판단하여 무비를 잡아 죽이고 관련자 40여 명을 처벌하거나 귀양 보내었다.

제국대장공주와 무비를 비롯한 측근들을 잃은 충렬왕은 정사에 흥미를 잃어 세자에게 양위하고 원나라로 간다.

이 무렵 승려 일연(一然 : 1206~1389년)이 단군신화에서 후삼국시대의 역사를 기록한 『삼국유사(三國遺事)』를 편찬하였다.

26. 충선왕(忠宣王)
▌ 1275~1325년, 재위 1298년, 1308년~1313년

충렬왕의 세자로 이름은 원(謜)이고 어머니는 원나라의 제국대장공주이므로 최초의 혼혈왕이다. 세자 시절에 이미 부인을 3명이나 두었는데 관례에 따라 원나라의 공주인 계국대장공주(薊國大長公主)를 세자비로 맞았다. 원나라에서 지내다가 충렬왕의 양위를 받고 돌아와

왕이 되니, 그의 나이 24세였다.

즉위하여 선왕 대(代)의 숙폐를 혁신하고 대대적인 정부 조직의 개편을 단행하였다. 한편 정실 왕비인 계국대장공주는 왕의 사생활과 정치에 사사건건 간섭을 한다. 그 당시 충선왕은 후궁 중에 특히 조비 (趙妃 : 조인규趙仁規의 딸)를 총애하였는데, 계국대장공주는 왕이 자신을 멀리하자 친정인 원나라에 일러바친다. 이 때문에 조비와 조인규는 원나라로 잡혀가고 왕을 원나라에 입조하게 한 후 선왕인 충렬왕을 다시 고려의 왕으로 삼는다.

1307년에 원나라에서는 성종이 죽고 치열한 왕위 다툼 끝에 무왕이 원나라 황제로 즉위하였는데, 무왕의 즉위에 충선왕의 공이 있었다. 이에 충선왕은 반대파를 제거하고 1308년에 충렬왕이 세상을 떠나자, 10년 만에 고려 왕의 왕위를 다시 찾게 된다.

충선왕은 원나라 공주의 아들이고 세자 시절부터 원나라에서 성장하여 친하게 지내는 사람들도 많이 있는 원나라를 그리워하는 마음이 있어 제안대군(齊安大君)인 숙(淑)에게 정사를 맡기고 원나라의 연경(燕京)으로 가서 왕을 그만둘 때까지 본국에 오지 않고 교지만을 내려 정사를 보았다.

충선왕이 원나라에 머물며 교지만 내려보내 국정을 다스리자, 이로 인하여 고려 조정은 정사에 어려움을 겪게 된다. 이에 신하들이 왕의 귀국을 간청하였지만 충선왕은 세자 감(鑑)의 아우 도(燾 : 충선왕의 둘째 아들)에게 1313년에 양위하고 그대로 원나라에 머문다.

충선왕은 연경의 만권당(萬卷堂)에 칩거하여 향을 피우며 서적을 모으고 고전 연구에 몰두하였는데, 이때 쓴 글들이 『행록(行錄)』 한 권으로 편찬되었다.

충선왕은 원나라 조정 내부의 왕위 다툼 등 정치적 분위기가 달라지게 되어 원나라에서 3년간 귀양살이를 하였다. 그러나 귀양에서 풀

린 뒤에도 돌아오지 않고 원나라에서 지내다가 1325년 51세의 나이로
세상을 떠난다.

27. 충숙왕(忠肅王)

| 1294~1339년, 재위 1313년~1330년, 1332년~1339년

　　이름은 도(燾)이다. 부왕으로부터 양위를 받아 왕이 된 충숙왕은 충
선왕의 차남으로 어머니는 몽골 여자 야속진(也速眞)이다. 부왕인 충선
왕이 형인 태자 감을 죽이고 전지만 내려 국정을 돌보았는데, 신하들
이 귀국하여 국정을 이끌어 달라는 요청을 하였으나 원나라에 그냥
머물면서 아들에게 양위하여 차남인 도가 왕에 즉위하였다.

　　충숙왕은 즉위한 후에 부왕 충선왕의 총신들과 심양왕(瀋陽王) 고(暠)
와 그 일파의 반발로 인하여 국정 운영에 어려움이 많았으며 특히 충
숙왕의 비 복국장공주(濮國長公主)가 충숙왕과의 불화 끝에 죽게 되자
원나라에 불려가고 옥새까지 빼앗기게 된다. 이후 새로 등극한 원나
라의 태정제(泰定帝)에게 참소하여 국왕인(國王印)을 돌려받았으며, 귀
국을 허락 받아 1325년에 고려로 돌아오게 된다.

　　이 해 재혼하여 맞은 조국장공주(曹國長公主) 금동(金童)이 산욕으로
죽는데 왕권 다툼으로 지친 마음과 울적한 기분을 달래려 산천을 유
람하면서 지내다가, 1330년에 세자 정(禎)에게 왕위를 물려주고 물러
난다.

28. 충혜왕(忠惠王)

▎ 1315~1344년, 재위 1330년~1332년, 1339년~1344년

이름은 정이며 충숙왕의 세자이다.

부왕 충숙왕의 양위로 왕위에 오른 충혜왕은 즉위하여 측근에게 정사를 맡기고 사냥과 씨름 등 노는 것을 즐겼다. 그 실정이 원나라에게도 알려지게 되고 간신들이 원나라 문종에게 무고하여, 1332년 충혜왕은 원나라로 불려가게 된다. 이에 고려는 왕의 자리가 비우게 된다.

원나라는 고려 왕으로 다시 선왕 충숙왕을 복위시키었고, 충숙왕은 새 왕비 경화공주(慶華公主)와 귀국하여 유람과 사냥으로 지내다가 1339년에 세상을 떠난다.

충숙왕이 죽어 원나라에서 다시 돌아와 왕위에 다시 오른 충혜왕은 부왕인 충숙왕의 왕비였던 경화공주를 위로한다며 불러 강간을 하였다. 이에 분노한 경화공주는 측신인 조적(曹頔)에게 말하여 충혜왕을 습격하여 죽이도록 하였으나 오히려 조적이 화살에 맞아 죽어 충혜왕의 시해 음모는 실패한다.

그러나 충혜왕은 경화공주의 강간사건이 알려져 원나라에 잡혀가게 되는데 원나라 조정에 뇌물을 써서 풀려나 귀국하여 정사를 보게된다. 그러나 이후에도 음행 등을 계속하여 정사를 어지럽히자 신하들이 원나라에 일러바쳤다. 이에 충혜왕은 원나라에 다시 불려가 귀양을 가게된다. 귀양가는 도중인 1344년 1월 15일에 중국의 악양현(岳陽縣)에서 세상을 떠난다. 그의 나이 향년 30세였다.

29. 충목왕(忠穆王)

▎ 1337~1348년, 재위 1344년~1348년

원나라에 잡혀가 귀양가다가 객사한 충혜왕의 뒤를 이어 왕이 된 충목왕은 충혜왕의 장남이며 덕녕공주(德寧公主)의 소생이다. 즉위 때 나이 8세로 어려 모후인 덕녕공주가 섭정을 하였다.

충혜왕의 폭정에 혼란해진 나라 안의 민심을 수습하고자 백성들에게 고통을 주던 보흥고(寶興庫), 덕령고(德寧庫), 응방(鷹坊)을 없애고 토지와 노비를 각각 원주인에게 돌려주고 장리라 하는 고리대금 폐습도 금하게 하였다.

모후 덕녕공주가 국가 기강을 바로잡고 왕실 재건에 힘쓰는 동안 충목왕이 병약한 탓에, 즉위 4년 만인 1348년 12월 12일에 12세의 어린 나이로 세상을 떠난다.

30. 충정왕(忠定王)

▎ 1337~1352년, 재위 1348년~1351년

충목왕이 죽자 원나라 순제는 충혜왕의 서자 저(眂)를 고려 왕으로 즉위하게 하는데, 충정왕의 나이가 12세로 어려 모후인 희비(禧妃) 윤(尹)씨가 섭정을 하였다.

선대 왕인 충목왕의 모후인 덕녕공주와 희비 윤씨 사이에 치열한 권력 다툼이 생기었고, 왜구 마저 기승을 부려 나라가 혼란하므로 신하들이 충정왕을 폐하고 연경에 머물고 있는 강릉대군(江陵大君) 기(祺)를 새 왕으로 세워달라고 청원하였다. 이에 원나라 순제가 청원을 받아들여 1351년 10월에 충정왕을 폐하고 강릉대군 기를 고려 왕으로 봉하였다.

31. 공민왕(恭愍王)
┃ 1330~1374년, 재위 1351년~1374년

이름은 기(祺)이다. 충숙왕의 차남이며 충혜왕의 동복아우이고, 어머니는 공원왕후(恭元王后) 홍(洪)씨이며, 비는 노국대장공주(魯國大長公主)이다. 1330년에 태어나 전례에 따라 원나라 연경에서 성장하였고 강릉대군으로 봉해져 있다가 충정왕이 폐위되자, 1351년 12월에 고려에 귀국하여 왕위에 올랐다.

원나라가 고려를 지배하는 동안 충렬, 충선, 충숙왕이 중간에 폐위되었다가 복위되고 충혜, 충목, 충정왕은 5년도 안되어 폐위되는 등 고려 조정은 극심히 불안하였고, 대신들과의 갈등으로 민생은 말 그대로 도탄에 빠져있었다. 또한 원나라에서도 반세기 동안 황제가 11명이나 바뀌는 등 심각한 정치 불안과 홍건적(紅巾賊)의 난 등을 겪으면서 몰락의 길에 접어들고 있었다.

이러한 시기에 고려왕으로 즉위한 공민왕은 원나라에서 성장하면서 원나라의 사정을 환히 알고 있어 즉위하자마자 곧바로 변발과 호복 제도를 없애고, 원나라를 배척하는 등 고려의 국권 회복과 영토 회복을 위한 운동을 벌인다.

친원파(親元派)인 조일신(趙日新) 등을 잡아 죽이고 원나라 순제의 2왕후 기씨(奇氏 : 고려 여자로 원나라에 보내진 공녀인데 황제의 총애를 받고 태자를 낳아 원나라의 권력자가 되었다)의 형제 기철(奇轍), 기원(奇轅) 등이 기 왕후의 배경으로 무례하고 횡포를 부리므로 이들을 잡아 죽였다. 또한 노책(盧柵), 권겸(權謙)을 잡아 죽이는 등 친원 세력을 제거하였다. 친원 세력을 제거한 왕은 쌍성총관부(雙城摠管府)를 약 1백년 만에 회복시킨다.

그러나 국토 회복과 배원 운동을 펼치는 사이에 남쪽에서는 왜구들의 침범이 빈발하고, 북쪽에서는 홍건족이 침범하였는데 1361년에는 개경까지 함락되어 공민왕이 남으로 피난을 가기도 하였다.

이듬해에 이성계(李成桂)를 비롯한 고려 장수들이 개경을 침범한 홍건적들을 공격하여 모두 물리치고 평정하였다.

원나라의 기 왕후는 자기 형제를 죽인 공민왕에게 원한을 갖고 공민왕을 폐하고 덕흥군을 고려 왕으로 세우려는 음모를 연경에 머물던 최유(崔濡)와 모의하였다. 이에 최유 일파와 내통하고 있던 김용(金鏞)이 반란을 일으켜 공민왕을 죽이려 하였으나 최영(崔瑩)이 군사를 이끌고 달려가 난을 진압하였다.

이듬해인 1364년 1월에 최유가 원나라 군사 1만을 이끌고 압록강을 건너 의주로 쳐들어왔는데, 최영과 이성계의 군사가 막으니 고려군의 위세에 눌린 최유의 군사들은 원나라로 돌아갈 수밖에 없었다.

이즈음 국력이 쇠퇴해진 원나라는 고려와의 불화를 원치 않아 공민왕의 복위를 승인하고 최유를 잡아 고려로 보내왔다. 최유는 이해 11월에 처형된다.

내우외환과 주권 회복, 국정 쇄신에 힘을 기울인 공민왕은 유학 중심의 관료 체제에 염증을 느끼고 불교 세력을 통하여 개혁을 추진하였는데, 신돈(辛旽)이란 승려가 중심이 되어 전민변정도감(田民辨正都監)*을 설치하였으며 토지와 노비제도를 혁신하는 등 개혁 정치를 펼쳐 나갔다.

그러나 신돈은 왕의 총애를 받게 되자 사치와 향락을 즐기고 권력

---

* 고려 중기 이후 권력가들이 농민의 토지를 점탈하면서 토지를 빼앗긴 농민들은 노비로 전락하게 되는데, 이를 바로 잡기 위한 개혁기관이다.

을 휘두르며 음행을 일삼았다. 이에 신하들이 상소하고 배척하였으며, 공민왕이 신돈을 멀리하고 의심하게 되자 왕이 자신을 죽일까 염려한 신돈은 역모를 모의하다가 발각되어 참살을 당한다.

이에 앞서 노국대장공주가 죽어 애통해 하던 왕은 신돈에게 정사를 맡겼었는데, 신돈이 죽은 후에는 변태적인 기행을 벌인다. 공민왕은 김흥경(金興慶)을 내시굴치로 삼아 남색(男色)의 동성애를 벌이고 자제위(子弟衛)를 설치하여 미소년을 뽑아 궁궐 안에 두고 김흥경으로 하여금 총괄하게 하였다.

이전에 공민왕은 신돈의 집에 출입하면서 신돈의 비첩인 반야(般若)를 만나 총애하고 정을 통하여 반야와의 사이에 아들을 낳았는데, 이름이 모니노(牟尼奴)이다. 공민왕은 신돈이 처형당한 후 모니노를 궁에 데려와 기르고 우(禑)라는 이름을 지어주면서 강녕부원대군(江寧府院大君)에 봉하였다.

공민왕은 우를 태자로 삼으려 하였지만 명덕태후는 우가 왕비의 아들이 아니라고 반대를 하였다.

공민왕은 왕비의 아들을 얻기 위하여 자제위의 김흥경, 홍윤(洪倫), 한안(韓安) 등을 시켜 공민왕의 후궁인 익비(益妃)를 강제로 간음하게 하였다. 이로 인해 익비가 임신을 하였는데, 내시 최만생(崔萬生)이 익비의 임신 사실을 왕에게 전하자 공민왕은 크게 기뻐하면서 비밀을 지키기 위하여 홍윤 등을 죽이라 지시한다. 최만생은 자신도 비밀을 알고 있기에 죽임을 당할까 겁이나 홍윤 등과 모의하여 밤에 술에 취해 자는 공민왕을 칼로 마구 찔러 시해하였다.

1374년 9월 21일에 공민왕은 이렇게 세상을 떠난다.

공민왕의 죽음으로 국권 회복과 북진 정책은 멀어지게 된다. 이즈음 대륙에서는 명나라가 크게 일어나며, 원나라는 쇠락의 길에 빠지게 되어 고려의 대외 관계도 크게 바뀌게 된다.

32. 우왕(禑王)

| 1365~1389년, 재위 1374년~1388년

공민왕이 시해되고 우(禑)가 10세의 나이에 왕위에 올랐다. 우의 어 릴 때 이름은 모니노로 공민왕이 신돈의 집에서 만난 반야의 소생이 다. 모후인 명덕태후(明德太后)는 왕비의 소생이 아니라고 반대하였으 나 당시 절대 권력가인 이인임(李仁任)이 밀어 즉위하였다.

이인임 일파는 명(明)나라에 사신을 보내 왕의 즉위를 허락받으려 하였으나 실패하자, 북원(北元)의 허락을 받으려 하였다. 이에 선왕 공 민왕이 친명(親明)의 정책을 폈는데, 다시 친원(親元)으로 돌아서는 것 은 안 된다고 반대하는 정도전(鄭道傳)을 귀양 보내고 북원의 허락을 받았다.

이러한 상황에서 이인임은 19년간 재상을 지내며 권력을 잡았으니 조정은 이인임 일파의 독무대가 되어 매관매직과 충신들을 몰아내고 권세를 부리며 횡포를 부리게 된다.

1388년 1월에 이를 보다 못한 최영과 이성계는 군사를 일으켜 이인 임과 그 일당을 모조리 잡아 죽이니, 그 수가 1천여 명이나 되었다고 한다. 이후 조정은 구세력을 대표하는 최영과 새롭게 등장하는 이성 계의 신흥군벌이 맞서게 된다.

이때 원나라를 정복하고 새로 일어난 명나라는 고려가 지배하고 있 는 철령(鐵嶺) 이북은 원나라의 땅이었으니 명나라의 요동에 귀속시킨 다는 조처를 발표한다.

1388년 4월 1일에 명나라의 조처에 대하여 고려 조정 내에서는 크 게 반발하게 되는데, 일부 신하들은 전쟁을 우려하여 화친을 원하였 지만 우왕과 최영은 명나라의 요동정벌을 결심하고 이성계에게 출병 을 하게 한다.

그해 5월 22일 요동정벌은 불가하다는 4불가론(四不可論)을 내세웠던 이성계가 압록강 하구의 위화도(威化島)에 도착하였는데 큰 비가 내리고 강물이 불어 죽는 자가 많았다. 그러자 이성계가 더 이상 행군하기가 어렵다 생각하고 회군을 요청하지만 조정에서 우왕과 최영은 계속 진군하라고 명령을 한다.

이에 대하여 이성계는 조민수(曹敏修) 등 여러 장군들과 상의하여 회군을 결정하고 군사를 돌려 개경으로 진군하였다. 개경에 도착한 이성계는 최영을 제일 먼저 잡아 귀양 보내고, 그해 12월에 참살한다. 최영을 제거하고 권력의 중심에 서게 된 이성계는 명나라와 화친을 하고 친명정책을 펼친다.

이즈음 우왕은 성인이 되었으나 무자비하게 사람들을 죽이고, 남의 부녀자들을 잡아다 간음을 하는 등 음행과 향락과 폭정을 하였으며, 이성계를 암살하려다 실패를 한 후 폐위되어 강화도로 유배를 간다. 그 후 강릉으로 옮겨져 1389년 12월에 이성계에 의해서 살해되어 세상을 떠난다.

33. 창왕(昌王)
┃ 1380~1389년, 재위 1388년~1389년

이성계는 우왕이 신돈과 반야 사이의 자식으로 우왕의 아들 창(昌)은 요승 신돈의 후손으로 왕씨(王氏)가 아닌 것 같고, 과거의 권신 이인임의 친족이여서 창이 아닌 다른 왕씨를 왕으로 옹립하려 하였다. 그러나 위화도 회군을 함께한 조민수가 과거에 이인임의 천거에 의하여 등용된 은혜를 생각하여 이인임의 친족인 창을 내세웠고, 이색(李穡)이 전왕의 아들로서 왕으로 세워야 한다고 주장하여 마지못해 창을 새 왕으로 세웠다.

아홉 살의 어린 창왕을 즉위시킨 이성계는 친명정책을 펴면서 명나라에 하정사(賀正使)를 보내 명나라의 허락을 받으려 하였다. 그러나 명나라는 멋대로 왕을 갈아치운 고려에 강한 불신감으로 고려 왕의 친조를 거부하였다. 그러나 오히려 이성계는 이를 명나라가 창왕이 못마땅하여 거부하는 것으로 꾸며 창왕을 폐위시키는 구실로 이용하게 된다.

이즈음 조정은 이색을 중심으로 한 온건 개혁파와 정도전을 중심으로 한 급진 개혁파가 대립하였다.

그러던 중 귀양 가있던 우왕을 최영의 생질 김저(金佇)와 정득후(鄭得厚)가 찾아가는데, 이때 우왕이 보검을 주면서 이성계를 없애달라고 부탁을 한다. 그러나 거사를 맡았던 곽충보(郭忠輔)가 이성계에게 모반 내역을 모두 털어 놓아 김저가 붙잡히고, 김저는 고문을 견디지 못하여 구세력이 가담하였다는 사실을 자백한다. 이 일로 구세력은 모두 잡히어 유배되거나 죽임을 당하였다. 이 사건으로 구세력은 모두 잡히어 유배되거나 죽임을 당하게되고 이색, 조민수 등은 조정에서 쫓겨 나간다.

이성계는 정도전(鄭道傳), 조준(趙浚), 정몽주(鄭夢周) 등과 상의하여 우왕과 그 아들 창왕이 왕씨가 아닌 신돈의 자손들이므로 왕을 폐하고, 왕씨(王氏) 가운데 왕을 세워야 한다는 명분으로 신종의 7대 손이며 왕실 혈통으로 제일 가까운 종친인 정창군(定昌君) 요(瑤)를 새 왕으로 옹립한다.

34. 공양왕(恭讓王)

▌ ?~1394년, 재위 1389년~1392년

1389년 11월 15일에 이성계는 창왕을 강화도로 유배 보내고 정창공을 새로운 왕으로 옹립하였다. 이름은 요(瑤)이고 신종의 7대손이며, 정원부원군(定原府院君) 균(鈞)의 아들이다. 비는 순비(順妃) 노씨(盧氏)이다. 공양왕은 하기 싫어도 할 수밖에 없는 운명 지워진 왕이었다.

그러나 공양왕은 이름만 왕이었으며, 이성계가 조정과 나라의 모든 일을 결정하고 왕은 형식적으로 허락하는 식으로 정사를 돌보게 된다. 나라의 모든 권력을 잡은 이성계는 정도전이 중심이 된 급진 개혁 세력과 함께 역성혁명(易姓革命)으로 새로운 왕조의 창업을 준비한다.

결국 공양왕은 재위 3년 동안 아무런 실권도 없이 자리를 지키다가 정몽주(鄭夢周)가 살해된 후 덕이 없고 어리석다는 이유로 폐위 당한다. 그리고 공양왕은 폐위된 후 원주(原州)로 쫓겨갔다가 공양군(恭讓君)으로 강등되었다가 2년 뒤인 1394년 삼척(三陟)에서 살해된다.

이로써 고려는 34대의 475년 만에 역사의 뒤안길로 사라지게 된다.

고려시대 왕계보도(高麗時代 王系譜圖)

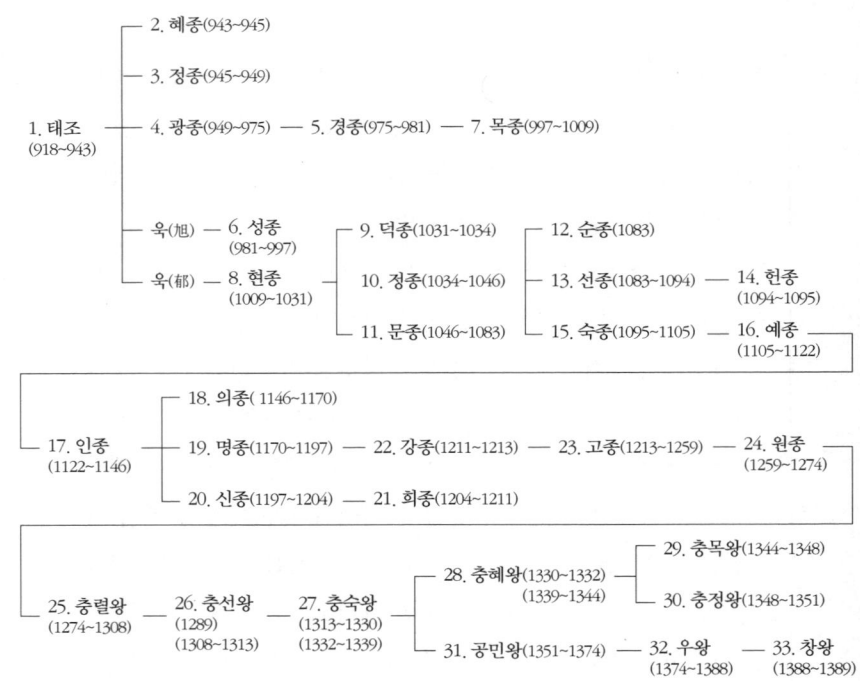

1. 태조
(918~943)

2. 혜종(943~945)

3. 정종(945~949)

4. 광종(949~975) ─ 5. 경종(975~981) ─ 7. 목종(997~1009)

욱(旭) ─ 6. 성종
(981~997)

욱(郁) ─ 8. 현종
(1009~1031)

9. 덕종(1031~1034)

10. 정종(1034~1046)

11. 문종(1046~1083)

12. 순종(1083)

13. 선종(1083~1094) ─ 14. 헌종
(1094~1095)

15. 숙종(1095~1105) ─ 16. 예종
(1105~1122)

17. 인종
(1122~1146)

18. 의종(1146~1170)

19. 명종(1170~1197) ─ 22. 강종(1211~1213) ─ 23. 고종(1213~1259) ─ 24. 원종
(1259~1274)

20. 신종(1197~1204) ─ 21. 희종(1204~1211)

25. 충렬왕
(1274~1308)

26. 충선왕
(1289)
(1308~1313)

27. 충숙왕
(1313~1330)
(1332~1339)

28. 충혜왕(1330~1332)
(1339~1344)

29. 충목왕(1344~1348)

30. 충정왕(1348~1351)

31. 공민왕(1351~1374) ─ 32. 우왕 ─ 33. 창왕
(1374~1388)   (1388~1389)

왕균(王鈞) : 신종의 7대손 ─ 34. 공양왕(1389~1392)

처음 역성혁명(易姓革命)에 성공한 이성계(李成桂)는 조정과 나라의 모든 일을 꾸미고 조정하면서 형식상 왕의 허락을 받는 식으로 정사를 처리하였다. 그러다가 우왕을 천거하였던 이색(李穡)과 조민수(曺敏修)를 조정에서 쫓아내고, 신료들의 우왕과 창왕을 처형하라는 상소를 빌미로 이들을 죽여 버린다.

이로써 나라의 모든 권력을 잡은 이성계는 새로운 왕조를 생각하게 되는데, 이성계와 뜻은 함께 하였으나 역성혁명은 극구 반대한 정몽주(鄭夢周)가 이성계를 제거하려는 뜻을 갖게 된다.

정몽주는 이성계가 말에서 떨어져 다치자 동정을 살필 겸 이성계의 집으로 문병을 가는데, 이성계의 아들 이방원(李芳遠)이 정몽주의 마음을 떠보기 위해 "이런들 어떠하리 저런들 어떠하리 만수산 ……"라며 「하여가(何如歌)」를 읊으니, 정몽주는 "이 몸이 죽고 죽어 일백번 고쳐죽어 ……"라며 「단심가(丹心歌)」를 지어 화답한다.

이에 정몽주를 포섭할 수 없다고 판단한 이방원은 수하 조영규(趙英珪)를 시켜 집으로 돌아가는 정몽주를 선죽교(善竹橋)에서 격살하여 죽인다.

1392년 6월에 공양왕은 이성계가 자신을 죽일까 두려워하여 친히 이성계를 문병하고 군주와 신하간의 동맹을 맺기도 하였으나, 결국에는 이성계는 공양왕을 폐위하여 왕비와 세자와 함께 원주(原州)로 유배를 보낸다.

그 후 공양왕은 2년 뒤 유배지 강원도 삼척(三陟)에서 50세의 일기로 사사되어 세상을 떠난다.

이로써 고려는 태조 왕건(王建)이 나라를 세운 지 475년 만에 34대 공양왕(恭讓王)을 마지막으로 하여 역사의 뒤안길로 사라지게 된다.
　이 해 1392년 7월 11일에 개경의 수창궁(壽昌宮)에서 역성혁명에 성공한 이성계가 왕으로 등극하니, 이성계의 새로운 조선 왕조의 역사가 시작된다.

경복궁 인정전

1. 태조(太祖)

▌ 1335~1408년, 재위 1392년~1398년

이성계는 1392년 7월 11일 고려의 마지막 왕 공양왕을 밀어내고 역성혁명(易姓革命)을 일으켜 왕위에 올랐는데, 그의 나이 58세였다.

처음에는 고려(高麗)라는 국호를 그대로 사용하였으나, 새로운 왕조의 나라가 열렸으니 새로운 국호로 조선(朝鮮)이라 하였다. 이는 한민족의 시조인 단군(檀君)의 나라인 조선의 문화와 전통을 계승한다는 뜻을 담은 것이다.

태조(太祖)는 새 왕조를 거부하는 기존의 세력들과 백성들을 아우르고, 명나라와의 외교관계를 확립하면서 신하들과 상의하여 새 나라의 정치적 이념과 제도를 정비해 나간다.

그리고 고려 말 나라가 혼란할 때 개경(開京)의 운세가 다해 왕조가 망할 것이라는 도참설이 유행하였고 또 민심을 안정시키기 위하여 태조는 도읍을 옮기기로 하고 장소를 물색하였다. 이에 무학대사(無學大師)와 정도전(鄭道傳)의 추천으로 도읍을 한양(漢陽)으로 정하고, 1393년 가을부터 한양에 도성 이전을 위한 공사를 시작한다.

그 사이 태조는 개경에서 한양으로 먼저 옮겨와 경복궁(景福宮)을 중심으로 종묘(宗廟)와 사직단(社稷壇)을 세우고 백성들이 들어와 정착하여 살 수 있도록 여러 가지 시설들을 정비하고 시장을 세웠다.

당시 왕비는 태조의 첫 번째 부인인 한(韓)씨가 일찍 죽어 후처인 강

(康)씨 부인이 중전을 하고 있었는데, 태조는 신덕왕후(神德王后) 강씨 부인을 총애하였고 태조와 강씨 부인 사이에 방번(芳蕃), 방석(芳碩)의 두 왕자를 두었다.

정치사상적으로 태조의 절대적인 신임을 받아 개혁을 추진하던 정도전은 왕에게 권력이 집중된 왕권정치의 폐단을 지양하고 신하들이 주축이 되어 정치를 하는 신권정치(臣權政治)를 이상으로 삼고 있었다. 이를 위하여 정도전은 후계자 문제에 있어서 중전 강씨의 어린 아들이 다음 왕위를 계승하는 것이 유리하다고 판단하고, 중전 강씨와 결탁하여 태조가 아끼던 11세의 중전 강씨의 아들 방석을 세자로 세운다.

또한 정도전은 왕권에 위협이 될 수 있는 사병(私兵)들을 해체하는 사병혁파정책을 구실로 이방원(李芳遠)을 비롯한 왕족들의 사병을 무장 해제하려 하였다. 이에 태조의 역성혁명에 가장 큰 공을 세우고도 입지가 좁아진 이방원은 물러설 수 없는 처지가 된다.

그러던 중 중전 강씨가 병으로 죽자, 태조는 슬픔에 자리에 몸져눕게 되는데 정도전은 왕자들이 태조에게 병문안 오는 때를 기회로 세자 방석에게 위협이 될 수 있는 한씨 부인 소생의 이방원을 제거할 계획을 세운다.

1398년, 이를 눈치 챈 이방원은 처남 민무구(閔無咎) 형제들과 함께 선수를 쳐서 급습하여 정도전과 그 일당을 죽이고, 강씨 소생 세자 방석과 왕자 방번을 잡아 귀양을 보냈으며, 이후에 사약을 내려 살해한다. 역사는 이를 '1차 왕자의 난'으로 기록하고 있다.

이러한 상황을 전해들은 태조 이성계는 형제간의 싸움으로 두 아들을 잃은 운명을 한탄하며 왕좌에서 물러나 궁을 떠나버린다. 이로써 고려 왕조를 무너뜨리고 조선이란 새 왕조를 연 태조 이성계는 6년 2개월의 재위를 마치고 권력의 뒤편에 머물게 된다.

2. 정종(定宗)

▎ 1357~1419년, 재위 1398년~1400년

1398년에 태조 이성계가 왕좌를 내어 놓고 궁을 나가자 신료들이 이방원을 새로운 왕으로 추대하였으나 이방원은 명분을 내세워 사양하였다. 즉 첫째 형님이 이미 죽어 둘째 형님인 방과(芳果)를 옹립하여 즉위하니, 조선의 2대 왕인 정종이다.

그리고 태조 이성계를 상왕(上王)으로 받들고 정안군(靖安君) 이방원이 실질적인 권력자로서 조정을 장악한다. 왕위에 오른 것은 정종이지만 모든 정사는 이방원의 뜻대로 처리되었다.

1399년에 왕은 한양이 여러 가지 기반시설이 부족하여 생활하기가 불편하다는 백성들의 민원을 구실로 삼고, 또 왕자의 난으로 안 좋은 민심을 달래기 위하여 도읍을 개경으로 다시 옮기었다.

왕이 민심을 달래는 와중에 태조의 넷째 아들 회안군(懷安君) 방간(芳幹)은 정종에게는 적자가 없음으로 다음 왕위는 다섯째인 방원의 형인 방간 자신의 차례라고 생각을 하게 된다.

이때 왕자의 난에서 공을 세우고도 귀양을 갔다가 돌아온 박포(朴苞)가 방원에게 원한을 품고 있었다. 그는 방간을 찾아가 두 형제 사이를 이간하여 다음 왕위를 차지하기 위하여 방원을 치라고 부추겼다. 이에 방간이 병사를 일으켜 방원을 공격하였는데, 이는 무모한 싸움으로 방원 측의 일방적인 승리로 끝난다. 이 사건으로 방간은 귀양을 가고 박포는 참형을 당하였는데, 이를 '2차 왕자의 난'이라고 한다.

1400년 2월에 정종은 이 사건 직후에 이방원을 세제(世弟)로 책봉하였다. 그리고 이 해 11월에 하륜(河崙) 등의 신하들이 이방원의 왕위 옹립을 적극 추진하자, 가시방석의 왕좌에 있던 정종과 정안왕후(定安王后) 김씨는 왕위 쟁탈에 휘말려 언제 죽을지 모르는 불안한 생활을 끝내고자 왕위를 이방원에게 물려주고 상왕으로 물러난다.

3. 태종(太宗)
▌1367~1422년, 재위 1400년~1418년

1400년 11월에 이방원은 정종의 선위로 왕위에 오르니, 조선의 제3
대 왕 태종이다.

태상왕이 된 태조 이성계는 동생들을 죽인 태종 이방원이 즉위하자
원수처럼 미워하며 궁을 떠나 함흥(咸興)으로 가버린다. 태종은 아버
지 태조가 도성을 떠난 것이 자신의 부덕이라 여기고 또 민심에도 좋
지 않은 영향을 끼칠 것이라 생각하고, 이에 부왕 이성계의 안부를 묻
고 궁궐로 모셔오고자 차사(差使)를 함흥으로 보내었다.

태종에게 화가 안 풀린 태조는 차사들을 활로 쏘아 죽여 버리는데,
이때 한번 가서 돌아오지 않는 사람을 함흥차사(咸興差使)라고 부르는
것은 바로 이 일이 유례가 된 것이다.

1401년에 태종은 신문고(申聞鼓)를 설치하여 억울한 백성의 소리를
들으려 하였으며, 1402년 8월에는 호패법(號牌法)을 시행하였다.

1402년 11월에 태조 이성계가 아끼던 안변부사(安邊府使) 조사의(趙
思義)가 태조의 복위를 명분으로 난(조사의의 난)을 일으켰으나 평정되
었다.

결국 태종은 태조와 가까이 지냈던 무학대사를 함흥으로 보낸다. 이
에 태조는 조사의의 난도 제압되었고, 의욕도 명분도 없어져 방원이
차지한 왕의 자리가 하늘의 뜻이라 생각하고 마음을 바꾸어 궁궐로 돌
아왔다.

1405년에 태종은 태조가 처음 정한 뜻을 받아 한양으로 다시 천도

를 하였고, 창덕궁(昌德宮)을 건설하였다.

　1408년 1월에 중풍으로 쓰러진 태조를 위하여 태종은 친히 약을 달이고 극진히 정성을 다하였으나, 이 해 5월에 74세의 나이로 태조 이성계는 세상을 떠난다.

　태종은 유교적 기반으로 왕권을 강화하는 정책을 펼침으로서 신권정치를 주창하던 정도전 일파를 제거하고, 의정부(議政府)의 기능을 축소하여 육조직계제(六曹直系制)를 단행하여 육조(六曹 : 이조, 호조, 예조, 병조, 형조, 공조)의 사안을 왕이 직접 관장하였다.

　태종은 중전 원경왕후(元敬王后) 민(閔)씨의 사이에 4남 4녀를 두었는데, 양녕(讓寧 : 제禔), 효령(孝寧 : 보補), 충녕(忠寧 : 도裪)대군이 있었다. 왕의 후계 자리를 놓고 두 차례의 난을 치렀던 태종은 신중히 양녕대군을 세자로 세운 뒤에도 경계를 하였는데, 1406년에 당시 13세의 어린 세자 양녕에게 왕위를 양위하고 물러나겠다는 선언을 한다.

　이에 조정에서는 대부분의 신하들이 "양위는 아니되옵니다. 어명을 거두어 주옵소서!"라고 거세게 반대를 하였는데, 어린 양녕대군이 즉위하면 중전 원경왕후 민씨의 동생으로 외척인 민씨들이 득세할 수 있을 것으로 생각한 민무구 형제들은 반대를 하지 않았다. 태종은 여러 신하들의 의견을 받아들여 양위 선언은 없던 것으로 하였다.

　이후 대신들이 양위를 반대하지 않은 자들을 처벌해야 한다고 상소를 하자, 민씨 형제들이 유배를 가게 되고 훗날 사약을 마시고 죽는다. 이것이 '태종의 양위사건'이다. 이 사건은 왕권을 강화하고 외척을 제거하기 위한 태종의 의도가 숨겨져 있었던 것이다.

　세자 양녕은 어린 시절 총명하였으나 자라면서 여색을 밝히고 문란한 생활을 하였다. 그런데 양녕은 권력 때문에 아버지 형제들끼리 싸우고 외삼촌들이 죽는 것을 보면서 권력에 염증을 느껴 스스로 물러나려고 문란한 생활을 하였다고 한다. 1418년에 태종은 양녕을 세자에서 폐하고 셋째 아들 충령대군 이도를 세자로 세운다. 이어 둘째 아들 효령대군은 출가하여 중이 됨으로써 후계 문제를 부담 없이 마무리한다.

태종은 두 달 후에 세자 충녕에게 왕위를 넘겨주고 스스로 상왕으로 물러나면서도 병권만은 태종 자신이 가지고 새 왕에 반대하는 혹시 모를 세력들을 대비하는 방패막이가 되고자 하였다.

태종은 상왕으로 있으면서 대마도(對馬島) 정벌을 단행하여 왜구 침입을 사전에 차단하였으며, 새 왕이 전쟁으로 인한 정치적인 부담을 덜고 평화롭게 국정을 다스리게 할 수 있는 기반을 만들었다.

태종은 상왕으로 물러난 지 4년인 1422년에 56세의 나이로 세상을 떠난다.

4. 세종(世宗)

┃ 1397~1450년, 재위 1418년~1450년

태종의 선위로 1418년 22세의 나이로 충녕대군 이도가 왕으로 즉위하였다. 이가 바로 세종이다.

태종은 상왕으로 물러나 있었지만 병권을 가지고 세종의 방패막이 역할을 하였다. 특히 외척의 득세를 경계하였는데 세종의 왕비인 중전 소헌왕후(昭憲王后) 심씨의 아버지 심온(沈溫)이 왕의 장인임을 내세워 권력을 탐한다는 무고를 빌미로 사사하였다.

이렇듯 세종의 즉위 초는 상왕 태종의 강력한 왕권정치를 바탕으로 한 안정의 기틀을 마련하게 되고, 1422년 태종의 사망과 함께 본격적인 세종의 치세가 열린다.

세종은 가장 먼저 집현전(集賢殿)을 확대 개편하여 학문적 기능을 강화하여 정책 자문기관으로 삼았고, 1429년에는 농업기술을 정리한

『농사직설(農事直說)』을 편찬하게 하였다.

그리고 중국계 귀화인 아버지와 기생 사이에 태어나 관비 출신인 장영실(蔣英實)을 발탁하여 측우기(測雨器), 물시계인 자격루(自擊漏)와 해시계인 앙부일구(仰釜日晷) 등을 만들게 하였다. 또한 유효통(兪孝通) 등에게 명하여 우리 풍토에 맞는 약재를 정리하여 『향약집성방(鄕藥集成方)』을 편찬하게 하였다.

조선 초기에 조선은 여진과 대치하고 있었는데, 세종은 국방에도 힘을 기울여 평안도 절제사(節制使) 최윤덕(崔潤德)이 무창(茂昌), 여연(閭延), 우예(虞芮), 자성(慈城) 등에 4군을 설치하였고, 함경도 절제사 김종서(金宗瑞)는 여진을 정벌하고 종성(鍾城), 회령(會寧), 경원(慶源), 경흥(慶興), 온성(穩城), 부령(富寧) 등에 6진을 개척하게 하였다. 이때 비로소 조선 국토는 지금의 한반도 국경선과 비슷하게 확정된다.

세종은 과중한 업무에 건강이 좋지 못하였는데, 나이 40이 넘으면서 당뇨와 피부병으로 고생을 하였다. 이에 세자 향(珦 : 문종)에게 일부 국정을 맡기려 하였다. 그러나 신하들이 반대하였으며, 업무의 과중을 줄이기 위해서 태종 때에 만든 육조직계제(六曹直啓制)를 1437년에 의정부서사제(議政府署事制)로 전환하였다.

세종은 박연(朴堧)과 같은 음악가를 통해 유교적 의례 형식을 정리하고 음운학에도 심혈을 기울였으며, 어리석은 백성이 한자를 몰라 조정과 백성이 서로 통하지 않고 유학의 원리를 모르고 억울한 일이 있어도 항변을 못하니, 쉽게 읽고 쓸 수 있는 새로운 글자의 필요성을 절실히 느껴 성삼문(成三問)과 신숙주(申叔舟)를 중심으로 한글을 만들게 하였다. 이에 1443년에 훈민정음(訓民正音)을 완성하고, 1446년에 반포하였다.

이후 『용비어천가(龍飛御天歌)』, 『삼강행실도(三綱行實圖)』 등의 한글 서적을 편찬하여 백성들이 쉽게 문자를 접하게 하여 오늘에 이르게 된다.

　왕의 재위 동안 가뭄으로 백성들이 굶주리고 생활이 어려워지면 세종은 궁궐 한쪽에 작은 초가집을 지어 지내었다.

　이렇듯 백성을 사랑하고 한글을 창제하는 등 많은 업적을 이룬 성군이었지만 건강이 안 좋았던 세종은 애정이 각별하였던 12살의 첫째 딸 정소공주(貞昭公主)가 죽고, 이어 다섯째, 일곱째 아들이 연이어 죽으니 마음은 상하고 병은 더욱 깊어지게 된다.

　설상가상으로 1446년에 왕비 소헌왕후마저 세상을 떠나 마음을 가눌 길 없어 궁궐 안에 작은 불당을 차려 불공을 드리려 하였으나 당시 유교 사상을 기본 통치이념으로 받들던 신하들이 반대하였다. 세종은 더욱 큰 상심으로 병이 깊어져 1450년에 54세의 일기로 세상을 떠나게 된다. 소헌왕후가 안장되어 있는 여주의 영릉(英陵)에 합장하였다.

5. 문종(文宗)
▎ 1414~1452년, 재위 1450년~1452년

　1450년에 세종이 세상을 떠나고 세자 향(珦)이 37세의 나이에 즉위하니 문종이다. 세자 향은 29년 동안 세자로 지내면서 군왕 수업을 받아 왔다. 부왕 세종이 건강이 나빠져 한글 창제 등의 연구 활동 이외의 정사는 세자에게 보게 하였으니, 정사를 8년간 돌본 준비된 왕이었다.

　문종은 즉위하여 세종 때에 만들어진 문물과 제도의 안정을 기하였고, 병법(兵法)을 연구하여 군사제도를 정비하는 등 많은 노력을 기울인다.

　그러나 문종 역시 건강이 나빠 자주 병상에 눕게 되어 자연스럽게 국정은 의정부 삼정승인 영의정 황보인(皇甫仁), 좌의정 남지(南智), 우의정 김종서(金宗瑞)가 많은 행사를 하게되므로 그 결과 왕권은 약화된다. 또한 문종의 동생인 수양대군(首陽大君)과 안평대군(安平大君)의 득세 역시 왕권을 위협하는 요인이 되었다.

문종 왕은 세자 시절 14세의 나이에 김씨와 처음 혼인을 하였는데 김(金)씨가 해괴망측한 방술을 쓰다 발각되어 쫓겨 나가고, 다시 봉(奉)씨를 부인으로 맞았는데 봉씨가 무수리 소쌍(召雙)과 동성애의 애정행각을 벌이다 발각되어 폐출되었다. 다시 세자빈으로 권(權)씨 부인을 맞이하여 1441년에 아들 홍위(弘暐)를 낳았다. 이가 후일의 단종이다. 그러나 권씨 부인은 산후 후유증으로 죽어 문종은 왕비 없이 왕위에 올랐다.

문종은 자신의 병이 깊어질수록 어린 세자의 안위가 걱정이 되어 성삼문(成三問), 박팽년(朴彭年), 신숙주(申叔舟) 등의 집현전 학자들에게 친히 술을 따라 주며 세자를 부탁하였고, 이들은 세자를 지켜주겠다고 맹세를 한다.

이로부터 얼마 안 되어 문종은 병이 악화되어 즉위 2년여 만인 1452년에 39세의 일기로 세상을 떠난다.

6. 단종(端宗)

┃ 1441~1457년, 재위 1452년~1455년

문종이 병으로 죽어 세자 홍위(弘暐)가 12세에 즉위하니 단종이다. 태어나자마자 어머니를 잃은 홍위는 세종의 후궁인 혜빈(惠嬪) 양(楊)씨의 보살핌으로 자랐다. 단종이 어린 나이에 왕위에 오르니 수렴청정을 할 모후나 대왕대비가 없었고, 오히려 문종이 의정부 재상들과 집현전 학자들에게 세자의 보필을 유언하였으므로 영의정 황보인과 좌의정 김종서가 정사를 독점하게 된다.

인사를 단행할 때 후보자 이름 위에 황색 표지를 붙이면 어린 왕은 그것을 보고 그대로 등용하였는데, 이를 황표정사(黃票政社)라고 한다.

왕권이 약해지고 이러한 신권의 강화는 왕족들의 반발을 일으키게 되는데, 대표적인 인물이 수양대군이었다. 수양대군은 문종의 친동생으로 학문과 무예를 즐기는 호방한 성격으로 세종의 여러 아들 중에 가장 정치적인 인물로서 대신들이 어린 왕을 조정하여 권력을 행사하는 것을 못마땅하게 생각하고 있었다.

이에 반하여 안평대군은 세종 때에 함경도에서 여진을 몰아내고 6진을 개척할 때 김종서와 친분이 있어 김종서 등의 권신들과 은밀히 결탁하고 영향력을 행사하려고 하였다.

이에 수양대군은 위기감을 느끼고, 1453년 10월에 수양대군을 따르는 한명회(韓明澮), 권람(權擥), 신숙주(申叔舟) 등이 드디어 거사를 일으킨다. 수양대군은 상의할 일이 있다며 김종서의 집으로 찾아가 경계를 풀게 한 후 김종서를 살해하고, 궁궐로 들어가 왕에게 김종서가 역모를 하여 죽였다고 말하며 어린 왕을 겁박하였다. 그리고 대신들을 궁궐로 불러들이게 한다.

한명회가 만든 살생부(殺生簿)로 황보인(皇甫仁), 조극관(趙克寬) 등 정적을 가려 죽이고, 이후 수양대군이 영의정과 병조판서 등의 주요 관직을 겸하면서 모든 권력을 장악한다. 안평대군은 강화도로 귀향을 보내고 나중에 사약을 내려 죽인다. 이를 '계유정난(癸酉靖難)'이라고 한다.

모든 권력을 장악한 수양대군은 민심을 돌릴 목적으로 단종의 혼인을 추진하여 송현수(宋玹壽)의 딸을 중전으로 삼게 하니, 정순왕후(定順王后) 송씨이며 당시에 나이 15세였다.

2년 후인 1455년에 단종은 언제 죽을지 모르는 무서움과 불안, 그리고 수양대군을 따르는 권신들이 양위를 강력하게 주청하자 단종은 숙부인 수양대군에게 왕위를 물려주고 즉위 3년 만에 상왕으로 물러나게 된다.

7. 세조(世祖)
▌ 1417~1468년, 재위 1455년~1468년

1455년에 수양대군이 조카 단종을 몰아내고 왕으로 즉위하니 세조이다. 이렇게 왕위에 오른 세조는 왕위 계승의 당위성을 세우고자 고심을 한다. 이에 권신들이 중심이 되었던 의정부 서사제를 폐지하고 태종 때 시행하였던 6조 직계제를 다시 시행하여 왕권을 강화한다.

1456년에 성삼문, 박팽년 등 집현전 학자들이 주축이 되어 은밀하게 단종의 복위를 꾀하였는데, 명나라 사신의 환영장에서 세조를 시해하기로 모의한다. 그러나 함께 모의를 하였던 김질(金礩)이 고변을 함으로써 세조를 죽이려는 거사는 사전에 발각된다. 성삼문, 박팽년, 유응부(兪應孚), 하위지(河緯地), 이개(李塏) 등은 형장의 이슬로 죽게 되고 유성원(柳誠源)은 집에서 자결한다. 이때 죽은 이들을 사육신(死六臣)이라고 한다.

이 사건의 불똥은 단종에게로 튀어 신하들이 상왕(단종)과 내통하여 역모가 일어났다며 단종의 처벌을 주청한다. 세조는 단종을 노산군(魯山君)으로 강등하여 영월(寧越) 청령포(淸泠浦)로 유배 보내고 부인 송씨는 폐출하여 친가로 보내었다.

노산군의 사건이 잊혀갈 즈음 순흥에 유배가 있던 금성대군(錦城大君)이 순흥부사(順興府使) 이보흠(李甫欽)과 함께 단종의 복위를 계획하였는데, 관노가 밀고하여 이보흠을 비롯한 관련자들은 잡혀 죽게 되고, 금성대군도 사약을 받고 죽는다.

조정의 대신들은 잦은 역모가 노산군(단종)이 살아있기 때문이라며 왕의 결단을 촉구하는 상소를 올리자 세조는 노산군에게 사약을 내린다. 결국 1457년에 단종은 노산군의 이름으로 17세의 나이로 생을 마감한다. 당시에 단종의 시신을 거두는 사람이 없어 영월의 호장(戶長) 엄흥도(嚴興道)가 수습하여 이후에 묘를 만드니, 현재 영월의 장릉(莊陵)이다.

단종이 죽던 날, 세조는 꿈을 꾸었는데 단종의 어머니 현덕왕후(顯德王后)가 나타나 "죄 없는 내 아들을 죽였으니 나도 네 아들을 죽이겠다"고 하면서 침을 뱉었다고 한다. 며칠 후, 세조의 첫째 아들 의경세자(懿敬世子)가 죽었고 세조는 이름 모를 피부병에 걸려 재위 동안 내내 고생을 하게 되는데, 이것이 이때 꿈에서 나타난 현덕왕후의 저주 때문이라고 전해진다.

세조는 집현전(集賢殿)을 해체하고 강력한 중앙집권제로 왕권을 강화하면서 왕명의 출납기관인 승정원(承政院)의 기능을 강화한다. 왕을 제외한 왕족의 위상은 위축되고 한명회, 신숙주, 권람 등의 공신들의 위상은 높아진다.

중앙집권제로 지방에 대한 통제가 강화되어 상대적으로 차별을 받게 된 함경도에서 토호 장수 이시애(李施愛)가 1467년에 함경도 절도사 강효문(康孝文)을 죽이고 난을 일으킨다(이시애의 난). 이때 이시애는 거짓으로 조정 내부에 한명회, 신숙주와 내통하고 반란을 일으켰다고 소문을 내었다. 세조는 한명회와 신숙주를 잡아 가두고 구성군(龜城君)과 남이(南怡)를 보내 이시애의 난을 평정한다. 한명회 등은 누명이 벗겨져 풀려났지만 공신들의 위상은 위축되고 남이 장군 등이 새로운 세력으로 등장하게 된다.

많은 피를 뿌리며 즉위한 세조는 치세 기간 내에 불교에 많이 의지하여 궁궐 안에 불당을 두었으며, 말년에는 피부병 때문에 많은 사찰과 온천 등을 찾아다니었다. 속리산의 정2품 소나무 전설이나 오대산 상원사(上院寺)에 문수보살과 고양이의 전설이 이런 연유 때문에 비롯된 것이다. 이런 세조의 불심에는 많은 피를 흘리고 죽어간 영혼들에 대한 참회의 마음이 담겨 있었을 것이다.

병상에 누운 세조는 1468년 9월에 세자 황(晄)에게 왕위를 물려주고 52세의 나이로 세상을 떠난다.

8. 예종(睿宗)

| 1450~1469년, 재위 1468년~1469년

세조와 정희왕후(貞熹王后)의 둘째 아들로 태어난 해양대군(海陽大君) 황(晄)은 형 의경세자(懿敬世子)가 일찍 죽어 세자가 되었다. 1468년에 세조가 승하하기 직전에 왕위를 물려받아 19세의 나이로 즉위하니, 예종이다. 왕이 성년이 안 되어 정희왕후가 수렴청정을 하였는데, 한명회, 신숙주, 구치관(具致寬) 등의 원상들의 도움을 받아 나라의 중요한 사항을 결정하는 원상제(元相制 : 어린 임금이 즉위할 경우 재상들이 임금을 보좌하는 조선시대의 제도)를 시행하였다.

한편 왕실 친척이었던 구성군과 남이 등이 이시애의 난을 평정한 공으로 조정의 새로운 세력으로 등장하였는데, 원상들에게는 경계의 대상이 되었다. 결국 28세에 병조판서에 오른 남이는 시샘을 받아 함경도로 좌천을 가게 된다. 그리고 그 후 그의 죽음에는 다음과 같은 사연이 있다.

백두산의 돌은 칼을 갈아 닳아 없어지고(白頭山石磨刀盡백두산석마도진)

두만강 물은 말을 먹여 말라 없어 졌구나(豆滿江水飲馬無두만강수음마무)
사나이 20세에 나라를 편안케 못한다면(男兒二十未平國남아이십미평국)
후세에 누가 대장부라고 불러 줄까나(後世誰稱大丈夫후세수칭대장부)

이 시 가운데 남이는 북방의 국경을 지키며 무장으로서 나라를 구
한다는 '남아이십미평국(男兒二十未平國)' 이라는 시구를 유자광(柳子光)
이 '남아이십미득국(男兒二十未得國)' 이라고 변조하여 남이가 역모하려
한다고 왕에게 고변을 한 것이다.

이에 잡혀온 남이는 자신의 결백을 주장하였지만 가혹한 고문에 결
국 거짓 자백을 하게 되어 죽임을 당한다. 이 사건으로 유자광은 공신
의 지위를 갖게 되고, 정적을 제거한 공신 세력이 다시 정국을 주도하
게 된다.

공신들의 권력이 막강해지자 예종은 그들의 영향력에서 벗어나려
고 공신들의 비리를 파헤치고, 그에 따라 강력하게 제재하려고 하였
으나 이런 상황에서 예종이 20세의 나이인 1469년에 갑자기 세상을
떠난다.

당시 예종의 갑작스러운 죽음에 대하여 "단종의 모후인 현덕왕후
가 저주했다거나 혹은 공신들이 독살하였다" 라는 등 여러 소문이 무
성하였다고 한다.

9. 성종(成宗)
| 1457~1494년, 재위 1469년~1494년

예종이 갑자기 죽으니 궁에서 제일 어른인 대왕대비 정희왕후는 세
조의 장남 의경세자의 둘째 아들 잘산군(乽山君 : 자을산군)을 왕으로 삼

아 1469년 11월에 13세의 나이로 즉위하니 성종이다. 자을산군은 한명회의 딸과 혼인을 하였는데, 이는 모후 소혜왕후(昭惠王后 : 후일 인수대비)와 공신 한명회가 정치적으로 손을 잡고 옹립한 것이다.

1478년에 성인이 된 성종은 수렴청정에서 벗어나 공신 주도의 정국에서 왕권을 찾아오고자 노력을 하였다. 이에 원상제를 없애고 과거의 집현전과 비슷한 홍문관(弘文館)을 설치하여 왕의 정책 자문기관으로 삼았다.

1480년에는 김종직(金宗直) 등의 사림파(士林派)를 대거 중용하여 훈구파(勳舊派)를 견제하며 왕권을 안정시키고, 풍류를 좋아하고 인재를 아껴 태평성대를 이룬다.

그 전인 1473년에 성종의 정비인 공혜왕후(恭惠王后) 한(韓)씨가 죽어 후궁인 숙의(淑儀) 윤(尹)씨를 중전으로 삼았으며, 1476년에는 원자 융(연산군)을 낳는다. 원자까지 낳은 중전 윤씨는 교만해지고 다른 후궁들을 시기하여 성종의 모후인 인수대비(仁粹大妃)의 미움을 사게 된다.

어느 날 성종이 중궁전에 들렀다가 중전 윤씨가 숙의 엄(嚴)씨와 정(鄭)씨를 저주하는 방술의 부적과 극약인 비상을 발견하였다. 이 일로 중전의 폐위까지 논의되었으나 원자를 생각하여 거처를 별궁으로 옮기게 하여 근신하게 한다.

그러던 중 성종이 별궁에 들렀는데 감정이 상한 중전 윤씨가 성종의 얼굴에 손톱자국을 내는 일이 벌어졌고, 결국 성종도 화를 참지 못하였다. 특히 인수대비는 내명부의 어른으로서 후궁들 사이에 시기와 암투를 염려하여 중전 윤씨를 폐비하여 궁궐에서 내보낸다.

이후 폐비 윤씨는 자신의 행동을 반성하면서 지내었는데 대비와 후궁들이 계속 모함을 하여 결국 1479년에 사약을 마시고 죽게 된다. 폐비 윤씨는 피를 토하고 죽으면서 피 묻은 적삼을 친정 어미 신(申)씨에게 남긴다. 이후 후궁들 중에서 영의정 윤필상(尹弼商)의 친척 윤호(尹

壕)의 딸 숙의 윤씨를 중전으로 삼는다.

1485년에는 『경국대전(經國大典)』*을 완성하여 반포하였고, 1488년에는 태종 때에 없어진 지방의 향촌의 자치기구인 유향소(留鄕所)를 부활하는 등 많은 역사적인 업적을 이루었다.

1494년에 몸에 난 종기가 악화되어 성종은 37세의 나이로 죽은 폐비 윤씨를 추숭(追崇)하지 말라는 유언을 남기고 세상을 떠난다.

10. 연산군(燕山君)
│ 1476~1506년, 재위 1494년~1506년

1494년에 성종의 원자 융이 성종에 이어 21세의 나이로 왕위에 오르니 연산군이다.

어머니의 죽음을 모르고 성종과 인수대비의 엄격한 훈육을 받으면서 성장한 왕은 즉위하자마자 부자의 정이 야속하였던 감정으로 부왕 성종이 궁궐에서 기르며 아꼈던 사슴을 활로 쏘아 죽인다. 그러나 즉위한 후 4년 동안은 선왕 시대의 태평성대가 별일 없이 이어져 나간다.

당시는 훈구 세력과 사림파가 대립하고 있었는데, 이때 영남 출신의 사림파가 득세한 시대였다.

1498년에 선왕 성종의 사초를 정리하는 과정에서 기록 담당자인 김일손(金馹孫)이 김종직의 조의제문을 기록하였는데, 사림파 김종직에 대하여 원한을 갖고 있던 훈구 세력의 유자광은 김종직의 「조의제문(弔意祭文)」이란 글이 중국 항우(項羽)에게 죽은 초나라 회왕(懷王)을 애

---

* 조선시대에 국가를 경영하였던 기본 법전이다. 조선 초기부터 전해 내려오는 여러 법령을 한데 모아 집대성한 것으로 세조 3년에 시작하여 성종 16년(1485년)에 완성되었으며, 이(吏), 호(戶), 병(兵), 예(禮), 형(刑), 공전(工典)의 여섯 부분으로 이루어져 있다.

도하는 글로서 단종을 죽이고 왕위에 오른 세조를 비방하는 불경스러운 글이라며 엄히 다스리라고 연산군에게 고하였다.

평소에 직언하고 왕의 도리를 운운하는 신하들을 싫어한 연산군은 김일손을 잡아들여 문초하여 죽이고, 이미 죽은 김종직은 부관참시하였다. 이때 많은 사림파 대신들이 죽거나 제거되는데, 이 사건을 '무오사화(戊午士禍)'라고 한다.

무오사화 이후 연산군에게 직언하는 신하는 없고 왕에게 잘 보이려 아첨만을 하게 된다. 연산군은 제안대군(齊安大君) 집안의 여종으로 혼인하여 아이까지 있는 미모의 장녹수(張綠水)에게 빠져 궁으로 데려와 후궁으로 삼아 총애하였는데, 사람들이 장녹수에게 잘 보이려고 뇌물까지 바치게 된다. 이런 연산군과 장녹수의 사치와 향락이 갈수록 심해져 나라의 재정은 파탄에 이르게 되고, 연산군은 왕실의 재정을 확보하기 위하여 공신들에게 지급되었던 공신전(功臣田)을 회수하려 하였다. 이에 공신들이 반대를 하자, 왕은 불편한 심기를 내보였다.

이때 임사홍(任士洪)이 그동안 금기시되었던 연산군의 생모 폐비 윤씨를 거론한다. 이는 공신전 문제와 남은 사림파를 완전히 제거하여 정국의 주도권을 잡기 위한 술책이었다.

연산군은 외할머니인 신씨를 궁궐로 불러 들였는데, 신씨가 피 묻은 적삼을 내 보이며 눈물로 하소연 하니 연산군은 미친 사람처럼 날뛰었다. 연산군은 성종의 후궁이었던 엄씨와 정씨를 잡아다가 때려죽이고, 말리는 인수대비를 밀어 넘어뜨렸다. 인수대비는 이 충격으로 앓다가 죽게 된다.

연산군의 악행은 계속되어 폐비 윤씨의 죽음에 관련되거나 의심이 있는 사람은 모조리 죽이거나 형벌을 받게 하는데, 1504년의 이 사건을 역사는 '갑자사화(甲子士禍)'라 부른다.

나라 안을 온통 피바람으로 몰아넣었던 두 번의 사화를 거치는 동안 연산군의 폭정과 실정은 극에 이른다. 전국에서 미녀들을 골라 기생을 운평(運平)이라 이름 하고, 이들 중에서 궁궐로 뽑혀 들어온 이를 흥청(興淸)이라 하였다. 훗날 '흥청망청'이라는 말은 여기서 유래되었다고 한다.

연산군은 큰 어머니인 월산대군(月山大君)의 박(朴)씨 부인을 강음하였고, 이에 수치심에 박씨 부인이 자결을 하는 등 패륜을 저지르니 백성들 사이에 원성이 하늘을 찔렀다.

이에 성희안(成希顔)과 자결한 박씨 부인의 동생 박원종(朴元宗)이 사람을 모아 자순대비(慈順大妃)의 아들 진성대군(晉城大君)을 새로운 왕으로 옹립하기로 한다.

마침내 이들은 1506년에 반정을 일으켜 연산군의 처남 신수근(愼守勤), 임사홍 등을 죽인다. 장녹수는 길거리에서 백성들에 의하여 돌에 맞아 죽고 연산군은 강화도로 유배를 가게 된다. 이를 '중종반정(中宗反正)'이라고 한다.

이로써 12년간의 폭정은 끝이 나고 강화도로 유배를 간 연산군은 그 해에 유배지에서 세상을 떠난다.

11. 중종(中宗)
1488~1544년, 재위 1506년~1544년

1506년에 반정 세력에 의해 연산군이 쫓겨나고 19세의 나이인 자순대비의 아들 진성대군이 왕위에 오르니 중종이다.

즉위 초에는 연산군 시절에 엉망이 된 제도와 법규를 제자리에 돌려놓는데 힘을 쓴다. 그러나 반정을 성공한 박원종 등의 반정공신들이 막강한 권력을 갖게 되었고 조정을 완전히 장악하였다. 또한 중전

단경왕후(端敬王后)는 중종과 금슬이 좋았으나 연산군의 처남으로 반정 때 죽은 신수근의 딸이라는 이유로 폐출되어 궁궐에서 쫓겨나게 된다.

이후 중종은 반정공신들이 주축이 된 훈구 세력을 견제하기 위하여 사림파의 조광조(趙光祖)를 중용하여 도학적 왕도 정치를 펼치려 하였다. 조광조는 본격적인 정치 개혁을 시도하였으며 유교적 자치 규율인 향약(鄕約)과 인재를 천거하여 등용시키는 현량과(賢良科) 등을 제정하여 시행하였다. 또한 공신들의 위훈을 삭제하였는데, 이 모든 것들은 기득권 세력인 훈구파의 반발을 사게 된다.

그 당시 1519년에 조광조의 사림파들의 탄핵으로 공신의 위훈이 삭제되고, 좌천된 남곤(南袞)과 심정(沈貞)이 후궁 희빈(熙嬪) 홍씨의 아버지 홍경주(洪景舟)를 끌어들여 희빈 홍씨의 궁녀에게 나뭇잎에 과일즙을 발라 벌레가 파먹게 하였다. 그리하여 '주초위왕(走肖爲王)'이라고 새겨진 나뭇잎을 왕에게 보여 주면서 조(趙)씨가 왕이 되려고 하니 죄를 물어야 한다며 사림파를 모함하였다. 이 모함으로 조광조가 붙잡혀 투옥된다.

이에 전국의 유생들이 들고 일어나 농성을 하자 사림 세력에 위협을 느낀 왕은 조광조를 제거하기 위해 유배지에 사약을 내려 죽게 하였다. 그의 나이 37세였다. 그 밖에 다른 사림파 사람들도 유배를 가서 사약을 받고 죽게 되는데, 이 사건을 '기묘사화(己卯士禍)'라고 한다. 이 사건으로 중종과 조광조의 개혁정치는 실패로 끝나고 다시 훈구 세력이 조정을 장악하게 된다.

중종에게는 세 명의 왕비와 아홉 명의 후궁이 있었는데, 첫 번째 왕비는 단경왕후로 반정 때 죽은 연산군의 처남 신수근의 딸로 반정공신들에 의하여 폐출되어 궁궐에서 쫓겨났다. 이때 폐비 신씨가 인왕산(仁王山) 자락에 치마를 걸어 놓으면 중종은 궁궐에서 이를 보고 그리워하는 마음을 달래었다고 한다.

두 번째 왕비는 공신 박원종의 친척인 장경왕후(章敬王后)인데, 1515년에 원자 호(岵 : 인종)를 낳고 죽는다. 이에 새 중전으로 폐비 신씨를 복위하고자 하였으나 반정공신의 반대로 무산되고 윤지임(尹之任)의 딸이 책봉되는데, 이 문정왕후(文定王后)가 세 번째 왕비이다.

후궁 중에서 왕은 복성군(福城君)을 낳은 경빈(敬嬪) 박(朴)씨와 홍경주의 딸 희빈 홍씨를 아끼었다. 홍경주가 죽자 친정아버지의 도움을 받지 못하여 희빈 홍씨는 운신의 폭이 좁아지게 되었으나, 반대로 남곤과 심정의 후원을 받던 경빈 박씨는 힘을 얻어 자신의 아들 복성군을 세자로 세우려 하였다.

1534년에 중전인 문정왕후가 뒤늦게 아들 환(峘 : 명종)을 낳았다. 그후 문정왕후는 경빈 박씨가 죽은 장경왕후의 소생인 세자 호를 음해한다는 공론을 일으켜 경빈 박씨와 복성군이 궁궐에서 쫓겨나가게 되고, 심정 일파의 세력은 위축이 된다.

세자 호의 친 누나이며 중종의 딸인 효혜공주(孝惠公主)를 며느리로 맞이한 김안로(金安老)는 이전에 심정 일파의 탄핵으로 유배를 갔었는데, 이때 돌아와 효혜공주와 자순대비를 등에 업고 심정 일파를 탄핵함으로써 세자 호에게 경쟁이 될 수 있는 복성군과 경빈 박씨를 사사하게 하였다.

그러나 자신의 며느리 동생인 세자 호를 왕위에 오르게 하여 권력을 유지하려 하였던 김안로는 자신의 아들 경원대군(慶原大君)을 세자로 책봉하려는 문정왕후와 왕후의 동생 윤원형(尹元衡)의 견제를 받아 귀양을 가고, 결국에는 사약을 받고 죽게 된다.

이러한 상황에서 중종은 왕위를 세자 호에게 물려주고 1544년에 세상을 떠난다.

12. 인종(仁宗)

▌ 1515~1545년, 재위 1544년~1545년

1544년에 중종이 세상을 떠나 세자 호(岵)가 31세의 나이에 왕위에 오르니 인종이다. 여섯 살에 세자가 되어 25년간 왕도를 배우면서 김인후(金麟厚) 같은 사람들과 교우하면서 학식과 덕망을 쌓아 소년 요순(堯舜)이라고 추앙을 받았다.

세자로 지낸 긴 세월 동안 중종 시설의 혼란한 정국 때문에 편한 날이 없었는데, 세자를 지원하는 세자의 외숙부 윤임(尹任) 일파(大尹대윤)와 문정왕후의 아들 경원대군을 지지하는 윤원형 일파(小尹소윤)의 대립은 극에 이르러 소윤파들이 세자를 죽이려고 동궁전(東宮殿)에 불을 지르기도 하였다. 그러나 세자는 차갑게 대하는 문정왕후에게도 극진히 정성을 다하여 받들었다.

인종은 왕위에 오른 후에도 정성으로 문정왕후를 효심으로 받들었는데, 문정왕후는 냉냉하게 대하면서 "언제 경원대군과 나를 죽일 것이냐"라고 쏘아 붙이기도 하였다고 한다.

인종은 성군의 자질을 가지고 있었지만 마음이 착하고 너무 유약한 탓에 문정왕후의 등살에 시름시름 앓다가 뜻을 펼쳐보지도 못하고, 즉위 8개월 만에 31세의 나이로 세상을 떠나게 된다.

일설에는 인종은 문정왕후가 이례적으로 보낸 다과를 먹은 후 심한 설사와 구역질 병으로 앓다가 죽게 되었는데, 문정왕후와 소윤 일파에 의하여 독살되었다는 설도 있다.

13. 명종(明宗)

┃ 1534~1567년, 재위 1545년~1567년

　인종의 유지로 문정왕후의 아들 경원대군(慶原大君)이 12세의 나이
로 왕위에 오르니 명종이다.

　인종이 죽자 나라 안의 유생들과 백성들은 어진 임금이 죽었다며
모두 통곡하였으나 문정왕후와 윤원형 등의 소윤파는 경원대군이 왕
위에 오르는 소원을 이루게 되어 기뻐하였고, 국상을 간소하게 하는
등 인종의 흔적을 지우기에 바빴다.

　명종의 나이가 12세로 어려 모후인 문정왕후가 수렴청정을 하였다.
그러나 아직 윤임을 비롯한 대윤파가 조정의 요직을 장악하고 있었
다. 대윤파가 문정왕후의 오라버니 윤원로(尹元老)를 탄핵하였는데, 문
정왕후도 어쩌지 못하여 윤원로는 귀양을 가게 된다.

　문정왕후와 윤원형은 몹시 분개하여 대윤파를 몰아낼 모의를 하게
되는데, 대윤파 윤임이 자신의 조카인 계림군(桂林君)을 인종의 양자로
들여 왕으로 삼으려 역모를 꾀한다는 소문을 내게 하였다. 이에 계림
군을 잡아다 심한 고문을 하여 허위 자백을 받아낸다. 결국 계림군과
윤임 등은 죽음을 당하고 대윤파는 제거되었는데, 명종의 즉위 원년
인 1545년에 일어난 이 사건을 '을사사화(乙巳士禍)'라 한다.

　대윤파를 제거한 윤원형의 소윤파는 문정왕후를 배경으로 권력을
독점하여 모략과 악행을 저지른다. 윤원형의 정실부인 김씨를 독살한
윤원형의 애첩 정난정(鄭蘭貞)은 문정왕후의 총애를 받아 정경부인이
되는 권세를 부린다.

　1553년에 성인이 된 명종이 친정을 하였지만, 어머니 문정왕후의
손에서 벗어나지를 못하고 심할 때는 뺨과 종아리를 맞기도 하였다고
한다. 이러한 처지가 한심한 왕은 한탄과 눈물로 지내어 '눈물의 왕'

이란 별명이 있었다고 한다. 이처럼 윤원형 일파가 권력을 독점하여 악행을 저지르니 조정의 기강은 문란해지고 나라의 사정과 백성들의 생활은 더욱 황폐해진다.

1555년에는 왜구가 침입하는 을묘왜변(乙卯倭邊)이 일어났고, 1557년부터 1562년 사이에 양주(楊州)의 백정 출신인 임꺽정이 나타나 일당을 규합하여 전국적으로 도둑질을 일삼았다. 그러나 오히려 임꺽정을 미화하는 사람들도 있었으니 백성들의 생활이 어느 정도 어려웠는지 보여주는 일화이다.

문정왕후는 말년에 불교에 심취하여 중 보우(普雨)를 조정에 기용하여 정사에 참여하게 하였고, 승려 자격증 제도인 도승제(度僧制)를 시행하였다. 유교에 기본을 둔 그 당시 유생들의 반발이 심하였지만 명종은 문정왕후의 서슬에 어찌 하지 못하였다. 그러다가 1565년에 65세의 나이로 모후 문정왕후가 세상을 떠나자 윤원형과 보우를 귀양 보낸다. 윤원형과 정난정은 유배지에서 자결을 하였고, 보우도 유배지에서 병으로 죽게 된다.

왕은 나라를 다시 일으켜 보려고 노력하였지만, 1567년에 34세의 나이로 세상을 떠난다. 사망 당시에 명종에게는 왕위를 이을 자식이 한 명도 없었다.

14. 선조(宣祖)

▌ 1552~1608년, 재위 1567년~1608년

1567년에 명종이 죽고 명종의 유지로 16세의 하성군(河城君)이 즉위하니 선조이다.

명종과 인순왕후(仁順王后) 사이에는 순회(順懷) 세자가 있었으나 순회 세자가 13세의 어린 나이에 죽어 후사가 없게 되었다. 하성군은 30세에 죽은 명종의 이복동생 덕흥군(德興君)의 셋째 아들로 평소 학문과 기질이 임금의 자질이 있다며 명종과 인순왕후는 마음에 두고 있었다. 선조가 아직 성년이 안 되어 인순왕후가 수렴청정을 하였으나 선조가 똑똑하고 정사를 잘 처리하자, 1년 만에 수렴청정을 거두어 친정을 하게 된다.

선조는 친정을 시작하면서 훈구파를 몰아내고 신진 사림의 인재를 등용하여 정사를 이끌었다.

1569년에 의인왕후(懿仁王后) 박씨를 정실 왕비로 맞이하였으나 몸이 허약하여 후사가 없었다. 그 사이 후궁인 공빈 김씨는 임해군(臨海君)과 광해군(光海君)을 낳았고, 후궁인 인빈 김씨는 의안군(義安君), 신성군(信城君), 정원군(定遠君) 등을 낳았다. 선조는 여러 후궁 중에서도 인빈 김씨를 가장 총애하였고 또한 인빈의 자식들을 아꼈다.

그 당시 조정에는 명종 때부터 자리를 잡고 있던 구사림과 선조 즉위 이후 새로 입문한 신진 사림이 함께 있었는데, 구사림의 대표인 심의겸(沈義謙) 지지파를 서인(西人), 신진 사림의 김효원(金孝元) 지지파를 동인(東人)이라 불렀다. 당시 심의겸의 집이 도성 서쪽 정동(貞洞), 김효원의 집이 도성 동쪽 건천동(乾川洞)에 있다하여 그렇게 부른 것이다.

서인은 주기론(主氣論)*을 기본으로 하는 이이(李珥)와 성혼(成渾) 문하의 기호학파(畿湖學派), 동인은 주리론(主理論)**을 숭상하는 이황(李滉)과 조식(曺植) 문하의 영남학파(嶺南學派)를 이루었다.

이러한 붕당의 상황에서도 이이는 중립을 지키고자 노력을 하였으

---

* 우주 만물의 존재 근원을 경험적 기(氣)로 보는 성리학 사상으로 이이, 송시열, 김집 등이 대표적인 인물이며 이들을 기호학파라고 한다.
** 우주 만물의 존재 근원을 합리적 이성과 인간의 도덕적 의지인 리(理)로 보는 성리학 사상으로 이황, 유성룡, 김성일 등이 대표적인 인물이며 이들을 영남학파라고 한다.

며 선조는 서인 출신인 이이를 신임하고 중용하였다.

1584년에 서인의 이이가 세상을 떠나자, 동인의 거두인 노수신(盧守愼)이 영의정에 오르면서 동인들이 득세를 하게 된다.

이에 서인들은 이이의 제자로 동인이 득세하자 스승인 이이를 비판하고 동인의 편에 선 정여립(鄭汝立)이 역모를 꾸미고 있다고 고변을 한다. 정여립은 관직을 버리고 고향 전주에서 대동계(大同契)를 조직하여 활쏘기를 하는 등 정기적인 모임을 가지면서 침입해 온 왜구를 물리치기도 하였으나 왕이 이를 조사하라고 명하자, 대동계를 이끌던 정여립이 도망갔다가 결국 자결을 하고 만다(정여립의 모반사건).

정여립의 모반사건을 동인들이 사건을 은폐하거나 축소한다고 서인 측에서 상소를 계속 올리게 되자, 왕은 서인인 정철(鄭澈)로 하여금 다시 조사하게 하였다. 이때 동인들 가운데 정여립과 친분이 있는 정언신(鄭彦信) 등을 연루시키고 다수의 동인들을 제거하게 되는데, 이를 '기축옥사(己丑獄死)'라고 한다.

이후에도 조정에는 유성룡(柳成龍), 이산해(李山海) 등의 동인 세력이 존재하였는데, 1591년에 세자 책봉 문제가 조정에서 논의될 시점에 서인의 정철은 정비인 의인왕후에게는 후사가 없음으로 세자로 공빈 김씨의 자식 중에서 책봉할 것으로 생각하고 동인의 유성룡과 함께 왕에게 주청하기로 하였다.

사실 선조는 인빈 김씨를 총애하였고 그중에서 신성군을 마음에 두고 있었는데, 동인의 이산해가 선조의 이 같은 마음을 알고 "서인의 정철이 공빈 김씨의 소생인 광해군을 내세워 인빈과 신성군을 제거하려 한다"는 말을 인빈과 선조의 귀에 들어가게 한다. 아무것도 모르는 정철이 공빈 김씨의 소생 광해군을 세자로 책봉하기를 주청하자 선조가 크게 화를 냈다. 함께 주청하자던 동인의 유성룡은 미리 이산해의 언질을 받은 터라 아무 말도 하지 않았다. 결국 서인의 정철은 괘씸죄로 유배를 가게 되고 다시 동인들이 조정의 권력을 장악하게 된다.

정철의 처리 문제를 유배로 끝내자는 유성룡 등의 온건파(남인)와 사형에 처해야 한다는 이산해 등의 강경파(북인)가 대립하여, 동인 내에서 다시 남인(南人)과 북인(北人)으로 또 붕당하게 된다.

이이는 살아 있을 때 "10만 군사를 양성하여 위급한 사태에 대비하여야 하며 그렇지 않으면 나라에 큰 화를 미칠 것이다"라며 선조와 중신들이 참석한 경연에서 주장하였다. 그러나 중신들과 선조 역시 지나친 염려라고 생각하고 이를 받아들이지 않았다.

이즈음 일본에서는 도요토미 히데요시가 전국을 통일하고 내부의 갈등을 해소할 방법으로 조선을 침략할 계획을 세우고 있었다.

1589년에 일본은 조선의 상황을 파악하기 위하여 사신을 파견하였고, 조선에서도 통신사를 보내 달라고 하였다. 이에 황윤길(黃允吉 : 서인)과 김성일(金誠一 : 동인)을 일본에 통신사로 보냈다.

1590년 3월에 통신사가 일본에서 돌아와 선조가 일본의 동정을 물었는데, 서인의 황윤길은 일본이 전쟁을 일으킬 것이니 대비하여야 한다고 주장하였으나, 동인의 김성일은 왜국은 군사를 일으킬 조짐이 없으니 대비할 필요가 없다고 말한다. 조정 안에서 서인과 동인의 소모적인 논쟁이 계속 되자 전쟁 위기설로 민심이 동요되는 것을 막기 위하여 선조는 전쟁이 없을 것이라는 동인 측 김성일의 손을 들어 주었다.

1592년 4월에 20여만 명의 왜군이 부산 앞바다 동래를 시작으로 하여 조선으로 쳐들어 왔다. 이것이 조선 최대의 전란인 임진왜란(王辰倭亂)의 시작이다.

일본군은 서양의 신식 무기인 조총을 앞세우고 무서운 기세로 치고 올라와 불과 보름 만에 한양이 함락되었고, 선조는 평양으로 피난을 가게 된다. 나라가 위급해진 상황에서 대신들의 주청을 받아 들여 선조는 좋아하지 않았지만 공빈 김씨의 둘째 아들 광해군을 급히 세자로 삼는다. 선조가 좋아했던 인빈 김씨의 아들 신성군은 피난길에 병사하였고, 공빈 김씨의 큰 아들 임해군은 성격이 포학하다는 이유로 대신들이 반대하였기 때문이다.

평양성마저 함락될 위기에 처하자, 조정은 분조(分朝)를 하여 일부를 광해군에 맡기고 왕은 의주로 피난을 가게 된다. 분조를 맡은 광해군은 전국에서 일어난 의병을 지원하는 등 전란에 성공적으로 대처하였다.

한편 조정에서는 이항복(李恒福)을 명나라에 사신으로 보내 원군을 요청하였는데, 1592년 12월에 명나라 원군이 들어옴에 따라 전세의 변화가 나타나게 된다. 명나라의 이여송(李如松) 장군의 군사가 큰 공을 세웠고, 홍의장군(紅衣將軍) 곽재우(郭再祐)가 경상도 지방에서, 사헌부 감찰을 지낸 조헌(趙憲)이 700명의 의병을 이끌고 금산에서 옥쇄를 하는 등 전국 각지에서 의병이 일어났다. 그 가운데 사명대사(四溟大師)의 승병 활동이 승전보를 전했고, 김시민(金時敏)이 진주에서(진주대첩晉州大捷), 권율(權慄)이 행주산성에서 대승(행주대첩)을 거두었다. 또한 전라도의 이순신(李舜臣) 장군의 수군이 옥포(玉浦), 당포(唐浦), 한산도(閑山島)에서 일본의 수군을 격파하는 등 눈부신 활약을 펼치었다.

명나라와 조선 군사들이 1593년 1월에 마침내 평양성을 탈환하고 내친김에 한양까지 진격하다가 벽제관(碧蹄館)에서 왜군의 급습을 받아 물러나 개경에서 지체하게 되는데, 이때부터 명나라의 심유경(沈惟敬)이 대표하여 일본과 화의협상을 3년간 진행하게 된다.

도요토미 히데요시는 화의 조건으로 명나라 황녀를 일본에 후비로 보내고, 조선 8도 중에 4도를 일본에 할양하며, 조선의 왕자와 대신 12명을 인질로 보내줄 것을 요구하였다. 심유경은 이 요구 사항을 축소하고 변조하여 일본 국왕으로 봉해달라는 것이 일본 측의 화의 조건이라고 명나라 황제에게 보고한다. 명나라 황제는 축소하고 변조된 일본 측의 요구를 수락하고 일본 국왕에 봉한다는 책서와 금으로 만든 도장을 보내었다.

이에 도요토미 히데요시는 자신을 우롱한다고 화를 내었고 회담은 결렬된다. 결국 1597년 1월에 다시 15만 대군을 이끌고 침략해 왔는데, 이를 '정유재란(丁酉再亂)'이라고 한다. 심유경은 이에 대한 책임을 지고 처단되었다.

정유재란(丁酉再亂)은 조선을 다시 위기에 빠뜨렸다. 하지만 긴 협상 기간 동안 조선은 일본의 침략에 어느 정도 대비할 수 있게 되었고, 이후 왜군은 충청도 이북으로는 올라오지 못하였다.

이듬해인 1598년 8월에 도요토미 히데요시가 갑자기 죽게 되자, 왜군의 사기는 크게 떨어지게 되고 철군을 서두르게 된다.

원균(元均)과 일부 서인들의 모함으로 이순신이 투옥되어 있는 동안 원균이 이끄는 조선의 수군은 왜군에게 대패하여 왜군 수군을 상대할 수 없는 지경에 이르렀다.

유성룡 등의 상소로 다시 삼도수군통제사를 맡은 이순신은 명량(鳴梁)에서 남은 12척의 배로 왜선 133척을 격파하였으며, 1598년 11월 18일에는 노량 앞바다에서 왜군 500여 척의 군선을 상대로 전투를 벌여 대승을 거두었다. 이로써 7여 년의 전란을 마무리 하게 되는데, 이를 '노량대첩'이라고 한다. 그러나 불행히도 이순신은 이 전투에서 유탄을 맞고 세상을 떠난다.

전란은 끝이 났다. 그러나 전란으로 인한 피해는 너무도 극심하였다. 궁궐과 사고가 불에 타고 많은 문화재가 약탈당하였으며, 백성들의 생활 터전인 농토가 황폐해졌다. 선조는 흉흉한 민심을 수습하고 전후 복구를 위하여 총력을 기울이고자 노력을 한다.

그러나 전란 중에는 유성룡 등의 남인들이 득세를 하였는데, 왜국에 대하여 강경책을 주장한 정인홍(鄭仁弘)과 유영경(柳永慶) 등의 북인들이 왜국과 화의를 주장했다는 이유로 남인의 거두인 유성룡을 탄핵하였다. 그 후 유영경이 영의정에 오르게 되고 북인들이 정권을 장악하게 된다.

1600년에 선조의 정비인 의인왕후가 세상을 떠나고, 2년 뒤인 51세의 선조는 19세의 김제남(金悌男)의 딸을 인목왕후(仁穆王后)로 맞이한다.

1606년에 젊은 인목왕후가 아들을 낳으니, 그가 선조의 유일한 적자인 영창대군(永昌大君)이다.

영창대군의 탄생으로 전란 중에 세자로 책봉되어 분조를 이끌며 전쟁을 치른 광해군은 큰 위협을 받게 된다. 북인의 거두인 영의정 유영경은 인빈을 꼬드겨 공빈의 아들 광해군이 왕위에 오르는 것보다 두 살배기 영창대군을 세자로 만들기 위하여 세자 교체 문제를 공론화한다.

당시 조정을 장악하고 있는 북인들 사이에서 광해군을 지지하는 정인홍, 이이첨(李爾瞻), 이경전(李慶全) 등의 소장파를 대북(大北), 영창대군을 지지하는 유영경 등의 소장파를 소북(小北)이라고 불렀다.

이즈음 선조는 세자를 교체하는 문제를 해결하지 못하고 병에 들어 눕게 되는데, 병석에 누워 차도가 없자 자신의 명이 얼마 남지 않았다는 것을 안 선조는 마음에 들지 않는 세자지만 당장 왕위를 이을 사람은 광해군밖에 없다는 뜻을 삼정승을 불러 알리고 전위의 교지를 내린다.

영창대군을 옹립하려 했던 소북파 유영경은 광해군으로 하여금 왕위를 계승하게 하라는 선조의 전위 교지를 집에 숨기고 공표하지 않았다.

1608년에 59세의 나이로 선조는 세상을 떠난다.

15. 광해군(光海君)

| 1575~1641년, 재위 1608년~1623년

1608년에 선조가 죽어 34세의 세자 광해군(光海君)이 조선의 15대 왕으로 즉위한다. 광해군은 선조와 후궁 공빈(恭嬪) 김(金)씨 사이에 둘째 아들로 태어났다. 전란 중에 세자로 책봉되었으나 선조의 인정을 크게 받지 못하였고, 선조 말년에는 유영경이 중심이 된 소북파(小北波)를 중심으로 인목왕후 사이에 태어난 영창대군으로 세자를 교체하려는 움직임이 있었다.

선조 때 광해군을 지지하였다가 귀양 갔던 대북파(大北波) 정인홍 등이 다시 조정에 들어와, 광해군을 폐하고 영창대군을 옹립하기 위해 선왕의 전위 교서를 숨긴 영의정 유영경에게 죄를 물어야 한다고 탄핵하였다. 결국 영창대군을 지지한 소북파의 거두 유영경은 귀양을 가게 되고, 또 얼마 안 되어 사사되었다. 조정은 세자 광해군을 지지한 대북파가 다시 장악하게 된다.

또한 광해군의 친형인 임해군(臨海君)은 동생 광해군이 장남인 자신을 제치고 왕위에 오른 것에 불만을 토로하고 명나라에 이의를 제기하였는데, 이를 빌미로 대북파는 임해군을 유배 보낸다. 임해군은 1609년에 유배지에서 죽는다.

이후에도 대북파는 소북파 중심의 정적들을 제거하는 작업을 계속하였는데, 영의정을 지낸 박순(朴淳)의 서자 박응서(朴應犀) 등 일곱 명의 서자(庶子)들이 강도짓을 벌이다가 붙잡히는 사건이 일어났다.

대북파 이이첨이 계략을 꾸며 박응서에게 "강도짓으로 자금을 모아 군사를 일으켜 적서차별(嫡庶差別)이 없는 세상을 만들고 영창대군을 왕으로 받들려 하였으며, 그 배후는 인목대비(仁穆大妃)의 친정 아버지 김제남(金悌南)이며 이를 인목대비와 영창대군도 알고 있다"고 허위 자백을 하게 한다. 이 사건으로 김제남은 사사되고 그 일족도 멸문지화를 당한다. 1613년에 일어난 이 사건을 '칠서의 옥(七庶之獄)'이라 한다.

어린 영창대군은 강화도로 유배되고 1년 후 유배지 강화도에서 문이 굳게 잠긴 방에 가두고 불을 피워 질식하여 죽게 한다. 이이첨 등 강경 대북파는 인목대비도 폐서인 시켜야 한다고 주장한다. 광해군의 입장에서 계모이지만 모후이므로 폐모하여 부모를 내치는 폐륜은 할 수 없다고 반대하지만, 결국 강경파의 뜻대로 인목대비를 폐위하여 서궁에 유폐시킨다.

1615년에 대북파들은 또 다른 옥사를 일으켜 정적을 제거하였는데, 선조가 아끼었던 신성군(信城君)의 양자 능창군(綾昌君)이 비범하다는 소문에 대북파들은 수안군수 신경희(申景禧)가 "양시우(楊時遇) 등이 모반하여 능창군을 왕으로 옹립하려 한다"는 고변을 하게 함으로써 관련자들을 잡아 처벌하고 능창군을 유배 보내어 죽이니, 이를 '신경희의 옥사'라고 한다.

광해군은 16년 동안 세자의 자리에 있으면서 전란을 겪는 등 많은 경험을 하면서 민생 현안을 위하여 즉위와 함께 대동법(大同法)*을 시행하여 어려운 백성들을 위하여 세금을 부과하는 방식을 바꾸었으며 국방을 강화하였다.

1616년 북쪽에서는 만주 심양에서 여진족의 후손인 누루하치(奴兒哈赤)가 금(金)나라의 계승을 내세우며 후금(後金)을 세웠는데, 1618년에 후금은 조선에 명나라에 원군을 보내지 말라고 요구하였다. 이에 광해군은 세력이 약해진 명나라와 새로 일어난 후금 사이에서 실리적

---

* 조선시대에 각 지방의 특산물로 세금을 내게 하였는데, 부담이 불공평하고, 수송, 저장에도 불편이 많아 이것을 일률적으로 미곡으로 환산하여 세금을 거두게 한 납세제도이다.

인 외교정책을 펼친다.

1619년에 후금의 위협을 받던 명나라가 군사를 내어 후금을 공격하라고 조선에 요구하였는데, 왕은 임진왜란 때 군사를 내어 도와준 명나라의 요구를 거절할 수가 없어서 강홍립(姜弘立)에게 군사를 이끌고 후금을 공격하는 척하다가 전세를 살펴 향배를 정하라는 밀명을 내린다. 후금과 명나라의 상황이 명나라에 불리하게 돌아가자 광해군의 밀명을 받은 강홍립은 후금에 항복한다. 이 사건을 '강홍립의 투항사건'이라 한다.

광해군은 명나라에는 강홍립이 개인적으로 변심한 투항사건으로 변명하였고, 후금에는 명나라의 요구로 군사를 보내었을 뿐 조선의 뜻이 아니었음을 전하는 양면외교를 펼쳤다. 광해군의 이러한 노력은 이후에 일어나는 반정으로 왕위에서 밀려나면서 사라지게 된다.

1623년에 신경희의 옥사 때 죽은 능창군의 친형 능양군(綾陽君)과 이귀(李貴), 김자점(金自點), 이괄(李适) 등 서인이 합세하여 반정을 일으켰다. 친형인 임해군, 영창대군, 능창군을 죽이고 계모이나 모후인 인목대비를 폐하는 패륜과 강홍립의 투항사건 등은 친명 사대주의자들에게 반정을 일으키는 명분이 되기도 하였다. 이를 역사에서 '인조반정(仁祖反正)'이라고 한다.

반정으로 광해군은 폐위되어 강화도에 유배를 가고, 함께 유배된 세자 질(侄)은 탈출하다가 붙잡혀 죽고, 광해군의 부인 유(柳)씨는 화병으로 세상을 떠난다. 광해군은 유배지를 강화도에서 제주도로 옮겨 18년의 유배 생활을 하다가, 1641년에 67세의 나이로 세상을 떠난다.

16. 인조(仁祖)

▎1595~1649년, 재위 1623년~1649년

1623년 3월 반정에 성공한 능양군이 서궁에 유폐되어 있던 인목대비의 교지를 받아 즉위하니, 조선의 16대 임금인 인조이다.

반정으로 왕위에 오른 인조는 광해군을 패륜의 폭군으로 철저하게 매도하고 광해군과 그 가족들을 유배 보내고 정인홍과 이이첨 등의 대북파를 숙청한다. 또한 과거에 희생당한 사람들의 신원을 회복하여 주고 대외적으로는 다시 친명배금(親明排金)을 선언한다.

조정을 장악한 서인들은 남아있는 친북파 인사들을 제거하기 위하여 거짓을 꾸며 역모를 고변한다. 그러던 중 반정공신임에도 불구하고 논공행상에서 밀려나 변방의 수비를 맡고 있던 이괄을 역모와 관련되어 있다며 잡아들이라고 명한다.

1623년 1월에 가뜩이나 불만을 가지고 있던 이괄은 자신을 잡으러 온 금부도사(禁府都事)를 죽이고 한명련(韓明璉) 등과 함께 1만의 군사를 일으켜 한양으로 쳐들어왔다. 왕은 피난을 떠나고, 이 사이에 평양의 장만(張晩)의 진압군이 이괄의 반란군을 공격하였다. 반란군은 패하여 뿔뿔이 흩어지고 수하들이 이괄과 한명련의 목을 베어 투항하면서 난은 평정된다. 이를 '이괄의 난'이라고 한다.

이때 이괄이 북쪽의 군사를 빼어 반란을 일으키는 바람에 북쪽 국경 방위에 치명적인 공백이 생기게 되는데, 후금(後金)에서는 조선의 새로운 임금이 천명한 친명배금(親明排金) 정책에 대해 괘씸하게 생각하고 조선을 치려고 기회를 보며 노리고 있는 상황이었다.

이괄의 반란에 가담하여 죽은 한명련의 아들 한윤(韓潤)이 후금으로 도망갔는데, 광해군 때 투항하여 후금에 머물러 있던 강홍립에게 그 가족들이 반란에 연류되어 다 죽임을 당하였다고 거짓말을 한다.

1627년 1월에 분노에 가득 찬 강홍립이 후금(後金) 태종의 허락을 받아 3만의 군사를 이끌고 조선을 침략하였다. 이것이 바로 '정묘호란(丁卯胡亂)'이다.

강화도로 피난을 간 인조에게 외교문서를 가지고 찾아간 강홍립은 자신의 가족들이 살아 있는 것을 확인하고 한윤의 거짓말에 속아 자신의 나라 조선을 침공한 것을 후회하였다. 이에 정묘약조(丁卯約條)를 맺고 후금의 군사를 거두어 철군한다.

이후 시간이 흘러 조정에서는 다시 배금론자들이 목소리를 내어 군사를 준비하고 후금을 공격할 것을 계획한다. 1636년 4월에 이러한 사정을 파악한 후금은 청(淸)나라로 국호를 바꾸고 청나라 태종을 황제라 칭하면서 조선에 군신(君臣)의 예를 요구하여 왔다. 조선은 조정 내에서 이 요구를 거절하였다. 이에 1636년 12월에 청나라 태종이 직접 12만의 군사를 이끌고 쳐들어왔다. 이를 '병자호란(丙子胡亂)'이라고 한다.

이때 청나라 군대가 물밀듯이 한양까지 들어오니 왕은 강화도로 가는 길이 막히자 세자와 함께 남한산성으로 피난을 갔다. 12월의 많은 눈과 혹한 속에 남한산성에 포위된 왕과 대신들은 버틸 수가 없게 되자, 1637년 1월에 청나라의 요구대로 인조는 소현세자(昭顯世子)와 함께 송파나루 삼전도(三田渡)에서 청나라 태종 앞에 무릎을 꿇고 항복을 하였다.

배금론자들은 잡혀가거나 처형당하고 조선은 명나라와의 관계를 완전히 청산하고 청나라와 군신의 관계를 맺게 된다. 홍익한(洪翼漢), 윤집(尹集), 오달제(吳達濟)는 청나라 황도 심양으로 끌려가서도 끝까지 항복을 거부하다가 죽음을 당하였는데, 이들을 삼학사(三學士)라 하여 후세에 추앙을 받게 된다.

소현세자와 봉림대군(鳳林大君)도 청나라에 볼모로 갔는데, 소현세자는 청나라에 있으면서 고위직 사람들과 교류하며 서양문물을 접하여 청나라에 대하여 긍정적으로 생각하게 된다. 또한 잡혀 온 조선인들의 문제를 해결하고 귀국 등을 주선하기도 하였다.

반면에 봉림대군은 청나라에 마음속으로 반감을 가지고 있으면서 조용히 지내었다. 조선의 조정 내에서는 청나라에 반감을 갖고 있던 대신들이 청나라가 친(親)청나라인 소현세자를 조선의 새 임금으로 삼으려 한다고 인조에게 모함을 하여 고한다. 이에 삼전도에서 굴욕을 당하였던 인조는 소현세자에 대한 감정이 점점 나빠지게 된다.

1645년에 명나라를 멸망시킨 후 중국 대륙을 통일한 청나라는 볼모들을 돌려보내면서 소현세자와 봉림대군도 귀국을 하게 된다. 돌아온 소현세자는 인조에게 청나라를 통하여 새로운 서양문물을 받아들여야 한다고 아뢰니, 가뜩이나 소문으로 소현세자를 못마땅하게 여겼던 왕은 화를 내고 벼루를 집어던진다. 깜짝 놀란 소현세자는 이후 화병으로 눕게 되고 얼마 안 되어 세상을 떠난다. 이때 소현세자의 시체가 검게 변해 있었다고 하는데 인조가 소현세자를 독살하였다는 설도 있다.

소현세자가 죽자마자 인조는 둘째 아들 봉림대군을 세자로 책봉하였다. 병자호란 이후 13년의 세월이 흐른 뒤 인조는 봉림대군에게 왕위를 물려주고 1649년 55세의 나이로 세상을 떠난다.

17. 효종(孝宗)
▎ 1619~1659년, 재위 1649년~1659년

1649년에 인조가 죽어 31세의 봉림대군이 즉위하니 효종이다. 효종은 세자 시절에 선왕과 함께 남한산성으로 피난을 갔고, 삼전도에서 청나라에 무릎을 꿇고 항복한 이후 청나라에 볼모로 잡혀갔다가 돌아왔다.

효종은 즉위하자 곧 바로 북벌계획에 착수한다. 제일 먼저 친청파를 제거하는데 선왕 때 반정공신이었던 김자점이 친청파라고 탄핵되어 유배를 갔으며, 1651년에 역모를 꾸미다가 발각되어 관련자들이 모두 죽거나 처벌을 받는다.

또한 송시열(宋時烈), 김상헌(金尙憲) 등의 반청인사를 중용하여 조정의 중심으로 삼고 이완(李浣) 등의 무장을 중용하여 북벌계획을 차근히 준비한다.

1652년에는 어영청(御營廳)을 개편하여 강화하고, 1655년에는 금군(禁軍)을 기병화 하고 지방군을 강화하였으며 조총 정예부대를 육성하였다. 효종의 북벌계획은 청나라에 알려지면 안 되기에 비밀리에 진행되었고, 한편으로는 청나라에 비위를 맞추어야 하였다.

1654년에 청나라와 러시아가 영토 문제로 싸우게 되는데 청나라가 조선에 원군을 요청하였다. 효종은 훈련한 군사들을 시험 삼아 보내어 러시아군을 크게 격파한다. 이 일을 '나선정벌(羅禪征伐)' 이라고 한다.

1658년에 1, 2차에 걸친 나선정벌 이후 자신감을 갖게 된 효종은 북벌계획을 실행에 옮기기로 하고 송시열과 상의한다.

그러나 이때 효종은 머리에 난 종기 때문에 치료 과정에서 침을 맞았는데, 침을 맞은 자리에서 과다출혈로 1659년 41세의 나이로 북벌의 꿈을 이루지 못한 채 갑자기 세상을 떠난다.

18. 현종(顯宗)

▌ 1641~1674년, 재위 1659년~1674년

　1659년 효종이 북벌을 앞두고 갑자기 죽어 효종의 외아들인 세자 연(欄)이 19세의 나이에 즉위하니 현종이다.

　효종이 세상을 떠나자, 대왕대비인 장렬왕후(莊烈王后)의 상복 문제로 서인과 남인 사이에 논쟁이 벌어지게 된다. 15세의 나이에 인조의 계비가 된 장렬왕후는 며느리인 인성왕후(仁聖王后)보다 여섯 살이나 어렸다.

　당시에 조정의 주도권을 잡고 있던 송시열 등 서인들은 효종이 차남이었으므로 장렬왕후는 1년 상복을 입어야 한다는 기년 상복을 주장하였다. 이에 반하여 정권에서 밀려났던 윤선도(尹善道) 등 남인들은 장자인 소현세자가 죽어 차자를 세웠기 때문에 효종은 장자와 같으며 왕가의 대통을 이으니 3년 상복으로 하여야 한다고 주장하였다.

　현종은 아버지 효종의 장례 복식에 대하여 윤선도 등의 남인 측의 주장에 마음이 갔지만, 집권세력인 서인들이 강경하게 나오자 윤선도를 유배 보내고 대왕대비의 상복 기간을 1년으로 하였다. 이를 '1차 예송논쟁(禮訟論爭)'이라고 한다.

　현종은 선왕이 일으킨 북벌계획을 중단하고 대동법을 호남 지방까지 확대하는 등 민생을 살피며 안정적으로 정사를 보았다.

　그런데 1674년에 효종의 왕비이자 현종의 모후인 인성왕후가 세상을 떠나자, 인성왕후보다 여섯 살이나 아래인 대왕대비 장렬왕후의 상복 문제가 불거지면서 다시 논쟁이 벌어지는데, 이것이 2차 예송논쟁이다.

　서인들은 가례에 따라 인성왕후를 차자부로 보아 대공상복(大功喪服 : 9개월)으로 해야 한다고 하였고, 남인들은 효종이 왕위 계승자이었으며 인성왕후가 중전을 지냈으므로 1년 기년복으로 해야 한다고 주장하였다.

서인 송시열 등이 체이부정(體而不正 : 서자를 후사로 내세운 경우)을 들어 인성왕후를 서자부로서 9개월의 대공상복을 주장하였다. 부왕 효종이 차자이었지만 왕통을 이었는데 서자 운운하니 현종은 왕권에 대한 모욕으로 생각하고 격분하여 장렬왕후의 복제를 1년 기년복으로 결정한다. 그리고 서인들에게 죄를 묻고 윤후 등 남인들을 기용하게 된다.

이에 서인들은 바짝 긴장하게 되는데 장렬왕후의 상복을 결정하고 한 달 후인 1674년 8월에 현종이 갑자기 병이 들었는데, 병이 악화되어 발병 열흘 만에 34세의 젊은 나이에 세상을 떠난다.

19. 숙종(肅宗)
▌1661~1720년, 재위 1674년~1720년

1674년에 현종이 갑자기 세상을 떠나 14세의 외아들이 어린 나이에 즉위하니 숙종이다. 즉위 당시 어렸으나 총명하고 주관이 뚜렷하였으며 학문을 좋아하는 등 왕의 자질이 충분하여 곧바로 친정을 한다.

그러나 현종의 죽음을 계기로 서인들은 어린 왕에게 다시 장렬왕후의 복상 문제를 거론한다. 정쟁이 격화되어 전국이 시끄럽게 되자 숙종은 즉각적으로 결단을 내려 부왕의 의견에 따라 장자부 기년설을 지지하고 서인의 거두 송시열을 유배 보낸다. 이에 조정은 허적(許積), 윤후 등의 남인들이 장악하게 된다.

그런데 남인들은 청남(淸南), 탁남(濁南) 등으로 붕당하여 권력 투쟁을 일삼자 숙종은 붕당을 일삼는 남인들에 대하여 회의를 품고, 1680년에 남인들을 대거 숙청하였다. 이 사건을 '경신환국(庚申換局)'이라고 한다.

　남인의 거두인 영의정 허적이 권세를 믿고 집안 잔치에 궁중 천막을 무단으로 가져다가 사용하자 왕이 화가 났는데, 허적의 아들 허건(許堅)이 숙종이 몸이 자주 아프고 후사가 없으니 효종의 아우 인평대군(麟坪大君)의 아들 복선군(福善君)을 옹립하려고 복창군(福昌君), 복평군(福平君)과 도모하여 일을 꾸미고 있다고 김석주(金錫胄)가 거짓을 꾸미며 고변한다.

　이로 인하여 복선군과 그 형제, 허적과 윤휴 등의 많은 남인 들이 죽거나 유배를 가게 되고 조정은 다시 서인들의 세상이 된다. 이 사건을 '삼복(三福)의 변'이라고 한다.

　경신환국으로 축출된 남인들에 대하여 서인 노장파인 김익훈(金益勳), 송시열 등은 강력한 처벌을 요구 하였고 한태동(韓泰東), 윤증(尹拯) 등은 처분이 과하다 하여 대립하게 되는데, 강경 노장파 송시열을 지지한 사람들을 노론(老論), 윤증을 지지하는 온건 소장파 사람들을 소론(小論)이라 한다.

　숙종의 환국정치(換局政治)*는 붕당정치의 폐해를 알고 각 붕당의 힘을 조절하여 왕권을 강화한 것이고 또한 전란의 후유증으로 혼란해진 사회와 민생을 안정시키며 나라의 발전에 힘을 쓴 것이었다.

　숙종의 첫 번째 왕비 인경왕후(仁敬王后)가 후사 없이 일찍 죽어 민유중(閔維重)의 딸을 두 번째 왕비로 맞아 인현왕후(仁顯王后)로 봉하였다. 인현왕후는 너그럽고 현숙하여 국모로서 훌륭한 성품을 갖춘 왕비였으나 궁에 들어온 6년이 지나도록 임신 소식이 없었다.

　인현왕후는 숙종에게 후사가 없는 것에 대하여 미안한 마음으로 다

---

* 왕이 정치적으로 국면 전환을 위하여 그동안 지지하였던 신하들을 경질하고 새로운 파벌의 신하를 등용하면서 펼치는 정치를 말한다. 숙종은 세 차례의 경신, 기사, 갑술환국을 통하여 왕권을 강화하게 된다.

른 후궁을 맞아 대통을 잇도록 요청을 하였다. 숙종은 못이기는 척 후궁을 두었는데, 이 사람이 궁녀 출신 장옥정(張玉貞)이다.

장옥정은 대왕대비전의 궁녀로 있을 때 숙종의 승은을 입었는데 경신환국 때 당숙 장현(張炫)이 남인과 교류하였다고 하여 궁궐에서 쫓겨나 있었다. 8년 만에 재회한 숙종은 장옥정에게 각별한 애정을 쏟아, 1688년에 마침내 왕자를 낳는다. 숙종은 크게 기뻐하며 원자의 명호를 서둘러 정하려 하였다. 그러나 조정을 장악하고 있던 서인 측 신하들이 남인 측 사람인 장옥정을 시기하여 반대를 하였다. 이듬해 숙종은 반대를 물리치고 왕자 윤(昀)을 원자로 하고 장옥정은 희빈(禧嬪)으로 봉하였다.

위기감을 느낀 서인 측의 거두 송시열은 왕자 윤을 원자로 하는 것은 시기상조이니 원자 책봉의 명을 거두어 달라는 상소를 올렸다. 이에 숙종은 노하여 송시열을 유배 보내고 사약을 내려 사사하게 한다.

이 사건이 기사환국(己巳換局)의 시작이며, 서인들이 몰락하고 남인들이 다시 권력을 잡는다. 원자 책봉을 반대한 서인 측의 영의정 김수흥(金壽弘)과 김만중(金萬重), 이이명(李頤命) 등을 유배 보내거나 사사하고, 남인 측의 목내선(睦來善), 민암(閔黯) 등을 대거 기용하였다. 그리고 원자 정호를 반대하는 원인이 인현왕후의 투기 때문이라고 하여 인현왕후를 폐비하고 희빈 장씨를 중전으로 삼는다.

이후 5년의 시간이 흐르면서 숙종은 장씨가 중전으로는 덕이 부족하다고 느끼며 인현왕후를 폐비한 것이 경솔하였다는 마음을 갖게 된다. 심란한 마음으로 궁궐 정원을 거닐다가 인현왕후의 시비로 있던 무수리가 폐비의 생일상을 차려 놓고 절하는 모습을 보게 된다. 그 착한 마음에 감동한 숙종은 무수리 동이를 후궁으로 삼아 정을 쏟으니, 그녀가 숙빈(淑嬪) 최(崔)씨이며 후에 아들을 낳아 임금이 된 영조이다.

1694년에 왕의 마음이 중전 장씨에게서 멀어지는 것을 느낀 서인들은 인현왕후의 복위를 추진하고 재집권을 위하여 움직이자, 이에 남인들은 반격을 준비한다. 이때 중전 장씨의 오빠 장희재(張希載)가 왕이 총애하는 숙빈 최씨를 죽이려 한다는 고변이 있었다.

중전 장씨의 힘을 배경으로 남인들의 세력이 커져가는 것을 우려하던 숙종은 기다렸다는 듯이 민암, 목내선, 장희재 등의 남인을 유배 보내거나 사사한다. 또한 중전 장씨는 빈으로 강등하여 취선당(就善堂)에 머물게 하고 폐비 인현왕후를 중전으로 복위시키니, 이를 '갑술환국(甲戌換局)'*이라고 한다.

빈으로 강등되어 취선당으로 물러난 장씨는 자신의 처소로 무당을 불러와 신당을 차리고 인현왕후를 음해하는 행위를 하였다.

1701년에 7년의 세월이 흘러 인현왕후가 병으로 죽자, 장씨는 원자의 어미로서 다시 중전이 될 것으로 기대하였으나 인현왕후를 음해하는 신당이 발각된다. 숙종은 분노하였고 희빈 장씨에게는 사약을 내렸으며 오빠 장희재와 이에 연루된 궁녀와 무당을 죽이니, 이름하여 '무고(巫蠱)의 옥'이라고 한다.

숙종은 여러 번의 환국으로 조정을 장악하고 정사를 펼치고 신하들의 생사를 쥐게 되니 왕권은 강화된다. 그리고 숙종은 강력한 왕권을 바탕으로 대동법을 확대 시행하고 상평통보(常平通寶)를 주조하여 상업 활동을 지원하는 등 전란 이후의 어려운 민생을 수습하는 데 힘을 쓴다. 또한 성삼문 등 사육신을 복위시키고 노산군의 묘호를 단종으로 복위시켰다.

---

* 『사씨남정기(謝氏南征記)』는 조선 숙종 때에 서포(西浦) 김만중(金萬重)이 지은 한글로 쓴 소설인데, 그 내용은 명나라 한림 유연수가 후처 교씨의 간계에 빠져 본처인 사씨를 내쫓고 교씨를 부인으로 맞아들였으나, 나중에 유연수가 교씨가 간교하다는 것을 알게 되어 후회하고는 다시 사씨를 정실로 맞아들인다는 내용이다.
당시 숙종이 중전 인현왕후를 폐출하고 장옥정을 중전으로 맞아들인 것을 빗대어 지었다고 하는데, 이 소설이 널리 퍼져 인현왕후가 다시 중전으로 복위하게 되었다고 한다.

'무고의 옥' 이후에 안정적으로 정국을 이끌어 나가던 숙종은 장씨의 소생인 세자 윤이 병약하여 후사를 논의하게 하였는데, 무수리 출신인 숙빈 최씨 소생의 연잉군(延礽君)이 마음에 있었다. 이에 노론의 영수인 좌의정 이이명이 왕의 뜻을 알아주니, 왕은 기뻐하여 이이명에게 연잉군의 후견을 부탁한다.

그러나 이에 반하여 죽은 장씨의 소생 세자를 지지하는 소론이 반발하고 나섰는데, 이로 인해 노론과 소론의 당쟁이 격화되어 서원(書院)과 성균관(成均館)에서부터 심지어 옷차림이나 제사를 지내는 방식과 절차도 달라 집안에서도 갈등하게 된다.

숙종은 당쟁을 이용하여 대신들 간에 서로를 견제하고 정치적 안정을 꾀하였으나, 그 과정에서 많은 사람이 희생되는 아픔을 겪으면서 1720년 6월에 60세의 나이로 세상을 떠난다.

20. 경종(景宗)
▌ 1688~1724년, 재위 1720년~1724년

1720년에 숙종이 세상을 떠나 세자 윤(昀)이 33세에 왕위에 오르니 경종이다. 1701년에 어머니는 '무고의 옥' 때 사사된 희빈 장씨의 소생으로 자라면서 많은 정쟁과 어머니가 아버지로부터 죽임을 당하는 것을 목격한 비운의 왕이었다. 참담한 심정에 심약해지고 병을 자주 앓게 되어 자식을 두지 못하였다.

경종을 지원하는 소론 세력은 미약하고 조정을 장악한 노론의 영수 이이명이 선왕의 뜻을 받들어 숙빈 최씨의 아들 연잉군을 감쌌다. 그러면서 경종이 건강이 나쁘고 왕에게 후사가 없으니 연잉군을 세제로 세울 것을 주청하였다. 소론 측에서는 반대하였으나 조정을 장악한 노론의 힘에 밀려, 1721년에 경종은 연잉군을 왕세제로 책봉한다.

　노론은 더 나아가 경종의 건강을 이유로 연잉군이 대리청정을 해야 한다고 주청을 한다. 경종은 노론 측의 요구대로 대리청정까지 명하였으나 소론 측이 강하게 반발하자, 소론 측 우의정 조태구(趙泰耇)와 면담을 한 경종은 대리청정의 명을 거둔다.

　경종의 지지를 얻은 소론 측은 여세를 몰아 노론의 세제 대리청정 요구는 임금을 얕잡아 보고 왕권 교체를 시도한 것으로 역모에 해당한다며 강력하게 처벌해야 한다고 7인의 연명으로 상소를 올렸다. 경종은 이 상소를 받아들여 노론의 네 명의 대신을 삭탈관직하여 유배를 보내고 그 자리는 조태구 등 소론 측이 차지하게 된다.

　조정을 다시 장악한 소론 측의 강경파는 목호룡(睦虎龍)으로 하여금 경종의 세자 시절에 노론 측에서 세자를 죽이려 하였다고 고변을 한다. 유약한 경종이라도 자신을 죽이려고 하였다는 고변을 듣고 분노하여 이 음모와 관련된 자들을 잡아들인다. 그리고 국문을 한 후 처형하였으며, 이미 유배를 간 노론의 4대신(김창집金昌集, 이이명李頤命, 이건명李健命, 조태채趙泰采)들도 사사된다. 신축년과 임인년에 일어난 이 옥사를 '신임사화(辛任士禍)'라고 한다.

　신임사화로 조정을 완전히 장악한 소론 측의 권력 독점도 왕의 죽음으로 끝난다. 병약하였던 경종은 병이 악화되어, 즉위 4년 만인 1724년에 37세의 나이로 세상을 떠난다.

21. 영조(英祖)

▌ 1694~1776년, 재위 1724~1776년

　1724년에 경종이 죽어 31세의 연잉군이 즉위하니 영조이다. 영조는 경종의 이복동생으로 숙종의 인현왕후 전각의 무수리 출신 숙빈 최씨의 소생이다.

숙빈 최씨는 숙종의 성은을 입어 왕자를 낳았지만 출신이 비천하여 궁 안에서도 조용히 생활하였고, 또한 연잉군도 어머니의 영향을 받아 신중하고 조심스럽고 자신을 낮추는 처신을 하며 자랐다. 이에 한편으로는 어머니의 출신 신분에 대하여 심한 열등감을 갖고 있었다.

노론에 의하여 경종이 즉위한 해인 1721년에 세제로 책봉되었고, 신임사화 때 목호룡의 고변에 연잉군의 이름도 거론되어 죽임을 당할 뻔하였다. 그러나 대비인 인현왕후가 연잉군을 총애하였고 조용히 자신을 스스로 낮추는 처신으로 경종과도 우애가 깊었으며 또한 경종에게는 후사가 없었으므로 목숨을 부지하다가 경종이 승하하여 왕으로 즉위하게 된 것이다.

영조는 비천한 출신인 어머니의 소생으로 태어나고 그늘에서 조용히 성장하였으나 왕의 자질을 다져 붕당을 타파하고자 인재를 고루 기용하는 탕평책(蕩平策)을 펴는 등 정치 능력을 발휘하여 안정적인 국정을 이끌었다.

즉위 당시에 조정 안은 소론 일색이었다. 영조는 자신을 무고하여 죽음의 곤경에 빠지게 하였던 신임옥사에 대하여 다시 조사하게 하여, 당시에 고변으로 자신을 무고한 목호룡과 김일경(金一鏡)을 잡아 국문하여 사형시키고 조정에 포진한 영의정 이광좌(李光佐) 등 소론을 몰아내고 민진원(閔鎭遠) 등의 노론 측 사람을 임용하였다.

이에 연잉군을 지지하였던 노론은 자기들 세상이 왔다고 생각하고 소론을 처벌해야 한다고 상소를 하였다. 붕당의 폐해를 지적하고 탕평책을 펼치던 왕은 화를 내며 보복을 요구하던 민진원 등의 노론을 파면하고 조정에 소론 인사를 다시 기용한다.

경종이 죽어 정치적 기반을 잃은 급진 소론파인 이인좌(李麟佐), 이

유익(李有翼), 심유현(沈維賢) 등이 경종이 독살되고, 그 원한을 갚는다는 명분으로 1728년에 청주성을 점령하고 난을 일으켰다. 이 사건을 '이인좌의 난'이라 하는데 반란은 관군에 의하여 진압되었다. 소론이 일으킨 반란이 소론 조정의 관군에 의하여 진압되었으니, 이후 조정에서 소론은 큰 소리를 낼 수가 없게 된다.

이 사건을 영조는 탕평책 강화의 기회로 삼고 노론, 소론의 거두를 불러 화해를 시도하고 골고루 인재를 등용하니 왕권은 강화되고, 정국은 안정이 된다. 이를 바탕으로 영조는 각종 제도를 정비하였는데 사형수에 대하여 삼복법(三覆法)을 시행하고 신문고 제도를 부활하였으며, 균역법을 시행 하는 등 민생 안정에 크게 힘을 쓴다. 또한 금주령을 내리고 신하들과 백성들에게 검약한 생활을 강조하면서 솔선수범하였다.

1759년에 영조는 왕비 정성왕후(貞聖王后)가 병으로 세상을 떠나자, 당시 집권세력인 노론 김한구(金漢耉)의 딸인 15세의 정순왕후(貞純王后)를 두 번째 왕비로 맞아들인다.

영조의 강력한 탕평책으로 노론과 소론은 표면적으로 당색을 드러내고 정치 활동을 할 수 없어 정국은 안정되어 보였다. 그러나 각인각색의 당파 사람들이 모두 다 등용되다 보니 주장이 각기 달라 결론에 못 이르는 일이 많아지게 된다.

당시 노론 측에서 조정의 주도권을 잡고 있었는데, 1749년에 영조는 건강을 이유로 어려서부터 총명하여 왕의 사랑을 받던 15세의 사도세자(思悼世子)에게 대리청정을 하게 한다. 이에 군소 집단으로 전락한 소론, 남인, 소북들의 사람들은 세자를 지지하며 권력을 다시 잡기 위한 방법을 모색하게 된다.

그런데 이에 대하여 노론들은 정순왕후와 숙의 문씨로 하여금 사도세자를 음해하고 모함하여 아버지 영조와 아들 사도세가 간에 이간을 시킨다. 부자간의 사이는 점점 멀어지게 되고 더하여 소론의 지지를 받는 세자를 제거하려는 노론의 음모로 사도세자가 군사를 일으켜 왕위를 찬탈하려 한다고 영조에게 거짓을 고변한다.

영조는 분노하여 사도세자를 휘녕전(徽寧殿) 앞으로 잡아 온다. 세자는 모함이며 죄가 없다고 애원하고, 세손(훗날 정조)도 할아버지인 영조에게 아버지 사도세자를 살려 달라고 애원한다. 그러나 영조는 세손을 끌어내고 세자에게 뒤주에 들어가 속죄하라 명한다. 사도세자는 부왕께서 노여움이 풀리면 열어 주실 것으로 생각하고 뒤주로 들어간다.

6월의 뜨거운 여름 태양 아래에 찜통의 뒤주는 열리지 않았고, 사도세자는 뒤주 안에서 8일 동안 신음하다가 28세의 젊은 나이에 처참하게 세상을 떠난다. 임오년에 일어난 이 사건을 '임오화변(壬午禍變)'이라고 한다.

나중에 영조는 노론 측에 의하여 일이 꾸며지었고 무고가 있었다는 것을 알게 되지만, 그러나 이미 죽은 자식이 돌아올 수는 없는 일이었다. 영조는 한없이 후회하고 세자의 죽음을 애도한다는 의미로 사도(思悼)라는 시호를 내린다.

붕당을 없애려 탕평을 하다가 당파 싸움에 자식을 잃은 영조는 더욱 탕평을 하여 1772년에는 탕평과(蕩平科)라는 과거시험을 실시하였고, 같은 당파끼리는 결혼을 금하는 등 당쟁 타파를 위하여 노력을 하였다.

조선의 왕 중에서 가장 장수한 영조는 52년간의 재위를 마치고 1776년 3월에 83세의 일기로 세상을 떠난다.

22. 정조(正祖)

▌ 1752~1800년, 재위 1776년~1800년

1776년 3월에 영조가 세상을 떠나 세손 이산(李祘)이 왕위를 계승하여 즉위하니, 이가 바로 정조이다. 8살에 세손으로 책봉되었고, 아버지 사도세자가 일찍 죽자 영조의 장남 효장세자(孝章世子)의 양자로 입적되어 세손의 지위를 유지하였다.

사도세자까지 죽게 한 노론은 그의 아들 세손이 왕위에 오르면 노론 자신들은 죽은 목숨이라 판단하고 세손을 음해하고 영조와 이간을 시키려고 애를 썼다. 정조의 세손 시절은 자신을 제거하려는 죽음의 위협 속에서 침묵하고 학문에 열중하면서 정치적 견해를 나타내지 않았다.

일화로 영조는 부모와 자식 사이의 사랑과 은혜에 대한 대목이 있는 『시전(詩傳 : 시경 주해서)』「요아편(蓼莪篇 : 부모의 은혜와 사랑을 다룬 내용)」을 아비를 잃은 세손을 자극할까 염려되어 세손에게 읽지 말라 하였다.

그러나 세손이 「요야편」을 읽은 것을 알게 된 노론 측 환관이 영조에게 고해바친다. 영조는 진노하여 세손을 부르고 세손이 읽던 『시전』 책을 펼쳐 보니 「요야편」만 칼로 오려져 없었다.

영조가 세손에게 그 까닭을 물으니 "할바마마께서 그 편을 읽지 말라하여 그리 하였습니다"라고 대답하니 영조는 흡족해 하였다고 한다.

홍국영(洪國榮)이 세손을 보좌하는 소임을 맡고 있었는데, 그의 도움으로 이런 위기를 벗어날 수 있었으며 이때부터 정조의 신임을 얻게 된다.

자식을 죽인 영조는 당쟁 속에서 세손만은 지키고자 하였고, 1775

년 82세의 왕은 자신의 수명이 다함을 느끼면서 세손의 대리청정을 하게 한다.

이에 노론의 거두로서 혜경궁 홍씨(惠慶宮 洪氏 : 사도세자 비, 세손의 어머니)의 숙부인 홍인한(洪麟漢)이 반대를 하였다. 그러나 영조는 강력하게 뜻을 펼쳐 세손이 국사를 보게 하였고 얼마 지나지 않아 영조가 돌아가시어 왕으로 즉위한다. 왕으로 즉위한 정조는 이렇게 말한다.

"나는 사도세자의 아들이다!"

정조가 즉위하여 처음으로 일갈한 말이었다.

아버지의 죽음을 목격하고 피맺힌 한을 가슴에 담으며, 또 자신을 제거하려는 위협 속에 10여 년의 세월을 숨죽이고 견디어 온 절규였다.

그러나 정조는 사도세자를 죽게 한 노론 일파를 즉각적으로 제거하고 싶었지만 임오화변을 거론하지 말라는 선왕의 유지를 거역할 수가 없었다. 명분을 세워 우선 자신의 즉위를 반대한 홍인한과 정후겸(鄭厚謙)을 유배 보내고 화완옹주(和緩翁主)를 서녀로 강등하였으며, 숙의 문씨를 사사하였다.

왕은 임오화변과 관련된 자들을 세손 때 자신을 지킨 신중함으로 조용하게 처리하면서 한편으로는 탕평을 하여 새로운 정치 세력을 등용하기 위하여 규장각(奎章閣)을 설치하여 인재를 모으고 학문에 힘을 쓰며, 문화정치를 표방하여 새로운 태평시대를 이루게 된다.

그렇지만 새로운 정치세력으로 왕의 세손 시절부터 보필하여 온 홍국영이 정조의 두터운 신임을 얻어 조정의 권력을 장악한다. 홍국영의 권세가 대단하여 조정의 모든 일이 그의 손을 거치니 모든 사람들이 홍국영에게 머리를 조아리고 아첨을 하였다.

더 나아가 홍국영은 자신의 누이동생을 정조의 후궁으로 삼게 하였는데, 아들을 낳으면 대통을 잇게 할 속셈이었다. 그러나 입궐한 지 얼마 안 되어 누이 원빈(元嬪)이 병으로 죽는다. 홍국영은 누이가 독살 당하였다고 나인들을 벌하기도 하였다. 그 후 홍국영은 은언군(恩彦君)의 아들을 죽은 원빈의 양자로 삼아 왕통을 잇게 하려는 계획까지 세우는데, 정조는 홍국영을 불러 권력을 탐하는 도가 지나치다며 주의하라고 경고한다. 마침내 홍국영은 은퇴를 하고 이듬해에 병으로 죽는다.

정조는 규장각(奎章閣)에 심혈을 기울여 그 규모를 확대하고 이덕무(李德懋), 유득공(柳得恭), 박제가(朴齊家) 등의 서자 출신 학자들을 기용하는 등 능력과 학식만 있으면 당파나 출신을 따지지 않고 인재를 등용하였다.

또한 현실과는 다른 기존의 이론적 성리학보다 백성의 생활과 밀접한 사회개혁 사상이 담긴 실학을 바탕으로 어려운 백성들의 생활을 살피는 개혁 성향의 국정을 펼친다.

이때 정약용(丁若鏞)은 『목민심서(牧民心書)』를 지어 지방 수령의 도리를 밝히고, 『경세유표(經世遺表)』에서는 행정개혁 방안, 『여유당전서(與猶堂全書)』에서는 농업을 중히 여기고 농촌 문제와 토지 개혁을 주장한다. 그리고 박지원(朴趾源)과 박제가 등은 실학을 통하여 농업뿐만 아니라 상공업의 발전을 통하여 나라 살림을 튼튼히 하여야 하며, 이를 위하여 청나라의 문물을 받아들이자는 이용후생(利用厚生)을 주장하였다. 1780년에 박지원이 사은사(謝恩使)로 청나라에 가서 그곳에서 보고 들은 것을 기록으로 남기는데, 이것이 유명한 『열하일기(熱河日記)』이다.

또한 이를 비롯하여 정조가 직접 주관하여 만든 책만 2,400여 권으로 정조의 이 같은 노력은 실학에 바탕을 둔 학문적 사상과 더불어 문예적 부흥을 이룬다.

정조는 규장각을 중심으로 하여 친위 세력을 키우면서 조용히 정적을 제거하고 정국을 안정시켜 갔다. 하지만 비명에 돌아가신 아버지

사도세자의 복권 문제 등은 선왕의 유지와 노론 대신의 반발로 쉬운 일이 아니어서 왕의 마음을 여전히 무겁게 하였다.

이러한 상황에서 1789년에 정조의 고모 화평옹주(和平翁主)의 남편 박명원(朴明源)이 사도세자의 묘에 다녀와 묘의 참혹상을 고하는 상소를 올린다. 정조는 대신들에게 이장 문제를 거론하게 한 후 평소 마음에 두었던 화성으로 '종묘(宗廟)의 예(禮)'에 준하여 사도세자의 묘를 이장하였다. 묘의 이름을 현릉원(顯陵園)이라 하고, 옆에 용주사(龍珠寺)를 세워 명복을 빌었다.

그리고 정조는 1794년에 현릉원과 행궁을 보호하기 위하여 채제공(蔡濟恭)과 정약용에게 화성(華城)을 건설하게 한다. 이 건설 사업은 정밀한 설계와 거중기(擧重器)를 사용하는 등 과학기술을 동원하여 1797년에 완성한다.

정조는 화성 축조 이후 자주 현릉원으로 능행을 하였는데 동행하는 인원이 6천여 명, 말이 1천 4백여 필이 동원되었으니, 그 위용이 대단하였다고 한다. 이는 사도세자의 묘에 참배하는 목적 외에도 노론 세력에게 왕의 권위를 보여주고 백성들과 자주 만나는 기회를 갖고자 하였던 것이다.

정조는 실학을 바탕으로 어려운 백성들의 삶을 위하여 많은 노력을 하였고 붕당의 폐해를 없애고자 탕평을 하며 인재를 고루 등용하여 정사를 펼쳤다. 그러나 여전히 붕당의 잔재가 남아 있고 조정의 노론들은 당론에서 헤어나지 못하고 있었다. 이에 1800년 5월에 정조는 "오랜 동안 보아 왔으나 아직 자기들의 잘못을 모르고 스스로 달라지지 않으니 유념하라"는 강력한 논조의 하교를 내린다. 이를 '오회연교(五晦筵敎)'라고 한다. 이는 사도세자의 죽음에 대한 책임을 물을 수도 있다는 뜻으로 노론에게는 청천벽력과도 같은 하교였다.

몸에 종기로 병석에 눕기를 반복하던 정조는 '오회연교'를 내린

후, 12일 만에 병세가 갑자기 악화되어 49세의 나이로 세상을 떠나게
된다.

당시 정조의 갑작스러운 죽음에 대하여 정적으로부터 독살 등의 의
문을 주장하는 학자나 서적들도 많이 있다.

23. 순조(純祖)

▌ 1790~1834년, 재위 1800년~1834년

1800년에 정조가 승하하여 정조와 수빈(綏嬪) 박씨 사이에서 태어난
아들 공(玜)이 11세의 어린 나이로 즉위하니 순조이다. 순조의 나이가
어려 궁중 서열상 가장 어른인 대왕대비인 정순왕후(貞純王后)가 수렴
청정을 하였다.

정순왕후는 노론의 벽파 경주 김씨 김한구(金漢耈)의 딸로 15세의 나
이에 영조의 계비가 되어 사도세자를 음해하여 임오화란을 야기한 주
역이었다. 김한구는 이미 죽었고, 오라버니 김귀주(金龜柱)는 유배를
간 후 죽었다. 정순왕후는 정조의 배려로 궁궐에 머물며 숨죽이고 살
고 있었다.

정조와의 관계가 나빴던 정순왕후가 조정의 권력을 잡게 되자, 정
조가 펼치던 개혁정치는 일거에 사라지게 된다. 정순왕후는 먼저 친
정 가문을 복권하고 6촌 오빠인 김관주(金觀柱), 심환지(沈煥之) 등 사도
세자를 죽게 한 노론 벽파(僻派) 사람들을 조정으로 불러들이고, 서유
린(徐有隣), 이재학(李在學), 박제가 등의 사도세자를 옹호한 노론 시파
(時派) 사람들은 조정에서 몰아낸다.

더 나아가 정국을 완전히 장악하기 위하여 노론 벽파는 유교 윤리
를 중시하는 보수 정통파로서 자신들의 이념을 펴는데 위협이 되는

천주교(天主敎)를 시파와 남인 사람들이 많이 믿는다며 탄압을 가한다. 천주교에 대한 금지령을 내릴 뿐만 아니라 천주교도들을 잡아들였는데, 권철신(權哲身), 정약용, 정약종(丁若鍾), 정약전(丁若銓), 이승훈(李承薰) 등을 잡아 유배를 보내거나 죽인다.

또한 청나라에서 들어온 주문모(周文謨) 신부를 잡아들이고, 심지어 천주교도이면 왕족이라도 사약을 내려 죽여버린다. 다섯 집을 단위로 그중 한 집에서라도 천주교도가 나오면 다섯 집 모두 처벌을 받는 오가작통법(五家作統法)을 시행하면서 탄압을 하였으니, 전국적으로 죽은 자가 수만에 이른다고 한다. 1801년에 벌어진 이 사건을 역사는 '신유박해(辛酉迫害)'라고 기록하고 있다.

정순왕후는 역모를 일으킬지 모른다며 사도세자의 아들 은언군을 죽이고, 5년 동안 수렴청정을 하면서 피바람을 일으켰다. 정순왕후는 정적을 제거하고 완벽한 경주 김씨의 벽파 세상을 만든다.

1804년에 왕의 나이 15세가 되어 순조가 친정을 하게 되자, 정순왕후는 뒤로 물러나게 되고 이듬해에 죽는다.

순조가 세자 시절에 정조의 신임을 받던 노론의 시파이며 안동 김씨 김조순(金祖淳)의 딸과 혼인을 하려 하였으나 정조가 갑자기 세상을 떠나는 바람에 혼인이 미루어졌다. 순조가 왕이 되어 중전을 맞으려는데 조정을 장악한 노론 벽파의 대신들이 김씨가 시파 사람인 까닭에 중전으로 맞아들이는 것을 반대를 하였다. 그런데 정순왕후가 왕실의 권위를 생각하여 그대로 시파 김조순의 딸을 순조의 비로 맞아들였다.

순조가 친정을 하고 정순왕후가 죽자, 중전의 아버지 김조순이 정권을 장악하여 벽파 김관주를 유배 보내고 정순왕후의 친 오빠 김귀주를 처벌함으로써 조정은 시파의 세상이 된다. 그러나 정순왕후에 의하여 많은 인재들이 처형되었기에 조정을 장악한 시파들은 마땅한 인재들을 등용하는데 어려움이 있게 되며 김조순의 세력이 커지는 계기가 된다. 이렇게 견제할 세력이 없게 되자 시파 안동 김씨 일문이 중심이 되어 정치를 하게 되는데, 이는 세도정치(勢道政治)의 온상이 된다.

항상 그렇듯이 견제 세력이 없는 안동 김씨의 독재 권력은 부패하게 되고 매관매직과 탐관오리의 학정과 수탈로 백성들의 삶이 어려워지고 사회는 혼란에 빠지게 된다.

그 당시 평안도 양반 출신인 홍경래(洪景來)가 과거시험을 보았는데 번번이 낙방을 하였다. 그러면서 서북출신으로 벼슬길에 오르는 일이 거의 없다는 것을 알게 된 홍경래는 조정에 불만을 품게 되고 또 세도정치로 민생이 파탄에 이르게 되자, 1811년에 평서대원수(平西大元帥)라 칭하고 난을 일으켰다.

이를 '홍경래의 난'이라 하는데, 농민, 광부, 몰락한 양반 등 다양한 계층이 합세하였고, 초반에는 청천강 이북 10개 지역을 점령하기도 하였다. 그러나 결국 정예부대인 관군에게 패하여 1812년 4월에 난이 진압된다.

그러나 이 홍경래의 난은 당시 사회에 끼친 영향이 매우 컸는데, 이후에도 소외 계층의 불만으로 곳곳에서 민란이 일어나게 되는 계기가 된다. 순조는 허약한 왕권을 회복하기 위하여 암행어사를 파견하고 친위 세력을 키우려 하였으나 안동 김씨의 세력이 너무 강해 역부족이었다.

1827년에 순조는 효명세자(孝明世子)에게 정사를 대리청정을 하게 하고 세자 비의 집안인 풍양 조씨 일가를 끌어들여 안동 김씨 세력을 견제 하고자 하였다. 효명세자가 영특하고 진취적이며 적극적이어서 무리 없이 정사를 잘 처리하여 순조의 기대대로 안동 김씨 세력을 견제하고 조금씩 배제하면서 김로(金鏴), 이인보(李寅溥) 등의 자신의 측근을 두어 힘을 키운다.

그러나 대리청정 3년 3개월 만에 효명세자가 갑자기 세상을 떠나게
되자 강력한 왕권 회복을 기대하였던 순조는 통곡한다. 이후 안동 김
씨 일가의 힘에 눌려 지내던 순조는 1834년에 45세의 나이로 세상을
떠난다.

24. 헌종(憲宗)

 ▌1827~1849년, 재위 1834년~1849년

순조가 죽자 여덟 살의 어린 효명세자의 아들이 왕위에 오르니 헌
종이다. 헌종이 어려 대왕대비 순원왕후(純元王后) 김씨가 수렴청정을
하였다.

풍양 조씨 세력의 견제로 주춤하였던 안동 김씨들은 순원왕후 세력
을 등에 업고 권력을 다시 찾아오려고 안동 김씨 김조근(金祖根)의 딸
을 헌종의 비로 맞아들이게 한다. 이로써 조정은 헌종의 어머니 신정
왕후(神貞王后)의 풍양(豊壤) 조씨 일가와 대왕대비 순원왕후 안동(安東)
김씨 일가의 두 가문의 세도정치가 쌍벽을 이루게 된다.

세도가들은 민생에는 신경 안 쓰고 개인적인 재산 축적에만 몰두하
였고, 이에 중앙관리를 비롯하여 지방의 말단 관리까지 권력을 남용
하고 부패하게 된다. 국가재정을 충당하는 토지세의 전정(田政), 군사
비를 위한 군정(軍政), 빈민구제를 위한 환곡(還穀) 등 삼정(三政)의 세금
제도가 죽은 사람에게도 세금을 부과하는 등 말할 수 없이 문란해지
게 된다.

갈수록 백성들의 생활은 어려워지고 민생고가 쌓여 조정과 왕실에
대한 불만과 원성이 높아진다. 홍경래의 난에서 나타났듯이 일반 민
중의 의식은 변화하고 있었다. 천주교와 서양 문물의 유입은 이러한

변화를 가속화시켰고, 상업이 발달하여 중인 계급에서도 부자가 생겨났고, 신분 상승도 하게 된다. 유교적 가치에 따른 신분제도와 봉건질서가 약화되어가는 사회적 변화가 나타나게 된 것이다.

1836년에 충청도에서 남응중(南膺中) 등이 모반하다가 발각되어 죽고, 1844년에는 민진용(閔晉鏞)이 은언군의 손자 원경(元慶)을 옹립하려다가 실패하여 주동자들과 원경이 죽임을 당한다.

천주교에 대한 박해는 계속 되었고, 1838년에 기해박해(己亥迫害)가 일어났으며, 1846년에는 청나라에서 사제서품을 받고 돌아와 포교 활동을 하던 우리나라 최초의 신부 김대건(金大建)을 체포하여 사교를 퍼뜨리고 국법을 어겼다고 하여 사형을 시킨다.

이 사건으로 프랑스 군함이 서해로 들어와 국서를 전하는 일이 발생하였고, 이듬해에 조정은 청나라를 통하여 답신을 보냈는데 이는 서양으로 보내는 최초의 외교문서이기도 하다.

이후에도 서양의 배 등이 빈번히 출몰하며 문호개방을 요구하였는데 조정을 장악한 정통 보수파의 세도가들은 국제 정세를 보지 못하고 서양을 배척하는 척사로만 대응하였다.

1840년에 헌종은 14세에 이르러 비로소 친정을 하게 되는데 권력을 장악한 외척 세도가들은 왕에게 실권을 주지 않고 조정을 좌지우지하였다. 외척 세도가의 틈에서 제대로 정사를 펴지도 못한 헌종은 병들어 후사도 두지 못하고, 결국 1849년에 23세의 젊은 나이로 세상을 떠난다.

25. 철종(哲宗)

| 1831~1863년, 재위 1849년~1863년

　1849년에 요절한 헌종에 이어 사도세자의 아들 은언군의 손자 원범(元範)이 왕으로 추대되어 즉위하니 철종이다.

　헌종이 자식을 남기지 못하고 죽자 헌종의 6촌 이내에는 왕족이 없었다. 풍양 조씨와 안동 김씨 집안에서는 자기들에게 유리한 왕족을 내세우려고 암투가 벌어지는데 왕실 내에서 제일 어른이신 안동 김씨인 대왕대비 순원왕후가 강화도에서 나무를 해다 팔며 겨우 연명하고 있는 원범을 데려다 왕으로 삼는다.

　원범의 조부 은언군은 사도세자의 후궁 숙빈 임씨 소생으로 정조와는 이복형제인데, 역모에 연루되어 강화도로 유배를 가게 되었고 원범의 아버지 전계군(全溪君)은 강화도에서 어렵게 살다가 죽었다. 전계군의 세 아들 중에 첫째는 역모로 죽고, 둘째는 병으로 죽으니, 셋째 아들만 강화도에서 천애의 고아로 남아 나무를 하고 농사를 지으며 어렵게 살고 있었다. 그가 강화도령 원범이다.

　18세의 나이에 즉위한 강화도령 철종은 나이가 어리고 학문이 부족하여 순원왕후 김씨가 수렴청정을 하였으며, 안동 김씨 김문근(金汶根)의 딸을 철종의 비로 맞이하였다.

　철종은 스물두 살이 되는 1852년부터 친정을 하지만 학문과 경륜이 부족하므로 김문근 등 안동 김씨 일문이 조정을 장악하고 정사를 보았다.

　철종은 촌에서 남의 집 농사를 지으며 어렵게 살아와 백성들의 어려움을 잘 알아 빈민들을 구제하고 민생을 보살피고자 하였다. 그러나 세도정치로 인하여 삼정이 문란해지고 민생은 도탄에 빠져 있음에도 불구하고 안동 김씨들은 자기들의 권력에 위협이 될 것 같으면 왕족이라도 역모로 몰아 죽이니, 철종은 허수아비 왕임을 탄식하여 술과 궁녀들의 치마 속에서 지낸다.

세도정치가 극에 달하여 농민 수탈이 절정에 이르자, 1862년 2월에 진주에서 항쟁이 일어났고, 이 소문이 전국에 퍼져 서른일곱 차례의 농민들의 항쟁이 일어난다. 이것이 '진주농민항쟁(晉州農民抗爭)'이다.

이때 민심이 흉흉해지고 사회 분위기가 어수선해지자, 백성들의 마음을 달래 줄 종교나 사상이 나타나는데, 1860년에 최제우(崔濟愚)가 인내천(人乃天), 즉 "사람이 곧 하늘이다"라고 주창한 동학(東學)이 나타난다. 세도가들과 왕실에 실망해 온 백성들은 인간은 평등하고 존중되어야 한다는 교리에 몰려들게 되고, 이어 영호남을 중심으로 하여 전국적으로 급속하게 퍼져 나간다.

동학은 천주교의 서학과 대비되어 이름 붙인 것인데, 인간의 평등을 지향하여 계급사상을 부정하는 우리 민족의 자발적인 근대사상으로 자리를 잡게 된다.

1862년에 조정에서는 동학의 세가 커지자 백성을 현혹시키는 사교로 규정하여 금하였으며 최제우를 잡아 죽인다. 그러나 동학은 2대 교주 최시형(崔時亨)을 중심으로 하여 사상적 기반을 더욱 다지며 교세가 확장되어 조선 말기에 민족종교(民族宗敎)로 발전하였다.

조선 왕조의 몰락은 세도가들이 자기들의 이익만을 위하여 강화도에서 숨어 살던 일자무식의 원범을 왕으로 세운 사실부터가 그 서막이라 하겠다. 안동 김씨 일문의 외척 세력에 짓눌려 진정한 임금다운 임금도 되어보지 못하고 술과 여색에 빠져 지내던 철종은 건강이 나빠져 1863년에 33세의 나이로 아들을 두지 못하고 세상을 떠난다.

26. 고종(高宗)
▎ 1852~1919년, 재위 1863년~1907년

1863년에 사도세자의 아들이며 정조의 이복동생인 은신군(恩信君)의 손자인 흥선대원군(興宣大院君)의 둘째 아들 명복(命福)이 12세의 나이로 즉위하니 고종이다.

철종이 후사를 두지 못하고 세상을 떠나자 왕실과 조정 대신들 사이에 후계자 문제가 불거졌다. 이즈음 안동 김씨 가문의 순원왕후가 죽어 풍양 조씨 가문의 신정황후 조대비가 왕실의 가장 큰 어른이었는데, 조대비가 흥선군 이하응(李昰應)의 둘째 아들 명복을 익종(翼宗 : 효명세자)의 아들로 입적하여 대통을 잇게 한 것이다.

당시 권력을 잡고 있던 안동 김씨 일가는 자기들에게 위협이 되는 왕족들은 모두 미리 제거한 상황이었다. 흥선군은 야심을 감추고 정치에는 전혀 뜻이 없는 파락호처럼 건달들과 어울리거나 김씨 집안을 기웃거리면서 궁색한 구걸을 하며 빈궁하게 생활을 하였다.

그러면서 한편으로는 안동 김씨 집안의 세도에 진력이 난 조대비와 연줄을 맺어 자신의 둘째 아들 명복을 각인시킨다. 궁궐에서 제일 어른이신 조대비가 후계자를 결정하자 다른 대안이 없던 안동 김씨는 이를 받아들일 수밖에 없었다.

그리고 고종이 어린 나이에 왕위에 올라 조대비가 수렴청정을 하였는데, 조대비는 안동 김씨 일문을 견제하려는 마음으로 흥선군 이하응을 대원군으로 봉하여 섭정의 권한을 맡긴다.

궁색하게 지내면서 큰 뜻을 가슴에 숨기며 살다가 마침내 섭정을 하게 된 흥선대원군은 안동 김씨의 세도정치를 무너뜨리고 왕권을 강화하고자 한다. 이에 김좌근(金佐根), 김흥근(金興根) 등 주요 관직에 있던 안동 김씨들을 파직시키고 가산을 몰수하였다. 또한 670여 개에 이르는 서원을 붕당의 근거지라 여겨 47개 소만 남기고 서원을 철폐하였다.

한편 당파와 문벌을 초월하여 인재를 등용하면서 자신의 지지기반을 넓혀갔다. 『육전조례(六典條例)』 등의 법전을 편찬하여 법질서를 확립하였으며, 세금제도를 개선하여 국가 재정을 재정비하였고 의정부와 육조의 기능을 확대하여 조정을 안정시켜 나갔다.

그러나 왕권 강화의 일환으로 경복궁(景福宮)을 무리하게 중건하여 백성의 원성을 사게 되고, 1866년에 병인박해(丙寅迫害)로 6년 동안 아홉 명의 프랑스 신부를 포함하여 무려 8천여 명의 천주교도를 학살하였다. 역사적으로 변화하는 세계정세를 보지 않고 각지에 척화비(斥和碑)를 세웠으며, 쇄국정책(鎖國政策)을 고집하면서 나라를 경영하는 데에 한계를 보이었다.

1866년에는 프랑스 신부를 죽인 보복으로 프랑스군이 강화도를 쳐들어오는 병인양요(丙寅洋擾)를 겪었으며, 대동강에 들어 온 미국 상선 서면호를 불태워 그 보복으로 1871년에는 신미양요(辛未洋擾)를 겪기도 하였다.

1866년에 고종은 민치록(閔致祿)의 딸을 왕비로 맞아들였는데, 이가 바로 명성왕후(明聖王后)이다. 고종은 후궁 사이에서 완화군(完和君)을 낳았는데, 흥선대원군은 완화군을 세자로 삼으려 하였다. 이에 아직 자식이 없던 명성왕후는 시아버지 흥선대원군에 대한 반감을 갖게 된다.

명성왕후는 스물을 넘긴 고종에게 대원군의 섭정에서 벗어나 친정을 하라고 조언을 하면서 흥선대원군에게 불만을 가진 최익현(崔益鉉) 등의 유림 세력과 민씨 일가를 조정으로 끌어들인다. 결국 1873년에 고종이 스물두 살이 되자 더 이상 명분이 없어진 흥선대원군은 물러나게 되고 정치적 권력은 명성왕후 쪽으로 기울게 된다.

고종의 친정이 시작되자 명성왕후는 민씨 일가를 조정에 등용하여 정국을 이끌었으며, 또한 대원군의 강력한 쇄국정책과는 달리 유연한 개방정책을 펼치었다. 1876년에 일본의 무력 시위와 개항 요구에 조일수호조약(朝日修好條約)을 맺어 제물포, 부산, 원산항을 개항하고, 이후에는 미국, 프랑스, 러시아 등의 서구 열강과도 조약을 맺고 개항을 하였다.

그러나 준비가 부족하였고 급속하게 추진된 개방정책은 개화파(改化派)와 개방을 반대하는 위정척사파(爲政斥邪派)의 대립과 갈등을 낳고 첨차 그 대립이 심화되어 마침내 폭발한다.

1882년에 신식 군대인 별기군(別技軍)에게는 처우를 잘해 주면서 구식 군대에게는 1년 이상 밀린 녹봉을 주면서 모래가 섞인 쌀을 나누어 주는 일이 발생한다. 이에 분노한 구식 군대 군인들이 선혜청(宣惠廳)으로 쳐들어가 민겸호(閔謙鎬)를 죽이고 궁궐까지 쳐들어가 대원군을 다시 옹립한다. 이 사건을 역사는 '임오군란(壬午軍亂)'이라고 한다.

흥선대원군이 다시 조정을 장악하자 민응식(閔應植)의 집에 피신하였던 명성왕후는 청나라에 지원을 요청하였고, 이에 출동한 청나라 군대는 흥선대원군을 청나라 천진으로 납치해 간다.

흥선대원군의 쇄국정치에도 불구하고 외세의 침략과 문물 개방 등의 역사적 흐름은 거세게 들이 닥쳐오면서 조정은 불안해지고 국가적으로는 혼란에 빠지게 된다. 나라 안에는 위정척사사상, 개화사상, 동학사상 등 각각 다른 역사와 현실 인식에서 출발하여 대립하기도 하였지만 위기에 빠진 나라를 구하려는 우국충정이라는 공통점은 있었다.

개화사상은 청나라에 사신으로 다녀와 『열하일기』를 쓴 북학파의 거두 박지원의 손자 박규수(朴珪壽)로부터 시작하여 김옥균(金玉均), 박영효(朴泳孝), 서재필(徐載弼), 김홍집(金弘集) 등의 젊은 지식인들에게 계승되었다. 안으로는 봉건사회의 모순을 타파하고 밖으로는 열강의 위협에 문호를 개방하여 선진 문물을 받아들여 부국강병을 해야 한다는 주장이었다.

개화파들은 일찍 서구 문물을 받아들여 빠르게 발전하고 있는 일본에 주목하고 민씨들이 장악한 보수세력을 몰아내야 나라가 살수 있다는 생각으로 일본의 지원을 약속 받고, 1884년 12월 4일에 정변을 일으켰다. 이를 '갑신정변(甲申政變)'이라고 한다.

김옥균 등의 개화파는 보수파의 거물 여섯 명을 죽이고 정권을 장악하여 새로운 내각을 구성하며 14개조 정강을 발표한다. 이에 명성왕후는 청나라에 구원을 요청한다. 청나라 군대의 개입으로 사태가 불리하게 돌아가자 지원을 약속한 일본은 개화파를 배신하고 이를 방관한다. 결국 개화파의 정치개혁은 3일 천하로 끝나고 주모자들 일부는 청나라 군인에게 죽거나 김옥균 등은 일본으로 망명을 한다. 이후에 후사를 도모하려던 김옥균은 수구파가 보낸 자객에 의하여 암살당하여 죽는다.

위정척사사상은 최익현(崔益鉉), 유인석(柳麟錫), 이항로(李恒老) 등의 성리학을 신봉하던 유생들이 중심이 되어 유교적 질서를 보존하고 외세의 문물과 서양사상을 배척하여 나라를 지킨다는 사상이었다. 그리고 근래의 개방과 개화정책으로 외세침입에 대하여 주체적으로 대처를 하지 못하여 나라의 위기가 왔다고 생각하고 개방정책에 대한 반대 상소운동(上疏運動)을 전개한다. 1876년 1월에 일본과의 통상조약이 추진되자 최익현은 도끼를 지니고 상소를 올리는 도끼상소 사건을 벌이기도 하였다.

그러나 이러한 상소운동은 소용돌이치는 변화의 흐름에 대항하기에는 한계가 있었으며, 을미사변(乙未事變) 이후에는 의병활동으로 전향을 한다. 최익현은 의병을 일으키다가 실패하여 일본군에 잡혀 대마도로 끌려가 74세의 나이로 생을 마감한다.

이런 위정척사사상은 보수적, 배타적인 한계를 지녔으나 강인한 선비정신으로 일본에 대항하는 항일운동의 뿌리를 남기는 민족혼으로 높이 평가받고 있다.

동학은 최제우와 최시형을 거치면서 농민, 소상인 등의 몰락한 계층이 광범위하게 참여하였고, 반봉건적 근대화 운동으로 발전하면서 전봉준(全琫準), 김개남(金開男) 등으로 계승된다. 이에 전봉준을 중심으로 관리들의 수탈에 분노한 농민들이 1894년에 봉기를 일으켰다. 이를 '동학혁명(東學革命)' 혹은 '갑오농민전쟁(甲午農民戰爭)'이라고 한다.

농민들이 합세하여 전국적으로 확산이 되자 위기감을 느낀 고종과 명성왕후는 다시 청나라에 원군을 요청하였다. 그런데 청나라와 일본이 맺은 조약으로 일본 역시 군대를 파견하게 되는데, 이들에 의해 동학군은 진압되고 만다. 관군과 일본군의 신식무기에 밀릴 수밖에 없는 농민군들은 결국 패하였고, 전봉준은 서울로 압송되어 참수를 당하였다. 이로써 함께 좋은 세상을 열어 살려던 농민들의 소망은 사라지게 된다.

전봉준의 갑오농민전쟁을 진압한 일본군은 조선에 군대를 상주시키며 이미 들어와 있던 청나라 군대와 대치하다가 청일전쟁(淸日戰爭)이 벌어졌고, 이 전쟁에서 승리한 일본은 청나라의 눈치를 볼 필요가 없이 조선에 대하여 내정 간섭을 노골적으로 드러내면서 조선에 대한 정복 야욕을 들어내게 된다.

명성왕후는 청나라 이후에 러시아의 힘을 빌려 일본군을 몰아내려고 친러외교정책(親露外交政策)을 펼치게 되는데, 일본군은 이런 명성왕후가 조선 침탈에 걸림돌이라 생각하고 낭인들을 시켜 암살을 꾸민다. 1895년 8월에 경복궁에 일본의 낭인들이 들이 닥쳐 궁녀들을 닥치는 대로 죽이고 명성왕후를 찾아 칼로 베고 시신을 불에 태운다. 이를 '을미사변(乙未事變)'이라고 한다.

1896년 2월 11일에 고종은 신변의 위협을 느끼고 러시아 공관으로 어가를 옮기는 아관파천(俄館播遷)을 단행하였으며, 1897년에 백성들과 독립협회의 요구로 덕수궁으로 환궁한 고종은 국호를 대한제국(大韓帝國)으로 고치고 자주독립국임을 선언한다.

그러나 나라의 국력은 쇠퇴하여 점점 추락의 길에 빠지게 되고 일본의 조선 침탈의 야욕은 더해만 간다. 1905년에 러시아와 전쟁(러일전쟁)을 하여 승리한 일본은 무력 시위를 하며 고종을 겁박하여 을사조약(乙巳調藥)*을 체결하기에 이른다.

고종은 1907년 6월에 네덜란드의 헤이그에서 열리는 만국평화회의(萬國平和會議)에 이준(李儁), 이상설(李相卨)을 특사로 파견하여 세계 각국에 을사조약의 무효를 알리려 하였으나 일본의 방해로 실패하게 된다.

이 사건으로 일본은 고종에게 책임을 묻고 7월 20일에 강제로 퇴위시켜 버린다. 고종은 1910년에 조선이 강제로 일본에 병합되는 것을 지켜보며 치욕의 날을 보내다가, 1919년에 68세의 나이로 세상을 떠난다.

27. 순종(純宗)
▌ 1874~1926년, 재위 1907년~1910년

1907년 7월에 헤이그 밀사 사건으로 고종을 퇴위시킨 일본은 명성왕후 소생의 왕세자를 왕으로 세우니, 그가 조선의 마지막 왕 순종이다.

---

* 원명은 한일협상조약이며, 1905년에 일본이 우리나라의 외교권을 박탈하기 위하여 강제로 체결한 조약으로 을사보호조약, 을사늑약이라고도 한다.

순종을 왕으로 세운 일본은 한일 신협약을 강제로 체결하여 일본의 통감이 국정 전반을 관여하고 내각의 차관을 일본인으로 전부 바꾸어 차관정치를 시행한다. 이에 순종은 왕으로서 할 수 있는 것이 아무것도 없었다. 그리고 조선의 친위대, 시위대 등 대한제국의 군대를 해산시키고 통감부(統監府)가 의병 등의 반란자를 직접 처리하기 위하여 사법권을 빼앗아 갔다.

1909년에 일본 내각은 한일병합 방침을 결정하고 친일파 이완용(李完用), 이용구(李容九), 송병준(宋秉畯) 등으로 일진회(一進會)를 구성하게 하고 한일합방 촉진 성명을 내게 한다.

1910년 8월 29일에 순종을 배제하고 군대를 동원하여 삼엄한 경비 속에서 일본은 대한제국 내각 총리대신 이완용과 "조선황제는 조선 전부에 관한 일체의 통치권을 완전히 그리고 영원히 일본 천황에게 양여한다"라는 한일병합에 관한 조약, 즉 한일합병조약(韓日合幷條約)*을 맺게 하여 나라 운영에 대한 모든 것을 일본이 행사하게 된다. 이로써 조선은 역사에서 사라지게 된다.

순종은 황제에서 왕으로 강등되어 이왕(李王)으로 불리고 창덕궁에서 머물며 살다가, 1926년에 55세의 나이로 세상을 떠난다.

---

* 1910년 일본이 대한제국을 완전한 식민지로 만들기 위하여 강제로 체결한 조약으로 경술국치조약, 일제병탄조약이라고도 한다.

조선시대 왕계보도(朝鮮時代 王系譜圖)

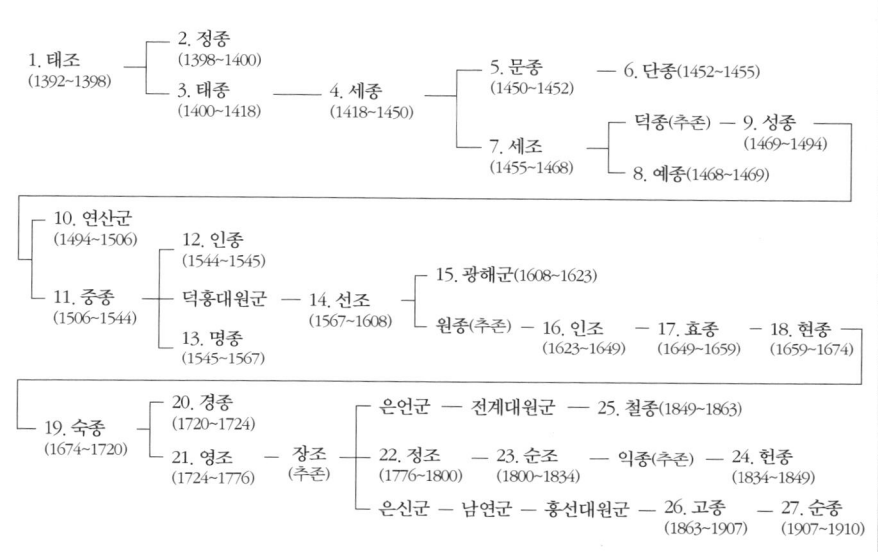

1. 태조
(1392~1398)

2. 정종
(1398~1400)

3. 태종
(1400~1418)

4. 세종
(1418~1450)

5. 문종
(1450~1452)

6. 단종(1452~1455)

7. 세조
(1455~1468)

덕종(추존)

9. 성종
(1469~1494)

8. 예종(1468~1469)

10. 연산군
(1494~1506)

11. 중종
(1506~1544)

12. 인종
(1544~1545)

덕흥대원군

14. 선조
(1567~1608)

15. 광해군(1608~1623)

원종(추존)

16. 인조
(1623~1649)

17. 효종
(1649~1659)

18. 현종
(1659~1674)

13. 명종
(1545~1567)

19. 숙종
(1674~1720)

20. 경종
(1720~1724)

21. 영조
(1724~1776)

장조
(추존)

은언군

전계대원군

25. 철종(1849~1863)

22. 정조
(1776~1800)

23. 순조
(1800~1834)

익종(추존)

24. 헌종
(1834~1849)

은신군

남연군

흥선대원군

26. 고종
(1863~1907)

27. 순종
(1907~1910)

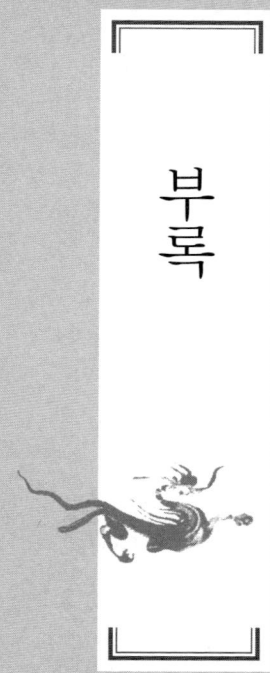

부록

광개토대왕릉의 위치에 대한 고찰

1. 서론

광개토대왕릉(廣開土大王陵)은 현재 중국 길림성(吉林省) 집안시(集安市) 통구(通溝) 지역의 광개토대왕비가 서있는 인근에 위치한 태왕릉(太王陵)으로 보고 있다.

근래 강원도 고성군 현내면 초도리(화진포) 앞 작은 섬 금구도(金龜島)가 광개토대왕릉이라는 설이 있어, 이에 대한 주장과 현지답사 및 문헌 등을 종합적으로 살펴 광개토대왕릉의 위치에 대하여 고찰하여 보고자 한다.

2. 본론

1. 집안시에 위치한 태왕릉에 대하여

현재까지 광개토대왕릉은 중국 길림성 집안시 통구 지역의 동강 마을 뒤에 있는 태왕릉이라고 보는 견해가 일반적이다.

1907년 프랑스인 샤방느(Ed Chavannes : 1865~1918년)가 광개토대왕비

광개토대왕릉

를 조사하면서 서남쪽 약 300m 인근에 훼손되어 있는 채 위치한 능이 광개토대왕릉이라고 주장하였다(『한말 유럽학자의 고구려 연구』, 서길수, 여유당, 172쪽).

이렇게 비정하는 이유로 첫째 인근에 광개토대왕비가 있고, 둘째 훼손된 능 주변에서 '원태왕릉안(願太王陵安)' 이라는 글자가 새겨진 벽돌이 발견된 것이 그 증거라고 주장하였다.

이후에도 훼손된 능 주변에서 '원태왕릉안여산고여악(願太王陵安如山 如岳 : 태왕의 능이 산처럼 안전하고 단단하게 이루소서)' 이라고 새겨진 벽돌이 몇 개 더 발견되어 학자들은 이 훼손된 능이 광개토대왕릉이라고 결론을 내리고 있다.

고구려 고분들에 있어서 고분의 주인에 대하여 여러 논란이 많이 있다. 샤방느는 당시에 광개토대왕비 북동쪽에 위치한 장수왕릉으로 알려진 장군무덤(장군총)도 조사하였는데, 널방 안쪽에 '봉전조호대왕지신위(供奉前朝好大王之神位)'라는 위패와 향을 피우는 작은 나무제단이 있었다고 한다. 이를 근거로 일부 일본학자들은 장군총이 광개토

벽돌

대왕릉이라고 주장하기도 한다(『한말 유럽학자의 고구려 연구』, 서길수, 여유당, 165쪽).

북한 학자들은 장군총(將軍塚)이 산상왕의 능이며, 장수왕릉은 북한의 경신리 1호 무덤이 장수왕릉이라고 주장한다(『고구려고분연구』, 사회과학출판사, 2001, 45쪽, 107쪽).

이처럼 고구려 고분의 주인에 대하여 논란이 많은 것은 묘지석(비석)이 없고, 묘지 내부도 도굴 등으로 많이 훼손되었기 때문이다.

그렇지만 훼손된 인근에 있는 광개토대왕비문 중에 "갑인년 9월 29일 을유에 산릉으로 옮기었도다. 이에 비석을 새기고 훈적을 새겨 후세에 알리고자 하니, 그 기록은 다음과 같다……"라는 문구와 태왕릉 주변에서 "태왕의 능이 산처럼 안전하고 단단하게 이루소서"라고 새겨진 벽돌이 발견 되었기에 많은 학자들이 이 훼손된 태왕릉이 광개토대왕릉이라고 비정하는 것이다.

2. 태왕릉의 실태

현재 광개토대왕릉이라고 비정하는 태왕릉은 중국의 집안시 통구 지역의 광개토대왕비가 있는 곳에서 서남쪽으로 약 300m 지점에 위치하여 있다.

아래 둘레 약 63m, 높이 약 18m로 7단으로 구성된 적석총(赤石冢)이지만 많이 훼손되어 있었으며, 기단석은 몇 개 안보이고 잡석이 주변에 많이 흐트러져 있는 상태였다.

현실(玄室 : 무덤방, 널방)은 나무계단을 이용하여 올라가서 볼 수 있었는데, 아래에서부터 약 15m 지점에 위치한다. 연도(羨道 : 무덤 복도, 널길)는 없었으며, 현실 입구에 철문을 설치하여 놓았다. 현실은 외방이며 방의 넓이는 목측으로 가로 약 2.3m, 세로 약 2.3m 정도로 정방형 모양이며, 높이는 약 1.8m 정도이며, 바닥에는 가로 약 1.9m, 세로 약 2m 크기의 널돌이 2개 놓여 있다. 벽과 천정에는 장식이나 글씨, 벽화

현실 사진

의 흔적은 전혀 찾아 볼 수가 없었다.

지금까지 태왕릉이 광개토대왕릉이라고 결론 내리는데 많은 논란이 있어 왔다. 그 논란의 요점은 다음과 같다.

1)광개토대왕비는 대왕의 공적비이다(영락기공비)(『한단고기』, 「태백일사」, 「고구려국 본기」, 임승국 번역, 정신세계사, 272쪽).

2)광개토대왕비가 능비라 하면 일반적으로 능비는 능의 아래쪽의 남쪽에 있는데 광개토대왕비는 능의 북서쪽에 위치한다(이를 근거로 태왕릉은 고국천왕의 능이며, 광개토대왕비의 북동쪽에 있는 장군총이 광개토대왕릉이라고 주장하는 학자도 많이 있다).

3)호왕, 대왕, 호태왕 같은 단어는 다른 고구려 왕들에게도 자주 쓰여진 수식어이다. 예를 들어 명치호왕, 양강상호왕, 평강상호왕, 영락태왕, 태조대왕, 차대왕, 신대왕, 국호태왕, 호태왕 등이 있다(『한말 유럽학자의 고구려 연구』, 서길수, 여유당, 83쪽).

4)우리의 상고사, 고구려사에 있어 당시의 지명과 현재의 지명이 다른 곳이 많이 있고, 광개토대왕비도 옮겨졌을 가능성도 있다(『실증 한단고기』, 이일봉, 정신세계사, 326쪽).

이러한 여러 가지 논란들을 접하지만 역사학에 대하여 문외한인 필자가 현재 비정하여 결론을 내린 광개토대왕릉을 인정하면서 또한 본인이 느꼈던 미심적은 부분을 감히 무뢰하게 언급하고자 한다.

1)광개토대왕릉은 연도도 없고, 또한 현실이 너무 작고 초라하다(장수왕릉은 연도가 약 5.5m, 현실이 가로 5.6m, 세로 5.4m, 높이 5m이다. 광개토대왕의 부하였던 모두루牟頭婁 장군묘는 전실前室 즉 앞방이 가로 3m, 세로 2m이고, 현실이 가로 3m, 세로 3m로 두방무덤 형식이다).

고구려에서 가장 강력했던 광개토대왕의 능의 현실이 자신의 신하였던 모두루 장군묘(길림성 집안시)보다 작다는 것은 의아하다.

2)장군총을 장수왕릉이라 하는데 광개토대왕릉보다 더 높은 언덕 위에 위치한다. 후손일수록 선왕의 무덤 아래쪽에 안장하는 것이 일반적일 텐데, 자식인 장수왕이 부왕의 능보다 더 높은 곳에 능을 축조할 수 있냐는 의문이다.

3)장수왕은 평양성으로 천도한 왕인데 사후에 이곳에 안장할 수 있는가 하는 것도 의문이다. 이는 평양성이 한반도의 평양이 아닌 요녕성 조양이였다는 주장이 서로 상충된다(『실증 한단고기』, 이일봉, 정신세계사, 346쪽과 북한의 경신리 1호 무덤이 장수왕릉이라고 주장한 『고구려 고분연구』, 사회과학출판사, 2001, 45쪽, 107쪽).

4)광개토대왕 시대 이전인 고국원왕 때 연나라가 쳐들어와 환도산성 내에 안장되었던 미천왕의 묘를 파헤치고 시신을 가져가는 사건 있었는데, 이후 왕릉은 접경 지역이 아닌 곳에 만들었을 가능성이 많다. 그런데 환도산성 옆에 태왕릉을 축조하였을까 하는 의문이다. 따라서 이 태왕릉은 광개토대왕 이전에 만들어진 것이라는 설도 있다.

이와 같이 현재의 광개토대왕릉에 대하여 여러 의문점이 있지만, 그동안 여러 학자들이 많은 연구 끝에 비정하여 결론을 내린 현재 중국 길림성 집안시에 위치한 광개토대왕릉을 존중한다.

그런 필자는 광개토대왕비문 중 수묘인 편에서 '守墓人烟戶 賣句余民國烟二看烟三 東海賈國烟三看烟五……于城一家爲看烟(수묘인연호 매구여민국연이간연삼 동해가국연삼간연오……우성일가위간연)'의 기록을 확인하였다. 동해에 국연 셋과 간연 다섯을 두었고, 우성에 간연을 위한 집 한 채를 두었다는 기록이다.

이 수묘인 편의 기록은 무덤지기 가구 목록표라고 할 수 있는데, 지명과 가구 수를 기록한 것으로 (국연, 간연 모두 무덤지기로 해석되며, 국연이 간연 보다 윗사람들이라고 한다) 동해가의 국연, 간연이 다른 곳의 수묘인 수보다 많고 또한 두 번째로 언급 되는 등 비중 있게 다룬 것을 발견하였다. 이는 장소는 확실하지 않지만, 동해 어느 곳에 왕릉이 그것도 비중 있는 왕릉이 존재한다는 반증이라고 생각한다.

또한 그 다음에 오는 문구 '于城一家……(우성일가……)'에서 많은 사람들이 '于' 자를 우자로 보는데, 일부 훼손되고 오래된 비석의 탁본임을 고려하여 干(간) 자로 보고 "간성에 간연을 위한 집이 하나 있다"라고 해석하는 것이 합리적이라 생각한다(于城이란 지명은 확인 안 되고, 프랑스 학자 꾸랑도 해독 못하고 □城으로 표기하도 있다. 『삼국사기』에 나오는 지리지에 간성干城의 옛 이름이 달홀達忽이였다고 한다).

3. 강원도 고성군 현내면 초도리에 위치한 금구도에 대하여

강원도 고성군에 위치한 화진포 해수욕장 앞에 거북 모양의 작은 섬이 있는데, 이 섬의 이름이 금구도(金龜島)이다. 백사장 앞에 금구도가 광개토대왕릉 설이라고 설명을 한 안내 표지판이 있다.

화진포 앞바다에 위치한 작은 섬인 금구도를 광개토대왕릉으로 추론하면서, 그 근거로 『다시 찾은 고구려 정사』(1993년 오종철, 을지서적)와 『고구려 본기 신주해』(오종철, 구미서관)를 제시하고 있다.

역사를 정통적으로 공부한 것은 아니지만, 필자 역시 이에 대하여 상당히 관심 있는 일이라 느끼고(이것이 사실이라면 역사책이 바뀔 중대한 사건이다), 이에 대하여 여러 문헌과 주변사람들의 고언과 현지답사 등을 통하여 살펴보았다.

금구도는 화진포 해변의 초도항에서 약 300m 앞에 있는 작은 무인

금구도(강원도 고성군 화진포해양박물관 사진 제공)

도이다. 섬의 길이는 약 100m이며, 폭은 약 60m이고, 높이는 약 45m 이다. 섬의 외견상 모양은 거북이가 엎드려 있는 것처럼 보인다. 섬 전체에는 전죽(箭竹 : 신우대)들이 가득 차 있고, 북쪽에는 해송들이 자라고 있다.

육지에서 바라보면 섬의 1/3 아래 부근에서 옆으로 자르는 듯한 선이 보이는데, 이는 성벽과 성벽 상단부에서 삭토하여 환도(還道)를 만든 흔적이 뚜렷이 구분되어 보인다. 성벽의 높이는 약 2m이며, 총 길이는 약 200m 정도이다.

지금도 섬에서는 기와나 그릇 조각들이 발견되고 있는데, 오래전에 이곳에 사당(祠堂)이 있었다고 전해져 오고 있으며 기와 등의 파편은 그 흔적이라고 한다. 그러나 우물이 발견되지 않은 것으로 보아 일상적으로 사람이 상주할 수 없는 무인도 섬이다. 거북의 목 부위에 해당하는 곳은 인공적으로 흙으로 성토한 것으로 추정된다.

광 개 토 대 왕 능

화진포 앞바다의 섬으로 보이는 거북이 형상의 금구도가 광개토대왕능 이라는 자료가 발견되어 학계에 비상한 관심이 모아지고 있다.

고구려 연대기에 따르면 광개토대왕 3년 (서기394년) 8월경 화진포의 거북섬에 왕릉(壽陵)축조를 시작 했으며, 광개토대왕 18년 8월에 화진포의 수릉축조 현장을 대왕이 직접 방문하기도 했던 것으로 기록되 있다.

그리고, 광개토대왕이 서거한 이듬해인 장수왕 2년(서기414년) 9월 29일 화진포 거북섬에 광개토대왕의 시신을 안장 하였다고 한다. 이곳에 광개토대왕능 수비대가 왕릉을 지키고 있었고, 계림(신라)의 군사와 수비대의 잦은 분쟁이 있었던 것으로 기술하고 있으며, 문자명왕 2년에 이곳에서 광개토대왕의 망제(望祭)를 지냈다는 기록이 있다.

현재 있는 거북섬 성의 구조는 2중 구조로 되어 있는데 섬의 정상부인 약45m 높이의 고지를 중심에 두고 해안선의 자연 지형을 따라 화강암을 이용하여 석축으로 축조하고, 성벽 상단은 삭토하여 환도를 개설한 흔적이 200여m 가량 뚜렷이 남아 있으며, 산정부근의 와편과 주초석의 잔해는 사당으로 추정하고 있다. 섬 북쪽의 암석 저지대는 잔돌끼 움 쌓기의 협축법으로 석축한 보호벽(城)과 방파성(防波城)이 약60m, 높이 170～230cm, 3개 구간에 남아있다.

앞으로 우리군에서는 이러한 자료를 바탕으로 관계 전문가의 고증을 통해 사실이 확인되면 원형 복원할 계획으로 있다.

[자료 출처]
· 문화유적지표조사보고서 (2000년, 국립문화재연구소)   · 다시찾은 고구려 정사(正史) (1993년, 오종철 저, 을지서적)
· 고구려본기 신주해(하) (오종철 저, 구미서관)   · 인터넷 : 조선일보)문화)아!고구려)연대기

광개토대왕릉 안내문

『대동지지(大同地志)』는 초도고성(草島古城)로 표기되어 있고, 2000년 국립문화재연구소에서 발행된 문화유적지표 조사 보고서에서는 금구도성지(高城金龜島成址)로 기록하고 있다.

초도리(草島里)는 옛날 수묘인(狩墓人)으로 형성된 마을이라는 설이 있는데 검증은 못하였다. 이 작은 무인도 섬에 성을 쌓고 성토하고 사당을 지었다고 하니, 인공을 가미한 사연이 무엇인가 하는 의문이 생긴다.

『다시 보는 고구려 정사』의 저자인 오종철은 인공이 가미된 이 금구도가 광개토대왕릉이라고 주장한다(『다시 찾은 고구려 정사』, 오종철, 을지서적, 87쪽).

오종철은 『삼국사기(三國史記)』 「지리지(地理志)」에 나타나는 '□□홀(忽)'에 대하여 연구를 하면서 언어학적 변천과 지리학적 특성 등을 고찰하여 '□□忽'은 고구려 왕릉에 달린 사당의 당호를 뜻하며, '□□忽'이 있는 고을은 고구려의 역대 왕과 왕비의 능침인 왕릉이 있는 곳

이라 주장한다(『다시 찾은 고구려 정사』, 오종철, 을지서적, 22쪽).

『삼국사기』 「지리지」에 옛 이름이 수성군(狩城郡)을 가아홀(加阿忽), 간성(干城)을 달홀(達忽)이라 하였는데, 오종철은 '□□忽'의 의미와 함께 주목하는 곳으로 화진포 앞에 있는 인공이 가미된 금구도를 왕릉이라고 주장한다(『다시 찾은 고구려 정사』, 오종철, 을지서적, 87쪽).

또한 그는 『삼국사기』 「고구려 본기」에 기록된 광개토대왕이 "8월에 남으로 순행하였다", 문자명왕이 "가을 7월에 남으로 순수하여 바다에 제사를 지내고 돌아왔다"라는 대목에 주목하고 광개토대왕의 남쪽 순행의 목적이 자신의 수릉 구축 현장의 시찰 가능성을 제시하였고(『고구려 본기 신주해』, 오종철, 구미서관, 81쪽), 문자명왕이 바다에 제사 지낸 것을 금구도에서(광개토대왕릉 추정) 망제를 한 것으로 풀이하고 있다(『고구려 본기 신주해』, 오종철, 구미서관, 132쪽).

그리고 그는 주몽이 부여에서 탈출하여 쫓길 때 강에 이르러 거북이 나타나 강을 건너게 한 고구려 탄생신화를 언급하면서 거북을 신성시하거나 거북 모양의 섬인 금구도 역시 신성시여기는 장소였을 것이라고 추정하고 있다(『다시 찾은 고구려 정사』, 오종철, 을지서적, 91쪽).

당시 신성시한 거북 모양의 사람도 살지 않는 작은 섬에 성벽을 만들고 사당도 만들었으며, 옛 이름의 수성현이 간성이고 광개토대왕이 남행하였으며, 문자명왕(文咨明王)이 바다에 제사를 지냈다는 이 금구도가 광개토대왕릉이라고 주장하면서 이에 대한 고증을 학계가 시급히 할 것을 바라고 있다.

또한 화진포 해양박물관 한광일 관장의 말에 의하면 섬 주변을 수중 탐사하였는데, 수중에도 약 60cm 크기의 둥근 장방형의 호박돌들로 축조된 흔적을 발견하였고 한다. 2007년도에 금구도의 수중 탐사를 실시하였는데(탐사장비 : Rover c Ⅱ, 독일제 3D, 비디오탐사기), 스캔 결과 지하 5.8m 지점에 금속성으로 보이는 물체와 동공(빈 공간 구멍)이 보이

며 추후 정밀 탐사와 실사가 필요한 것으로 보고되었다(「지중탐사 보고
요약」, 의뢰처 : 해양연구개발, 탐사자 : 월드 시큐리티).

3. 결론

1. 광개토대왕릉의 위치는 현재 중국 길림성 집안시 통구 지역의 광개토대왕비가 있는 인근의 능으로 결론을 내리는 것이 일반적인 학설이다.
2. 이에 대하여 다른 의견을 주장하는 학자들도 있다.
3. 본인이 현지답사를 한 바, 고구려에서도 가장 강대하였던 광개토대왕의 능으로는 초라함과 부족함이 있어 아쉬움을 느낀다.
4. 광개토대왕 비문 중에 수묘인 편에 동해(東海) 가에 다른 지역보다도 더 비중 있게 관리한 수묘인들이 있다. 이는 동해에 왕릉이 있었다는 증거로 볼 수 있다.
5. 금구도는 사람이 살지 않는 작은 섬인데, 지상에 성벽을 만들고 수중에

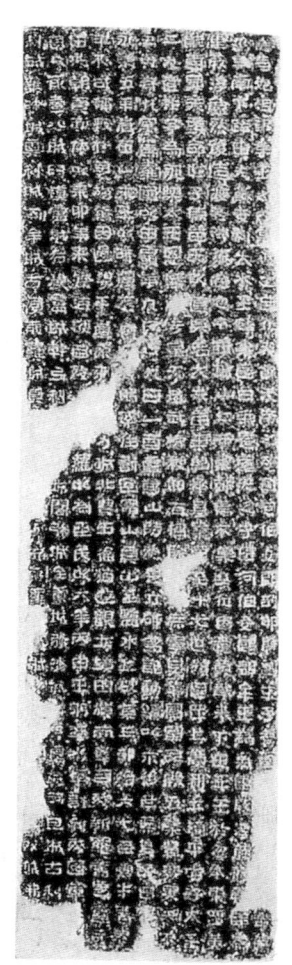

국강상광개토경평안호태왕(國岡上廣開土境平安好太王), 즉
광개토대왕비 탁본

도 돌을 쌓은 인공이 가미된 섬일 뿐만 아니라 사당의 흔적이 있는 등 그 건설 목적이 궁금하다.

6. 금구도의 지중 탐사결과 지하 5.8m 지점에 금속성 물체와 동공으로 추정되는 것들이 나타난다.

7. 오종철 저자는 이 금구도가 광개토대왕릉이라고 주장한다(오종철의 '□□忽'에 대한 논리는 검증이 안 되었고, 『삼국사기』「광개토대왕」편에는 '八月南', 「문자명왕」편에는 '七月南望海' 몇 자가 전부인데, 오종철씨는 왕들의 남행 순수 목적과 행위를 광개토대왕이 자신의 왕릉 축조를 감독하고 문자명왕은 선조 왕릉에 제사를 지내었다고 주관적으로 확대 해석한 것으로 느껴진다).

따라서 상기 기술한 여러 문헌과 자료, 증언 등을 종합하여 고찰해 보면 금구도가 광개토대왕릉이라는 설에 대하여 실사 및 발굴 등으로 검증을 하여야만 된다고 생각한다.

참고문헌

1. 『한국사』, 국사편찬위원회, 탐구당문화사, 1997년

2. 『한단고기』, 임승국 역, 정신세계사, 2007년

3. 『실증 한단고기』, 이일봉, 정신세계사, 2010년

4. 『조선 상고사』, 신채호/박기봉 옮김, 비봉출판사, 2007년

5. 『신시, 단군사 연구』, 김종서, 한국학연구원, 2004년

6. 『고조선 사라진 역사』, 성삼재, 동아일보사, 2005년

7. 『중국에 팔아먹은 단군조선 영토연구』, 김종서, 한국학연구원, 2004년

8. 『중국을 지배해온 대제국 부여, 고구려, 백제사연구』, 김종서, 한국학연구원, 2005년

9. 『한국사 통론』, 변태섭, 삼영사, 2002년

10. 『뿌리깊은 한국사』, 이병희, 솔, 2002년

11. 『샘이 깊은 이야기』, 강봉룡/서의식, 솔, 2002년

12. 『삼국사기』, 김부식/최호 역, 홍신문화사, 2004년

13. 『역해 삼국유사』, 일연/박성봉, 고경식 역, 서문문화사, 1996년

14. 『다시찾는 우리역사』, 한영우, 경세원, 1997년

15. 『고구려사 연구』, 노태돈, 사계절, 1999년

16. 『연표와 사진으로 보는 한국사』, 하일식, 일빛, 1998년

17. 『5백년 고려사』, 박종기, 푸른역사, 2002년

18. 『완간 고려왕조실록』, 백지원, 진명출판사, 2010년

19. 『발해고』, 유득공/송기호 역, 홍익출판사, 2005년

20. 『발해를 다시본다』, 송기호, 도서출판 주류성, 2003년

21. 『조선왕조사』, 이병권, 평단, 2006년

22. 『조선왕조사』, 김경수, 도서출판 수막새, 2007년

23. 『이야기 가야사』, 김경복, 이희근, 청아출판사, 2001년

24. 『미완의 문명 7백년 가야사』, 김태식, 도서출판 푸른역사, 2002년

25. 『가야 그 끝나지 않은 신화』, 조원영, 혜안, 2006년

26. 『발해제국사』, 서병국, 서해문집, 2006년

27. 『발해 5경과 영역변천』, 한규철 외, 동북아역사재단, 2007년

28. 『고려왕조실록』, 백지원, 진명출판사, 2010년

29. 『종횡무진 한국사』, 남경태, 그린비, 2009년

30. 『한권으로 읽는 고구려 왕조실록』, 박영규, 웅진닷컴, 2001년

31. 『한권으로 읽는 백제 왕조실록』, 박영규, 웅진닷컴, 2001년

32. 『한권으로 읽는 신라 왕조실록』, 박영규, 웅진닷컴, 2001년

33. 『한권으로 읽는 고려 왕조실록』, 박영규, 웅진닷컴, 2005년

34. 『한권으로 읽는 조선 왕조실록』, 박영규, 웅진닷컴, 2002년

35. 『한권으로 읽는 삼국왕조실록』, 임병주, 들녘, 1998년

36. 『한국의 야사』, 김형광, 시아, 2009년

37. 『사기』, 사마천/이영무 엮, 범우사, 2006년

38. 『간추린 한국사』, 한영우, 일지사, 2011년

39. 『사료로 보는 동학과 동학 농민전쟁』, 박맹수, 모시는 사람들, 2010년

40. 『동북공정 너머 요하문명론』, 우실하, 소나무, 2007년

41. 『고조선으로 날조되어온 기자, 위만조선연구』, 김종서, 한국학연구원, 2004년

42. 『야사로 보는 삼국의 역사』, 최범서, 가람기획, 2006년

43. 『중국학계의 북방민족, 국가연구』, 정병준 외 6명, 동북아역사재단, 2008년

44. 『중국사 산책』, 순톄 지음/이화진 역, 일빛, 2011년

45. 『한권으로 정리한 이야기 중국사』, 조관희, 청아출판사, 2006년

46. 『중국사 강의』, 조관희, 궁리출판사, 2011년

찾아보기

한권으로 정리한 **한민족 왕조사**

2013년 5월 13일 초판 1쇄 발행
2014년 2월 7일 초판 2쇄 발행

지은이 | 김봉수

펴낸이 | 이성우
펴낸곳 | 도서출판 일빛
등록번호 | 제10-1424호(1990년 4월 6일)
주소 | 121-898 서울시 마포구 동교로27길 12 씨티빌딩 201호
전화 | 02) 3142-1703~4
팩스 | 02) 3142-1706
전자우편 | ilbit@naver.com

값 20,000원
ISBN 978-89-5645-170-1 (03910)